姿花伝

時姫へ玉男あやつる世阿弥抄

玄月

edit gallery

二代目吉田玉男　人形：「鎌倉三代記」時姫
協力　国立劇場

撮影　熊谷聖司

千夜千冊エディション

芸と道

松岡正剛

角川文庫
21580

千夜千冊 EDITION

松岡正剛

芸と道

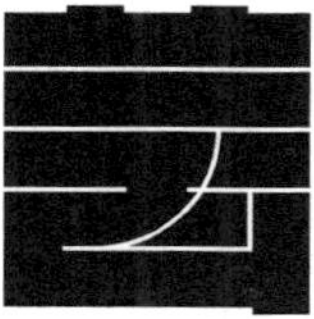

前口上

弾いて哀切、舞って幻《まぼろし》、演じて飄々《ひょうひょう》、笑って下げる。
日本の芸事《げいごと》は琵琶法師や世阿弥や説経節《せっきょうぶし》に始まった。
盲人が曲と節を案じ、三味線にサワリが生まれ、
浄瑠璃《じょうるり》や豊後節《ぶんごぶし》あたりで、慟哭《どうこく》のポップスが出現した。
そこから踊りも役者も落語も浪曲も派生した。
この一冊には極め付けの芸道名人たちの「間《ま》」が躍《おど》る。

目次

第三章　芸道談義

第四章　寄席や役者や

第一章 世阿弥に始まる

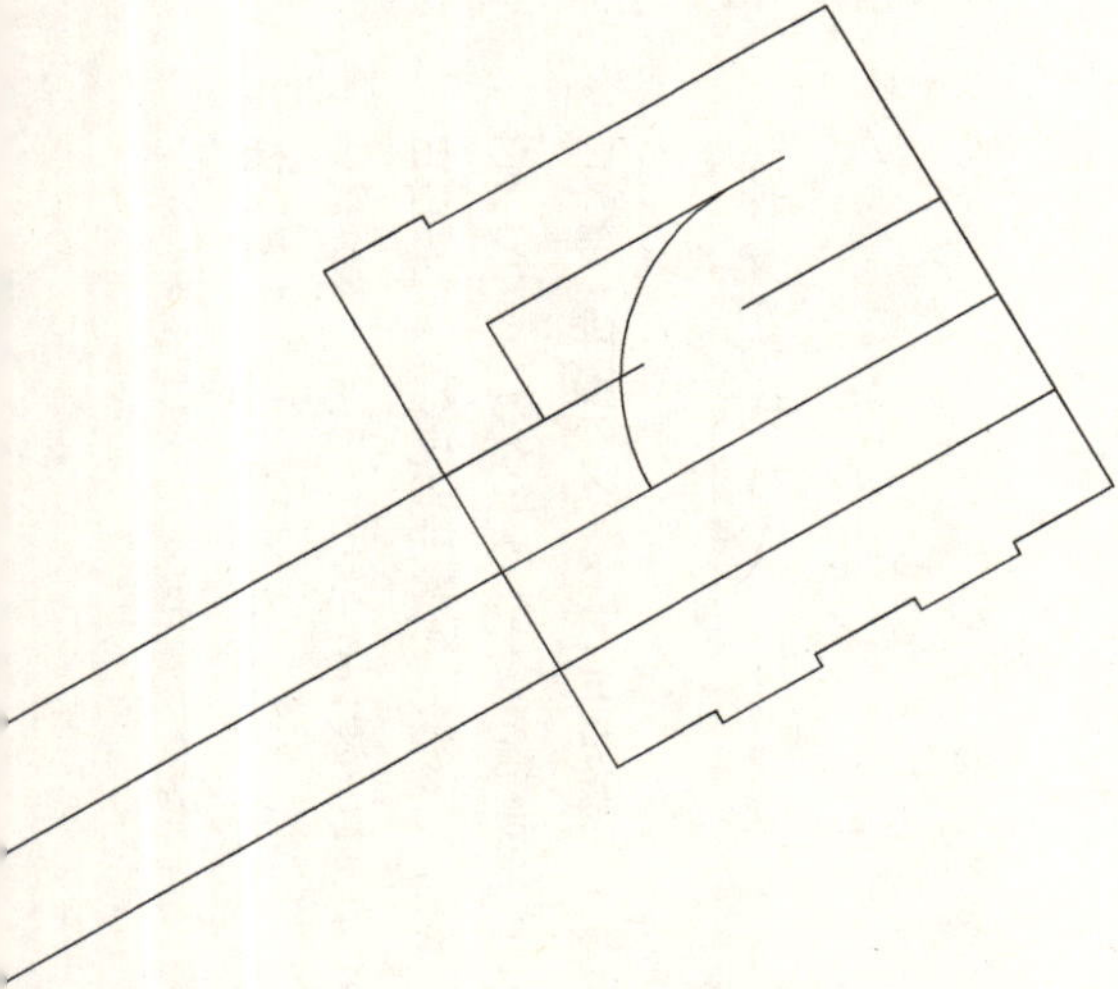

世阿弥『風姿花伝』
観世寿夫『世阿弥を読む』
西平直『世阿弥の稽古哲学』
安田登『異界を旅する能』
山本東次郎『狂言のことだま』

花を時分にして
風体のために稽古せよ

世阿弥
風姿花伝

野上豊一郎・西尾実校訂　岩波文庫　一九五八／『風姿花伝・三道　現代語訳付き』(角川ソフィア文庫)　二〇〇九

仕草《しぐさ》を芸能芸術として扱った。

こんな芸術論は世界でもきわめてめずらしい。ヨーロッパ人なら詩学とか詩法と名付けるだろうが、それなら言葉のための芸術論である。世阿弥の『花伝書』(風姿花伝)は所作や様態の芸術芸能論で、しかも六〇〇年前だ。ブルネッレスキがやっと古代ローマのウィトルーウィウスを発見し、ファン・アイク兄弟が出てきたばかり、アルベルティの『絵画論』ですら『花伝書』の三五年あとになる。

文芸論や建築論や絵画論ならまだしも、『花伝書』は人の動きと心の動きをしるした芸能論である。証拠がのこらないパフォーマンスの指南書であって、それなのにそこには楽譜のようなノーテーションやコレオグラフはひとつも入っていない。ただひたすら言葉を尽くして身体芸能の真髄と教えをのべた。ただの芸能論ではない。観阿弥が到達した至芸の境地から人間と芸術の関係をのべている。人間の「格」や「位」の学習論にもなっている。

おそらくは観阿弥の日々を世阿弥が記録して、それらを削り、言葉を加え、さらに磨きをかけたのだったろう。それが世界史的にもめったにあらわれぬ達人の世界観となり、極上の人間観になった。それがまた人後に落ちぬ秘伝であることもめずらしい。秘伝というのは口伝《くでん》のことで、他人に口外しない。言挙《ことあ》げを憚《はば》かった日本では秘伝・口伝がとくに大事にされた。それを示した文書やメモは「折紙」とも呼ばれ、和歌・連歌・武芸でも家宝のように大事にされた。いわゆる「折紙付き」である。能はその折紙すら残さない秘伝であった。

ちなみに「達人」という言葉は『花伝書』の序にすでに用いられている。名人の上に達人がいた。観阿弥・世阿弥の父子はあきらかに達人を意識した。

本座に一忠《いっちゅう》がいた。南北朝期の田楽《でんがく》の名人で、猿楽を凌《しの》ぐ田楽能と呼ばれた。観阿弥は一忠を追ってそれを上回る達人になろうとした。けれども五二歳で駿府に死んだ。だから世阿弥には名人と達人のモデルがあったということになる。一忠が観阿弥の名人モデルで、観阿弥が世阿弥の達人モデルである。生きた「型」だった。

そのモデルを身体の記憶が失わないうちにまとめたものが『花伝書』である。観阿弥が口述をして、それを世阿弥が編集したことになっている。きっと観阿弥がわが子世阿弥に英才教育を施し、死期が近づくころに、何度かの口述をしたのだろうと思われる。それを世阿弥はのちのち何度も書きなおす。

実は『花伝書』は長らく知られていなかった。明治四二年に安田善之助所蔵の古伝書群が地理学者の吉田東伍《とうご》にあずけられ、それが『世阿弥十六部集』の校刊となって耳目を驚かせたのであって、それまでは数百年にわたってあまり知られていなかった。東伍は『大日本地名辞書』十一冊の編著でも知られるが、能楽研究や早歌《そうが》研究にも造詣《ぞうけい》が深かった。『風姿花伝』を『花伝書』と名付けたのは東伍だった。

十六部集の刊行まで、『花伝書』は能楽の家に口伝として記憶されたまま、半ばは文字のない文化の意伝子《いでんし》として能楽史を生々流転していたということになる。現在では各伝本とも七章立てに構成されているが、その各章の末尾に秘密を守るべき大事のことが強調されているのが、その、文化意伝子を意識したところだ。「ただ子孫の庭訓《ていきん》を残すのみ」(問答)、「その風を承《う》けて、道のため家のため、これを作する」(奥義)、あるいは「この條々心ざしの藝人より外《ほか》は一見をも許すべからず」(花修)、「これを秘して伝ふ」(別紙口伝）といった念押しの言葉が見える。

こうした秘密重視の思想の頂点にたつのが、別紙口伝の「秘すれば花なり、秘せずば花なるべからず、となり」である。人口に膾炙《かいしゃ》してしまった一節だが、その意味するところは、いま考えてみても、そうとうに深い。加うるに、このあとにすぐ続いて「この分目を知ること、肝要の花なり」とあって、分目《わけめ》をこそ観阿弥・世阿弥は必ず重視したことが伝わってくる。このこと、すなわち「秘する花の分目」ということが、結局は『花伝書』全巻の思想の根本なのである。この根本にはいつも戦慄《せんりつ》をおぼえる。

正式には『風姿花伝』といった。世阿弥の捩率《れいりつ》（ねじれ）の効いた直筆「風姿華傳」の文字も残っている。うまい字ではないが、おもしろい書だ。

それにしても『風姿花伝』とは、おそらく日本書籍史の名だたる書名のなかでも最も美しく、最も本来的な標題ではなかろうか。風姿はいわゆる風体《ふうてい》のこと、『花伝書』には風姿という言葉は見えないが、その本文にない言葉をあえて標題にした。「風姿の花伝」、あるいは「風姿が花伝」なのである。風姿が花で、その花を伝えているのか、風姿が花伝そのものなのか、そこは判然としがたく根本化されている。

世阿弥はよほどの文才をもっていた。観阿弥の言葉をそのまま写したのではないだろう。川瀬一馬をはじめ一部の研究者たちは、世阿弥は観阿弥の話を聞き書きしたにすぎないと言うが、聞き書きをしたことがある者ならすぐわかるように、そこには聞き書きした者、すなわち世阿弥の編集的創意が必ずや入っている。世阿弥はその創意がとりわけて格別だったはずだ。そんなことは『花伝書』を読めば、すぐわかる。

では、少々ながらガイドをしておくが、『花伝書』は現代語で読んではいけない。もともと古典はそうしたものだが、とくに『花伝書』にはろくな現代語訳がない。だから、『花伝書』の言葉は当時そのままで受容したほうがいい。

キーワードやキーコンセプトは実にはっきりしている。第一に「**花**」である。何をもって「花」となすかは読むにしたがって開き、越え、迫っていくので、冒頭から解釈しないようにする。この「花」を「時分」が感じる。時を分けて見えてくるのが「風体」である。

その風体は年齢によって気分や気色を変える。少年ならばすぐに「時分の花」が咲くものの、これは「真の花」ではない。能のエクササイズには「初心の花」というものがあり、この原型の体験ともいうべきが最後まで動く。それを稽古《けいこ》（古《いにし》えを稽《かんが》えること）によって確認していくことが、『花伝書』の「伝」になる。

第二のコンセプトは「**物学**」だ。「ものまね」と読む。能は一から十まで物学《ものまね》なのだ。ただし、女になる、老人になる、物狂いになる、修羅になる、神になる、鬼になる。そのたびに物学の風情が変わる。それは仕立・振舞・気色・嗜《たしな》み・出立《いでたち》、いろいろのファクターやフィルターによる。

第三に、「**幽玄**」だ。この言葉は『花伝書』の冒頭からつかわれていて、観阿弥や世阿弥が女御や更衣や白拍子のたたずまいや童形の無垢《むく》な姿を例に、優雅で品のある風姿や風情のことを幽玄とよんだのである。それは芸能の所作にあてはめた幽玄であって、その奥には俊成や定家の歌に発した「無心・有心《うしん》・幽玄」の余情《よせい》の心がはたらいていた。そういう心の幽玄は『花伝書』の奥に見え隠れするもので、明示的には書かれていない。われわれが探し出すしかないものなのである。もし文章で知りたければ、世阿弥が晩年に綴《つづ》った『花鏡』のほうが見えやすい。

第四には「**嵩**《かさ》」と「**長**《たけ》」がある。これは能楽独得の「位《くらい》」の言葉であって、「嵩」はどっしりとした重みのある風情のことで、稽古を積んで齢《よわい》を重ねるうちにその声や体に生まれてくる位である。風格に近い。

これに対して「長《たけ》」は、もともと生得的にそなわっている位《くらい》の風情というもので、何かに長じていることをいう。これらがしばしば「幽玄の位」などともよばれた。けれども世阿弥は必ずしも生得的な「幽玄の位」ばかりを称揚しない。後天的ではあるが人生の風味とともにあらわれる才能を、あえて「闌《た》けたる位」とよんで重視した。『花鏡』にする。

第五に「秘する」がある。「秘する花」である。これは「家」を伝えようとする者にし

かわからぬものだろうとおもう。しかし、何を秘するかということは、観世一族の家の

みならず、能楽全体の命題でもあったはずで、その秘する演出の構造をわれわれは堪能《たんのう》

いう「闌位《らんい》」にあたる。

このように「花」「物学」「幽玄」「嵩」「長」を動かしながら、『花伝書』はしだいに

「別紙口伝」のほうへ進んでいく。そして進むたび、「衆人愛敬《しゅにんあいきょう》」「一座建立」「万曲一心」

が掲げられ、その背後から「声の花」や「無上の花」が覗《のぞ》けるようになっている。それ

らが一挙に集中して攪拌《かくはん》されるのが「別紙口伝」の最終条になる。

この口伝は「花を知る」と「花を失ふ」を問題にする。そして「様《よう》」ということをあ

きらかにする。問題は「様」なのだ。様子なのである。しかしながらこのことがわかる

には、「花」とは「おもしろき」「めづらしき」と同義であること、それを「人の望み、時

によりて、取り出だす」ということを知らねばならない。そうでなければ、「花は見る人

の心にめづらしきが花なり」というふうには、ならない。そうであって初めて「花は心、

種は態《わざ》」ということになる。

こうして口伝は、能には「似せぬ位」があるという秘密事項にとりかかる。物学《ものまね》をし

つづけることによって、もはや似せようとしなくともよい境地が生まれるというのだ。そこでは「似せんと思ふ心なし」になる。かくて「花を知る」と「花を失ふ」の境地がふたつながら蒼然《そうぜん》と立ち上がって、『花伝書』の口伝は閉じられる。
ぼくは何度この一冊を読んだかは忘れたが、いつも最後の「別紙口伝」のクライマックスで胸がばくばくしてきたものだ。

第一一八夜　二〇〇〇年八月二九日

参照千夜

一三〇六夜：観世寿夫『世阿弥を読む』　一五〇八夜：西平直『世阿弥の稽古哲学』　一一七六夜：安田登『異界を旅する能』　二二九夜：ジュリオ・カルロ・アルガン『ブルネッレスキ』　七七八夜：ウィトルーウィウス『建築書』　一七夜：堀田善衛『定家明月記私抄』

二曲（歌・舞）と三体（老・女・軍《いくさ》）の能マザー
闌位《らんい》を臨んで一調二機三声

観世寿夫

世阿弥を読む

平凡社ライブラリー　二〇〇一

見るといっても、離見の見。花といっても、時分の花。能はひたすら感じるものであるけれど、感じてもなお、能は却来《きゃくらい》なのである。

観世寿夫《ひさお》はぼくの憧《あこが》れの人だった。当時すでにして〝昭和の世阿弥〟と呼ばれていた。見て、聞いて、そして接してみて、その深さと前衛性と覚悟と柔らかい高さに、心底、敬服した。以下、失礼ながら「寿夫さん」と言わせてもらう。

いまから三十年以上前の一九七六年八月のこと、寿夫さんの能の取り組みをかたわらで固唾《かたず》をのんで拝見したことがあった。所は利賀村《とがむら》（富山県）。その年の眩《まぶ》しいくらい暑い夏のなか、鈴木忠志の早稲田小劇場「利賀山房」が開場したのだが、ぼくはその一部始終を映像記録するために数日前から工作舎のスタッフとともに利賀村に入っていた。

以前から知り合いのチューさん（鈴木忠志）に頼まれて『劇的なるものをめぐって』（のちに工作舎発行）という本をつくるためでもある。

そこへ、オープニング記念に《経正《つねまさ》》（経政）を舞うために寿夫さんが招かれ、農家を改造して醬油《しょうゆ》などで黒光りさせた変形舞台に向かったのである。

まだ朝の風が静かに吹き通っていた刻限、寿夫さんが誰もいない醬油舞台を前に、静かに考えこんでいる場面に出くわした。しばらく黙って様子を見ていたら、寿夫さんもこちらに気がついて会釈をされた。思わずふらふらと近寄って「この舞台をどういうふうに使われるのですか。経正ですよね」みたいなことを言ったところ、寿夫さんはオールバックの髪に少し手をやって、「いま、その段取りをアタマに踏んでましてね」と言われた。

それだけで何かが痺《しび》れてきた。「段取りをアタマに踏む」。もう、これで十全ではないか。それでもぼくは「で、どうですか」とでも、愚かなことを訊いただろうか。そこはまったくおぼえていないのだが、たしか、「音がね、声のことですが、どういうふうに動くかというのが、まだ入っていないのでね」というようなことを言われた。

翌日の《経正》の舞台は圧倒的だった。静かでテンポのよい修羅物《しゅらもの》だが、熱かった。

それから二年後、胃癌が発見され、癌はリンパ節に転移して寿夫さんを蝕《むしば》み、やはり暑かった夏の一日、青山銕仙会《てっせんかい》の装束や面《おもて》の虫干しに立ち会っているとき、激しい腹痛で倒れてしまった。わずか五三歳の「闌位《らんい》の花」だった。

本書は荻原達子さんが、『観世寿夫著作集』全四巻（平凡社）から世阿弥を出入りするエッセイ・講演・論文を絶妙に選抜した一冊である。とてもよくできている。元の著作集はそこそこ読んでいたけれど、どちらかというと早逝した寿夫さんを惜しむように拾い読みしていたので、そこから立ち上がってくる「能の知」に分け入るというような読み方をしていなかった。それが本書ではことごとく動きだし、リンキングし、新たなレティキュレーションとアーティキュレーションが交差した。

いまぼくは、寿夫さんが利賀山房で「声がどういうふうに動くか」と言ったことについて書いたけれど、あのころはその真意がほとんどわかっていなかった。せいぜい舞台の空間を声や囃子《はやし》の音がどんな反響で動いていくのかということだろうとしか理解していなかったのだが、そんなことではなかったのである。本書にある「無相真如」というエッセイをあらためて読んだとき、やっと了解できた。寿夫さんはこんなことを書いていた。

謡曲《芭蕉》に「それ非情草木いっぱ、まことは無相真如の体《たい》、一塵法界の心地の上に、雨露霜雪の象《かたち》を見す」というくだりがあるとき、これを役者がヒジョーソーモク、ムソーシンニョ、イチジンホーカイ、ウロソーセツと謡《うた》っても、とうてい観客はそこに妥当する四文字熟語は思い当たらない。では、どうするか。寿夫さんはそれでいいのだと言う。それが能というものだと言う。何かを呑《の》み込まなければ、能は始まらない。その何かとは花伝書なのである。

能にはたいそうシンプルではあるが、筋書きがある。筋書きがあるから、みんなそこに引っかかる。能楽堂に行くと、これから始まる演目の粗筋《あらすじ》をパンフレットなどで読んでいる観客が少なくない。

たしかに筋書きがわからないでは不安になろうけれど、しかし、その筋書きは曲に入るための手掛かりであって（つまりはプロノーム＝認知の手摺であって）、曲が進むにしたがってどうでもよくなるし、亡霊になったシテの生前の人生が何であるかもどうでもよくなっていく。シテの正体が芭蕉の精か式子内親王《しきしないしんのう》かということよりも、そこで謡われていく言葉と音と律動が呪能的とさえいえるような「祈りの抑揚」になっていくことが眼目なのである。役柄のステレオタイプ（典型）はむろん、能としてのプロトタイプ（類型）さえどうでもよくなって、われわれの奥なるアーキタイプ（原型）が動きだすからだ。

寿夫さんは、そこが大事なんだと言う。声がどう動くかということは、べつだん音の響き方なんぞを問題にしているということではない。利賀村の舞台は初めての空間だから、そのことにも多少の計算はあるだろうが、それよりも、そのような呪能的な声を寿

夫さん自身が明日の夜にどのように演ずるか、そのことを思案していたようだった。そこには分

本書にはそういうふうに、ハッと思い当たる話がいろいろ詰まっていた。

母としての「能の地」と分子としての「能の図」が仕分けられている。

ぼくは去年（二〇〇八年）の晩秋、NHKの教養講座での八回分の話をもとにして平凡社新書に『白川静』を書いた。いろいろのことを案内したが、大きくいえば白川静は「漢字マザー」を発見的《ヒューリスティック》に注目したのだということ、東洋的思考にひそむアーキタイプを動かしたのだということ、この二点を特筆しておいた。ぼくなりに白川さんが到達した「東洋日本」の分母に読者を誘うことを心がけたのだった。

観世寿夫も、そうだったのである。世阿弥の「能マザー」を動かして、われわれを「われらが奥なるアーキタイプ」に誘おうとしてくれたのだ。そのごくごく一端が利賀山房の一日にもあらわれていたのだった。

世阿弥は舞台に臨む能の声について、「一調・二機・三声」と言った。能の役者というもの、最初にこれから発する声の高さや張りや緩急を、心と体のなかで整え、次にそのような声を出す「機」や「間」を鋭くつかまえて、そして声を出しなさい。そう、指南した。

こんな演芸的芸術は世界中にもほかにない。まるで禅機を動かすことを要求している

ようであり、あたかも裂帛《れっぱく》の気合を尊ぶ武道のようでもある。けれども禅や武道が観阿弥や世阿弥の時代に広まっていたわけではなかったし、二人がそのような名人や達人の心や芸に接して何かのインスピレーションをおぼえたのでもなかった。観阿弥親子は自身で「一調・二機・三声」を創発させたのだ。

これを『風曲集《ふうぎよくしゆう》』でいえば、「出《いず》る息、入《い》る息を地体として、声を助け、曲を色どりて、不増不減の曲道息地に安位するところなるべし」ということになる。まさに「地の能」があって、そのうえに出る息・入る息の「図の能」が動くのだ。

このようなことを、たんに発声にあたっては腹式呼吸を訓練すればいいなどと受けとってはならないというのが、寿夫さんが早くに体得したことだった。「息のつめ」あるいは「体のつめ・びらき」というふうに体得した。息と体はくっついていた。

能には、見たり聞いたりしていればそれなりにわかってくることがある。それには、杓子《しやくし》定規に観能するというのではなく、何でも見るのがいい。ぼくもそう思って、松濤の観世能楽堂から歩いて三分のところに引っ越したことがある。普段着でちょいちょい覗きたかったからだ。五〇番か六〇番くらいにさしかかってくると、風味や奥行のようなものがしんしんと伝わってくる。体の動きのキレやタメも見えてくるし、能の声というものも、聞こえてくるというのか、見えてくる。

ときには失望することもある。ぼくの経験では、謡いの一文字ずつの〝字の声〟がのびてしまうのが不満を感じることで、その〝字の声〟が体の弛緩《しかん》ともなって、鑑賞者にもやや耐えられないときがある。能はすこぶるギリギリの芸能なので、こうした〝字の声〟の扱いは微妙精妙なのである。

世阿弥は『音曲口伝《おんぎょくくでん》』(音曲声出口伝)に、「惣じて音曲をば、いろは読みには謡はぬ也」と指摘して、一文字ずつを「い・ろ・は」というふうに切って読まないようにしなさいと言いつつ、「まなの文字のうちを拾いて、詰め開きを、てにをはの字にて色どるべし」と書いた。まな(真名)の文字、つまり漢字になっているところを摑《つか》まえて発声し、あとを「てにをは」といった活用語尾や助詞で調節しなさい。その緩急自在や縦横呑吐《どんと》が大事だというのである。

もともと能には「横《おう》ノ声」「竪《しゅ》ノ声」「祝言《しゅうげん》ノ声」「望憶《ぼうおく》ノ声」という分け方がある。横《おう》は出る息、竪《しゅ》は入る息をいう。「横ノ声」は外側に向かって強くなり、「竪ノ声」は内向的で柔らかい。それが原則なのだが、必ずしも内向きの声、外向きの声とは分けられない。世阿弥は「相音《あいおん》」こそ重要で、一句を謡うなかにも横竪を入れこむほど稽古をしたほうがいいと奨《すす》めた。

「祝言ノ声」は明るく喜びに満ちた声にする。祝い事や結婚式などでもこの声が活躍する。「望憶ノ声」のほうは遠いところから響いてくる記憶を呼びさますような声をいう。懐かしく、また時を超えるようで、ぼくが大好きな声だ。けれどもこれも、だからといって祝言ノ声が弾みすぎては能にならないし、望憶ノ声が暗く沈みすぎてもいけない。世阿弥は望憶ノ声の調子が下がりすぎることを戒めていた。

寿夫さんのシテとしての声は五、六曲しか聞けなかった。だから生意気なことなどほとんど言えないけれど、いまでもやや高めの艶《つや》を思い出すことができる。それが開口ただちに始まって、それから鎮《しず》み、横たわり、そうかと思うとたちまち変じて、急激な「声の姿」をともなって動いていく。それでいて全容は一度として激しくはなく、上品で、凛然《りんぜん》としつづけている。

そういう寿夫さんに何を感じたかというと、「意味」を感じた。ああ、この人は能のもつ意味を謡っている、ああ、この能には意味が舞っていると感じた。能の風味は意味なのだと思ったのだ。

声のことだってこのように深いわけであるが、能はそれに加えて、そこに拍子や旋律が交じっていく。フシ（旋律）はともかく、なんといっても拍子がまたまた複雑だ。

寿夫さんも「能の拍子は謡いの詞章の字数およびフシによる伸び縮みを基準にして数理的に配分されているので、譜面上の計算は記号（符合）が読めさえすれば可能なわけであるが、音と音との間隔の振幅がはなはだしいため、これを体得することは相当にむずかしい」と書いている。

そもそもは小鼓《こつづみ》や大鼓《おおつづみ》や太鼓といった打楽器の伴奏があっての拍子と、無伴奏のときの拍子がある。無伴奏のばあいは声や足が拍子をとる。打楽器があるときも、打つ手と謡いの拍子が合うところ、合わさないところ、拍子には無関係にするところがある。その案配をいろいろ変えなければならない。

それがいわゆる「ノリ」であるが、そのノリもまた平ノリ、中ノリ、大ノリに分かれていく。平ノリは日本の伝統音楽のなかでも能にしかみられない。七五調十二字を八拍子にとっている。しかし詞章の言葉は七・五の句ばかりとはかぎらない。原則としては、たとえば「在原寺の夜の月」であれば、この十二字を「あ〜・りわ・ら〜・でら・の〜・よる・のつ・き〇」というふうに八拍子にするのだが、それには言葉でも打楽器でもあらわさない拍子を、声と体のリズムとして抱えこまなければならない。そこがとんでもなく複相的で、まただからこそ能らしくなってくる。

中ノリは二字を一拍にあてるので、八・八調が基本になる。「いか・にも・だい・じを・のこ・さず・つた・えて」というふうに、かなりリズミカルになるため、一曲のなかでも多くは曲の終わりでつかわれる。動きもかなりきびきびとする。

大ノリは一字が一拍になる。「さ・な・が・ら・ま・み・え・し」というふうにはっきりしている。西洋音楽にいう四拍子に近く、そのぶん示威的な舞踊性にふさわしい。亡霊や神懸《かみが》かりした役があらわになるには、この拍子が説得力をもつ。

これらがだいたいの拍子の割り振りではあるのだが、実は能の詞章は七・五調もしくは八・八調でありながら、これが自在に三・五、五・四、ときに六・六、六・八というふうになる。破れるのである。能はこの「破」をうまくいかして、拍子を内外に出入りさせて曲調をつくっていく。とうてい一様ではないのだ。コノテーション（内示性）とデノテーション（外示性）が内外から啄《ついば》まれているとしか言いようがない。ぼくが「意味」というのは、ここなのである。

能がおもしろいのは、筋書きや舞の美しさにとどまらないものが、名状しがたく出入りしているからである。

出入りしているものはいろいろある。声や拍子もそうであるけれど、もちろん体にもいろいろの〝もの〟が出入りする。霊やら魂やら気配やら、むろん感情も沈潜も、逆上も思慕も出入りする。それを世阿弥はまとめて「二曲三体」とも言った。

応永二七年（一四二〇）、五八歳のころの『至花道』にその見方が明示され、翌年には『二曲三体人形図』としても著された。《井筒》などのいわゆる複式夢幻能が完成するのはこのあとだったから、この「二曲三体」は世阿弥の円熟がもたらした「能に出入りするもの」の根底的な決定打であった。序破急でいうのなら序、守破離でいうのなら守であった。

二曲というのは「歌」と「舞」である。その「歌」というのが、これまで少々述べた声や詞章や拍子に依《よ》っている。「舞」は体の動きのことで、その根本はカマエとハコビのみに依っている。そのくらいカマエとハコビは徹せられてきた。稽古はそのカマエとハコビを丸呑みに体得してしまうことに始まり、そしてそこに終わる。そのことを寿夫さんがどのように書いているかを、少しだけだが紹介する。

カマエとハコビ。

これは能のからだを動かすうえで最も基本になるパフォーマンスである。能、ことに夢幻能においては、演者はあの吹き抜けの舞台で、一人の生身の肉体であることを超越してそこにいたい。空間というものが演者によって変貌していってほしい。そのために演者の姿は舞台に根が生えたような存在感を伴わねばならない。ただ立っているだけで、ひとつの宇宙を象《かたど》りうる存在感がいる。どうやってそれを持つか。

舞台で立っているということは、能の場合、前後左右から無限に引っ張られている、その均衡の中に立つということなのだ。逆にいえば、前後左右に無限に力を発して立つことになる。無限に空間を見、しかも掌握する。それがカマエである。

ハコビというのは、歩み、止まり、動き、騒ぎ、ためらい、静まるということだが、それをまたどんどん引き算しきっていく。寿夫さんはそのことについても、「演者は歩くことにおいても、歩くという行為を超越して歩きたい。それがハコビである」と書いている。

世阿弥はカマエとハコビによって「型」が作られ、「型」が動くと考えた。しかし、「型」が歌舞二曲によって能になるには、他方では、そこに「三体」が見据えられていなければならないとした。老体・女体・軍体だ。この三体は世阿弥の「物学《ものまね》」の基本中の基本になっている。かつて世阿弥は『風姿花伝』(花伝書)においては「物学条々」で九種の役柄をあげていたが、晩年になって二曲三体論が確立すると、これを三体に絞りあげた。

世阿弥が三体についてのべたキーワードは、あたかもちりちりと灼《や》けた燠火《おきび》のようである。めらめらと燃えさかるものではない。それを四文字熟語でいうのなら、老体は「閑心遠目《かんしんえんもく》」によって、女体は「体心捨力《たいしんしやりき》」で、軍体は「体力砕心《たいりきさいしん》」をもって、それぞれ演じなさいというものだ。

二曲から入って三体へ。これが世阿弥が教えた能の稽古の根本だったのだ。そこからあらゆる変化多様が出ていった。

総じて、能にはこういう〝もの〟が出入りしているわけである。この〝もの〟は「霊」

である。〃もの〃という字をあてる。「もの狂しい」「ものめずらしい」「ものすごい」の〃もの〃である。寿夫さんはそこに根を下ろして、そのうえで現代の能の器量を打ち立てようとしたのだけれど、実はこのように「世阿弥に戻る」という姿勢を示したのは、能役者では寿夫さんが初めてだったはずだ。

その時代その時代で、能役者たちがどのように世阿弥の著作を読んできたかという変遷は、わからない。ほとんど読まれてこなかったとおぼしい。能が「式楽《しきがく》」となった徳川時代でも、世阿弥の伝書を見ていたのは観世と金春《こんぱる》の家くらいのことで、とくに明和あたりからはその著作の存在すら知られなくなった。

明治に入って文明開化が吹き荒れると、武家の式楽だった能楽界には激震がおこり、茶の湯や歌舞伎とともにその存続が危ぶまれた。このようななかから梅若実《うめわかみのる》・宝生九郎・桜間左陣といった名人が次々に輩出して伝統が復活されていったのだが、名人たちはそのころ続々と〃再発見〃された世阿弥の伝書には目もくれない。そこでは激しい稽古が重視され、「世阿弥を読んだからといって能が舞えると思うな」という体得の道のようなものが先行していた。文字を読むなんてことは〃逃げ〃だったのだ。

昭和に入ってからは、今度は戦争である。世阿弥を読むどころか、日本人は観能の余裕さえ失った。こうして敗戦まもなく、焼け残りの東京の片隅でやっと世阿弥が本気で読まれるようになったのである。その先頭に立ったのが能役者のほうでは、まだ二十代半ばの観世寿夫・栄夫《ひでお》・静夫の兄弟だった。

寿夫さんはエッセイ「能と私」のなかで、自分を変えた三つの出来事として、太平洋戦争、世阿弥との出会い、外国人による能の見方をあげている。まさにその通りで、寿夫さんたちが能勢《のせ》朝次《あさじ》らの能楽論や世阿弥論に教えられ、今日の世阿弥の語り方が定着したといっていい。

というわけで、能と世阿弥は直結していると思われがちだが、それを能楽界にもたらしたのは昭和二十年代後半の若き観世寿夫だったのである。

寿夫さんのお父さんは観世雅雪（七世観世銕之丞《てつのじょう》）といった。おじいさんは名人として知られた観世華雪《かせつ》（六世銕之丞）である。おじいさんをかなり尊敬していたことは、本書でも著作集でもよく伝わってくる。寿夫さんは長男で、すぐ下の弟が現代劇にも映画にもテレビにも活躍した観世栄夫だ。ぼくは栄夫さんのほうに早くに出会えた。その下の弟に幸夫、静夫がいたけれど、幸夫は早く亡くなった。

生まれは大正十四年（一九二五）の十一月だから、その生涯はぴったり昭和と重なっている（三島由紀夫ともぴったり重なっている）。幼稚舎から慶應に通い、十七歳のときに本格的に囃《はや》子《し》の稽古にとりくんだ。太鼓は柿本豊次、大鼓は亀井俊雄、小鼓は大倉流の鵜沢《うざわ》寿《ひさし》と幸流の幸祥光《こうよしみつ》、笛は寺井政数。錚々《そうそう》たる顔ぶれだ。名人の亀井からは《道成寺》を相伝された。シテ方では例を見ない打ち込みぶりである。

この囃子稽古では、太鼓の稽古場で横道萬里雄《よこみちまりお》に出会ったのが大きかった。その後、横道さんとはずっと親交を深め、多くの示唆をうけている。本書の平凡社ライブラリーの解説も横道さんが書いている。きっと寿夫さんの凄《すご》みをうかがい知るには参考になるだろうから、その一部を紹介しておこう。

寿夫さんが《野宮《ののみや》》を演じたときの話だ。六条御息所《ろくじょうのみやすどころ》の霊が後ジテになっている。終わり近く、「神風や伊勢の内外《うちそと》の、鳥居に出で入る姿は、生死《しょうじ》の道を神や受けずや思ふらん」という詞章がある。ふつうは、「出で入る姿は」というところで、片足を作り物の鳥居から一歩踏み出しかけて、すぐまた引っ込めるという所作をする。これは当て振りで、盛《さか》りをすぎた女の心の葛藤をあらわしているといえばそうなのだが、寿夫さんはこれには満足できなかったのか、鳥居の前を左右に行きつ戻りつしてみせた。

これが凄かったらしい。女の心のためらいがバアーッとあらわれた。「型」を守って「型」を出たのである。「破ノ舞」の留メでは、するすると正先《しょうさき》に出て片足を踏み出し、すっと引っ込めて後退し、膝《ひざ》をついて合掌した。この「型」は、境界を乗りこえようとして躊躇《ちゅうちょ》する心情をあらわしているのだが、それを「鳥居に出で入る」という当て振りに終わらせたくなかったのだ。

そういうことを寿夫さんはさまざまなところで工夫した。武智鉄二が《智恵子抄》を演出したときは、エロティシズム大好きの武智は光太郎と智恵子が肉体的に触れ合うことを要求した。しかし寿夫さんは、光太郎が智恵子と向き合って座したまま、少し左半身をうしろへ引きつつ、右手にもった扇の先をじりじりと体の前に出し、智恵子の扇の先とぴったりくっついたところで動作をとめ、それを見せてから体をゆっくり離していった。ベッドシーンとしては最高の能だったという。

こんなふうに横道萬里雄は盟友観世寿夫の演技を語るのだ。そのほかいろいろ寿夫さんの〝昭和の世阿弥〟ぶりを彷彿《ほうふつ》とさせるくだりもある。ちなみに、この解説を書いた二〇〇一年、横道は何を指摘したかというと、現在の能の盛況があるとしたら、その大半が観世寿夫の遺産で成り立っていて、そう思うと、現在の能楽界の現状はその先が見えず、ただ暗中模索の様相にとどまったままにあるということだった。

寿夫さんが敗戦を迎えたのはちょうど二十歳のときである。一挙に真剣きわまりない研鑽《けんさん》と活動を開始した。世阿弥に戻ることを志した。

当初こそ、空襲によって観世の舞台と自宅が焼亡して、自由が丘・大曲の観世会や観世宗家に仮り住まいをしたり、玉川用賀の三井別邸などに身を寄せたりしていたが、昭和二一年（一九四六）からは銕仙会《てっせんかい》の定式能を再開し、大磯の川崎慶一の家に若手が集まって稽古や談義に励むようになっていく。

能楽塾（初代塾長・桑木巌翼《くわきげんよく》）に入塾して、安倍能成《よししげ》・田辺尚雄・土岐善麿《ときぜんまろ》・野上豊一郎・野々村戒三《かいぞう》の講義を熱心に聞いたのも大きく、ただちにみずから銕仙会研究会を発足させると、昭和二三年には野口兼清・観世華雪の監督のもとに、松本恵雄《しげお》・波吉信和・三川泉らと多摩川能楽堂で稽古会も始めた。ここには尾上九朗右衛門・南博・藤波光夫《てるお》・大谷広太郎・中村又五郎たちも加わって、昭和二四年に発足した「伝統芸術の会」になっていく。

東京文理科大学に行って能勢朝次の「世阿弥の能楽論」を聴講したのも、この時期である。ぼくはまだ見ていないのだが、浅見真高《まさたか》・喜多節世《きたさだよ》・橋岡久馬《きゅうま》・横道萬里雄らが創刊した「焚火《たきび》」にも同人として参加している。ともかく研究熱心、稽古熱心、交流熱心なのである。

最も特筆すべきは昭和二五年十一月に始まった「能楽ルネッサンスの会」で、そこから世阿弥の伝書を読みこむ読書会がもたれた。西尾実をリーダーにおこなわれたこの読書会は五年にわたり、世阿弥の伝書のほぼすべてを読了したようだ。寿夫さんは全回に出席したようで、ほかに栄夫・静夫、野村万之丞・万作兄弟、浅見真高・近藤乾之助《けんのすけ》たちが、また小西甚一・表章《おもてあきら》・横道萬里雄らがいた。

こうして昭和二六年に催された長老たちの審査による第一回「能楽賞の会」では、寿夫さんがダントツとして称賛をうけ、頭角をあらわしていた。それでも稽古熱心・研究熱心は変わらない。東大の川崎庸之《つねゆき》の「日本思想史」を聴講し、田中一松《いちまつ》・吉沢忠《ちゅう》・宮川寅雄らの「文化史懇談会」では日本美術をしきりに学んでいた。

本書には随所に鋭い世阿弥研究のあとが見える文章が収められているのだが、それが能楽師の現場の勘や直観からくるだけのものでなく、世阿弥のテキストの精査からきていることはすぐわかる。古典文学者の小西甚一がその勉強ぶりをふりかえって感想を述べているが、のちにその小西と吉野の天河《てんかわ》神社に古い能面を見に行ったおりには、観世十郎元雅が奉納した阿古父尉《あこぶじょう》を手にして、おおいに感動したという。

寿夫さんは芸の異種格闘技にも果敢にとりくんだ。断絃会が主催したアルベール・ジロー作詞・シェーンベルク作曲の《月に憑かれたピエロ》（武智鉄二演出）に、アルルカン役として出演したのは三十歳のときである。さきほど紹介した《智恵子抄》の光太郎には三二歳のときに扮《ふん》して、斬新な現代能を表現した。

草月アートセンターでストラヴィンスキーの《兵士の物語》を作舞・出演し、武満徹や福島和夫のミュージック・コンクレート《水の曲》や《蜘蛛》を作舞・出演をしたのは三五歳のとき、フランスで半年間にわたってジャン・ルイ・バローのもとに学んだのは三七歳のときである。

ぼくがそういう異種格闘技に挑んだ寿夫さんを最初に見たのは、昭和四八年（一九七三）に「冥の会」がベケットの《ゴドーを待ちながら》を作ったときで、四八歳の寿夫さんはウラジミールを演じた。実はさっぱり感動できなかったことを憶《おぼ》えている。演出の石沢秀二のせいか寿夫さんのせいかはわからない。

ついでその翌年、岩波ホールの《トロイアの女》の老人兼メネラオスを見た。鈴木忠志の演出で大当たりした芝居で、二回見た。こちらは世阿弥のいう「めづらしきもの」だった。ただ、いささかチューさんに押し込まれているような気もして、多少の疑問が残った。それよりも最後の年となった昭和五三年（一九七八）一月の岩波ホール《バッコスの信女》のディオニソスのほうが、ぼくには寿夫さんだった。

むろん能にも打ち込みつづけた。寿夫・栄夫・静夫の三兄弟による「華の会」、野村万之丞・野村万作・桜間龍馬・山本真義・茂山七五三《しめ》・茂山千之丞らとは東西の能狂言師が交じっての「黒の会」をはじめ、さまざまな試みにとりくみ、古典にも根っこを下ろそうとしていた。しかし、その志半ばにして倒れたのだ。

芸事《げいごと》とは、面白くもあるが、また危ういものである。だからこそ世阿弥は芸のための「方法の知」の一部始終を残そうとした。観世寿夫もきっとそうだったろう。本書を含

高村光太郎原作、武智鉄二演出、観世寿夫作曲による新作能《智恵子抄》。
写真左が光太郎を演じる寿夫
（1957年4月10日　観世会館　撮影：前島久男）

寿夫さんはつねに世阿弥研究を通して、「能」の昨日と明日を模索し、芸の異種格闘や新作能に取り組み続けた。世阿弥の身分は不安定だったが、社会に対してすぐれた能を打ち出すことで一座としての命脈をいきいきと発展させたのではないかと、本書に綴っている。

む『観世寿夫著作集』は、他方で忌野清志郎やマイケル・ジャクソンやプロレスラーの三沢光晴を惜しみつつあるわれわれが、そのわれわれこそが格闘してでも読むべきものだと思われる。

先頃、亡くなった夫人の関弘子さんは、夫の著作集が仕上がったとき、概略、こんなことを書いていた。

私は観世寿夫に入門しました。異例の稽古法でした。能の専門家になるのでもない相手にも、大変なエネルギーを注ぎこんでいました。ギリシア悲劇をやるときは、周りが危ぶむなか、ギリシアをやって犯されるような能なら、そんな能は捨てると言っていました。しかし寿夫は、シテを舞った日には、必ず失敗だと言って帰ってきました。

寿夫は能のことしか頭にも体にもない人でした。日常的な事柄や個人的話題やスキャンダルめいた話は嫌いでした。物欲もなく、名誉欲もなく、他人を羨むなどということもありませんでした。そして、いつも、「努力ってものはよろこばしくやるものだと思う」と言っておりました。

まことにしみじみとした哀惜であり、なんとも凜然《りんぜん》とした寿夫頌《しょう》である。ギリシア悲劇をやって犯されるような能なら、そんな能は捨てるだなんて、骨に沁《し》みてくる。今宵、七夕の夜である。叶うことならば諸君を、天なる寿夫に会わせたい。

第一三〇六夜　二〇〇九年七月七日

参照千夜

一一八夜：世阿弥『風姿花伝』　一五〇八夜：西平直『世阿弥の稽古哲学』　九九一夜：芭蕉『おくのほそ道』　九八七夜：白川静『漢字の世界』　一〇二二夜：三島由紀夫『絹と明察』　七六一夜：武智鉄二『伝統演劇の発想』　六五三夜：小倉朗『日本の耳』　七一五夜：中野純『日本人の鳴き声』　一〇三三夜：武満徹『音、沈黙と測りあえるほどに』　一〇六七夜：ベケット『ゴドーを待ちながら』　六一二夜：清水眞澄『読経の世界』

型と物学《ものまね》、我見と離見
芸はうつすもの、わたすもの

西平直

世阿弥の稽古哲学

東京大学出版会　二〇〇九

世阿弥は「型」と「稽古」を重んじた。二曲三体を指定して、我見《がけん》と離見《りけん》を組み合わせた。「時分の花」と「離見の見」によって芸能のあれこれを深々と指南した。そこに無《む》文《もん》と有文《ゆうもん》とが区別され、一調・二機・三声が生じ、驚くべき「却来《きゃくらい》」という方法が萌芽した。

たった四行に集約してしまったが、これら、ことごとく編集工学や編集技能のヒントになっている。完成された能楽にヒントを得たというよりも、世阿弥が能を仕立てあげ、そのプログラムやカリキュラムを作っていった考え方に、ヒントをもらったのだ。そこで今夜は久々に世阿弥の伝書を透かせて「能は学習されていた」「能は編集されていた」ことを示唆しておきたい。とくに型と稽古の関係だ。けだし能というもの、次のようになっている。型を守って型に就《つ》き、型を破って型を出て、型を離れて型を生む。能の曲は「序・破・急」を強調しているが、能というシステムは「守・破・離」を入門者に示すのである。

『花伝書』（風姿花伝）の序に、「稽古は強かれ、情識はなかれ」というふうに示されている。「年来稽古条々」には、二四、五歳のころの稽古について「一期の芸能のさだまる初めなり。さるほどに稽古のさかひなり」とある。

稽古とは何か。字義通りには「古《いにしえ》を稽《かんが》える」ということである。古典に還《かえ》るというのではない。「古」そのものに学ぶこと、そのプロセスにひたすら習熟すること、それが稽古だ。『花伝書』には「年来稽古条々」「物学《ものまね》条々」「問答条々」という条々三篇とよばれる章句があるのだが、稽古条々はその第一にあげられた。

イシス編集学校（佐々木千佳局長）をつくるとき、そのカリキュラムの実践をしてもらうことを思いきって「編集稽古」と名付けた。この名を思いついたのは一九七〇年代に工作舎で「遊」を編集していたころだが、実際に公表したのは二〇〇〇年一月に刊行した『知の編集術』（講談社現代新書）を書いたときだった。その一冊中に「編集稽古」の名を冠したエディトリアル・エクササイズを二八番ぶん入れておいた。

それまでエディトリアル・エクササイズは約十年をかけて、一〇〇前後のものを工夫していた。それらの多くはリアルな場でのグループ・エクササイズで、ゲーム感覚もとりいれていた。イシス編集学校はネット上の学校なので、それはしにくい。そこでリテラルなエクササイズとして〝お題〟が際立つ編集稽古を導入した。それによって編集術の「型」を稽古できるようにしたわけだ。

編集学校での編集稽古はネット上の教室の中で師範代が対応する。師範代による指導でありコーチングなのだが、これをぼくは「指南」と名付けた。理解、暗示、示唆、誘導、提示を含めるためだ。師範代になるにはISIS花伝所（田中晶子所長）でネット学習とリアル交流を七週間ほど体験し、これに合格しなければならない。師範代になると教室を担当する。一教室に十人前後の学衆（生徒）がいる。そういう教室が一期ごとに十数教室ずつ動く。師範代を何期か経験すると、師範になれる。二〇一三年現在で四二〇人の師範代が教えている。

もとより花伝所の名は世阿弥の『花伝書』に肖《あやか》った。もっとも『花伝書』は通称で、もともとは『花傳』あるいは『風姿花傳』といった。

というわけで、今夜は西平直《にしひらただし》の『世阿弥の稽古哲学』をとりあげて、世阿弥がどのように型と稽古を組み立てたのか、そのことをぼくはどのように解釈して編集の仕事にとりいれたのかということを、ふりかえっておこうと思っている。

ハイデガーの研究者であって教育心理学の著書の多い西平は本書において、井筒俊彦が東洋哲学の奥に「共時的構造化」が動いているのをつきとめたことにヒントを得て（井筒『意識と本質』岩波文庫）、世阿弥の伝書をくまなく当たりながら、稽古の背景と本質に迫った。これを借りながら、芸能と学習の方法に共通するものはどういうものなのか、少し辿《たど》ってみたい。

日本の古典芸能では、稽古は型を学ぶものと決まっている。これを疑う者はいないだろう。ところが最初に意外なことを言っておくが、実は能の「曲」には型がない。型があるのは「節《ふし》」なのである。節が型なのだ。ここに世阿弥の稽古哲学のキモがある。「曲」ではなく「節」を学ぶ。これは型を生かした学習のヒントになる。

世阿弥は稽古とともに「物学《ものまね》」を重視した。それはひたすら節《ふし》をまねて、そのうえで自在に曲をあらわすことだったのだ。節が型で、曲が心なのである。「節は形木、曲は心なり」（音曲口伝）。

これも意外だろうが、世阿弥は「型」という言葉をつかっていない。「形木《かたぎ・ぎょうぎ》」という言い方をした。形木は大工や職人が使う木製のテンプレート（鋳型）のことだ。けれども周知のように、その後の能楽界はそれを「型」と呼んだ。たぶん明治以降のことだろう。以来、能はつねに型の稽古から始まってきた。こうして「古」が「型」になっていった。そこには共時的構造がある。『五音曲条々』には「その形木に入りふして習得すべし」とある。稽古の基本はまずは型に入ることなのである。

型はスタティック（静的）なものではない。また、この型とあの型とは截然《せつぜん》と分かれてはいない。分かれもしない。昭和の世阿弥こと観世寿夫が説明したように、能を演ずるとは「型と型をいかにつなぐか」ということであり、「型から型への変化をどう連続させるか」なのである。

世阿弥は習得者たちに型と稽古を意識させるようにした。「稽古は勧急（緩急）なり」（花鏡）というふうに注意を促し、この緩急をもって進む意識のことを「用心」とみなした。意識するとは用心することなのだ。意識そのもののことについては「智」とも「我見」とも「意」とも称《よ》んだ。

世阿弥にとって、意識とは「意識が向かうところ」あるいは「その先」に進むことだった。習得者たちは「用心のその先」に注意を向ける。編集工学の稽古にとって、これは大きなヒントになった。「用心のその先」とは、心身のどこかにひそむ〝注意のカーソル〟が外の何かに向かっていくことなのだ。

稽古は、〝注意のカーソル〟が心身の中のどこをどのように動くかを徹底して確認するためにある。その緩急の確認に型が必要だったのである。その型の前後で用心が動くべきなのである。「智外に非のあらんことを、定心に用心すべし」（遊楽習道風見）。

能の稽古は「物学《ものまね》」から入る。ミメーシスだ。ミミクリーである。模倣である。これを世阿弥は「似する」とも言った。

しかし世阿弥自身は、似する（まねる）のは師匠に学んでからにしなさいと言って、勝手にまねることに警鐘を鳴らした。「至りたる上手《じょうず》の能をば、師によく習ひては似すべし。習はでは似すべからず」（花鏡）。勝手にまねるのは歳に応じて任意でもいいけれど、本気でまねたいのなら必ずや師について稽古をしてからにしなさいというのだ。

一方、世阿弥は芸を「有文《うもん》」と「無文《むもん》」に分けた。文（あや・彩・綾）をあらわす「有文」の芸と、アヤのない「無文」の芸である。

古代ギリシアの表現力、古代ローマの文章や演説のレトリック（修辞法）はむろんのこと、漢詩や万葉などもアヤによって成り立っていた。そうでなければ、漢詩の韻、万葉の枕詞《まくらことば》、係り結びなど生まれもしなかった。その方法はギリシア・ローマの古典の技法でいえば「アナロギア・ミメーシス・パロディア」にあたる。畢竟《ひっきょう》、世界のどんな文芸も芸能も有文を核として発展してきた。

文意や文脈はむろんアヤだけでは成り立たない。アヤの奥には多くの言葉と意味のうごめきがあり、多様な状況判断も加わっていく。世阿弥よりずっとのちのことになるが、本居宣長は、言葉の意味と用法に「ただの詞《ことば》」と「あやの詞《ことば》」があって、「ただの詞」は

「ことはり」(理)に必要だと言った。世阿弥も芸能には「まことの花」が必要だと言った。ちなみに尼ヶ崎彬は『花鳥の使』(勁草書房)のなかで、タダとアヤをくっつけているのが型だと見極めた。無文と有文は不即不離なのである。

　そこで能楽の稽古では、有文と無文によって稽古の仕方を分けた。芸の習得者は稽古を積むにあたっては、まずは有文を磨き、そのうえで無文に至る。無文には幼い者が演じるときの「訳知らずの無文」やビギナーズ・ラックともいうべき「不覚の無文」がある。また「有文を極めすぎたる無文」(風曲集)もある。世阿弥はそれらを超えて、真に「まこと」に達した芸には「さびさびとしたるうちに、何とやらん感心のあるところ」(花鏡)が生まれると見た。

　このさびさびとしたるがいわゆる「冷えたる曲」である。世阿弥と同時代の心敬《しんけい》の「冷えさび」に通じる。

　能は言葉だけでできてはいない。体も同時に動く。これはフリというものだ。所作《しょさ》ともいう。古今東西の多くのダンスアートやパフォーミングアートと同様に、このフリや所作には「見る」と「見られる」の関係が生じる。

　世阿弥はこれを「見《けん》」と言った。そして見についてもさまざまな見方があることを説いた。たとえば『花鏡』には、こう書いた。「舞に目前心後《もくぜんしんご》といふことあり。目を前に見て、心を後ろに置けとなり。これは以前申しつる舞智風体の用心なり。見所より見るところの風姿は、わが離見なり。しかれば、わが目の見るところは我見なり。離見の見にはあらず。離見の見にてみるところは、すなはち見所同心の見なり」と。

舞い手はどこを見ればいいのか。どこを感じていればいいのか。どこを見せればいいのか。世阿弥は見所同心と離見を指南する。見所《けんじょ》とは観客のいるところだ。我見《がけん》とは舞い手が実際に見ているものやことをいう。これに対して離見《りけん》とは自分から離れていく見方をいう。

こうして舞い手は、目を前のほうに見すえつつも、心を後ろのほうに置くという「目前心後」を心掛ける。ここに「見所同心」という風体と心境が生まれる。フリや所作もそういう風体になる。これが「離見の見」である。イシス編集学校では、世界読書の奥義を通して「離見の見」を求める「離《り》」というコースをもうけた。

かつてレヴィ＝ストロースが「離見の見」というコンセプトに魅せられて“Le Regard Eloigné”という本を書いた。日本では『はるかなる視線』（みすず書房）と訳されたが、これは違訳だった。「離見の見」はたんに自分を離れることではなく、「他者のまなざしを、わがものとする」ということであり、さらには「わが心を、われにも隠す」ということなのだ。

さてところで、能を見る者には「目利き」と「目利かず」がいる。目利きは下手な芸を好まない。目利かずは上手を好まず、下手な芸や粗野な芸をよろこぶ。世阿弥はそういう下手な芸を「非風」と名付けた。

いまでも芸能人やお笑いタレントたちの下手くそな芸をよろこぶ風潮がテレビにあふれている。テレビだけではない。落語家なども笑いのウケ狙いに走る者が少なくない。イラスト業界では「へたうま」さえもてはやされた。当初、世阿弥を悩ませたのは、この目利かずがよろこぶ非風をいったいどうするかということだった。

目利かずを惹《ひ》きつけてこそ、名手であろう。それなら下手な芸（非風）も稽古する必要があるのだろうか。いや、そうではあるまい。世阿弥は「是風」が非風を抱きこむべきだと考えた。それを「却来《きゃくらい》」といった。

却来は禅語である。禅林では「きゃらい」と読む。自身が悟りを得るだけでなく、その得たものをもって俗世におりて人々を悟りに誘う覚悟をすること、それが却来だ。仏教的には菩薩《ぼさつ》道に近い。世阿弥は却来《きゃくらい》を禅語よりもかなり柔らかくとらえた。芸を究めた者がすうっと下におりることを意味した。編集工学を究めようとしてきたぼくにとって、却来はすばらしい方法の魂を暗示してくれた。

かくして万端の準備をあらかた了《お》えた世阿弥は、推挙すべき稽古の順に独自な組み立てをしていった。最初は中くらいの芸の稽古から入って、やがて上位に達し、そのうえで最後に下位の芸を習得するという方法だった。これによって是風が非風を包みこめることを示した。また、そのような気持ちになれることを「衆人愛嬌《しゅにんあいぎょう》」といった。

いったい芸の出来不出来はどこで決まるのだろうか。名人や達人は何をもって、そうみなすのか。世阿弥は曲の中にそれが始まっていると見て、芸そのものに「位《くらい》」（芸位）をつけた。仏道のプログラム九品《くほん》に倣《なら》って九位に分けたのだ。

あまりうまいネーミングではないけれど、上三位が妙花風、寵深花風《ちょうしんかふう》、閑花風《かんかふう》。中三位が正花風《しょうかふう》あるいは有主風、広精風《こうしょうふう》、浅文風《せんもんふう》。下三位が強細風《ごうさいふう》、強麁風《ごうそふう》、麁鉛風《そえんふう》というふうになる。このうちの広精風が「三体」に当たり、浅文風が「二曲」に当たる。しばしば二曲三体といわれる。稽古はこの中位の二曲三体から入るのだ。

二曲は「歌」と「舞」である。三体は「老体」「女体」「軍体」をいう。幼き者あるいは未熟な者は、まず二曲を稽古する。「二曲をよくよく学得しぬれば、舞歌一心一風になりて、安久長曲の達人となるべし」（二曲三体人形図）。

稽古では二曲で芸の下拵《したごしら》えをして下敷きをつくり、三体によって応用に向かう。世阿弥は、二曲は「まねるもの」（似するもの）、三体は「うつすもの」「わたすもの」と言った。まねる、似する、うつす、わたす。ここに芸の発祥を見たのである。この下敷きのことを世阿弥は「下地」とも名付けた。このような下地からの確実な出発がなければ「器《うつわもの》」、すなわち芸の器量の基本はつくれなかった。

幼き者のことは「児姿《こし》」とも「童形《どうぎょう》」とも言われる。『花伝書』では七歳のころから稽古を始めるといいと書いた。幼い者にはそれなりの幽風がひそんでいるとみなされたのだ。「遊楽習道風見」には「さるほどに、幼き芸には物まねの品々をば、さのみには訓《をしふ》べからず。ただ舞歌二曲の風ばかりたしなむべし」とある。

児姿や童形がおのずからもつ「花」が、いわゆる「時分の花」である。世阿弥は声変わりする前の少年に理想の「時分の花」を見たが、むろんそれはまた舞い手や能楽師が終生にわたってめざすものでもあった。

年齢とともに獲得された花は、いっときの自分（時分）を超えた「まことの花」とよばれた。『花伝書』年来稽古条々では、四四〜四五歳でも「失せざらん花」があるのなら、これは「まことの花にてはあるべけれ」と認めた。無文の花である。花は「はなやか」に通じ、次第を追って幽玄に昇華する。『花伝書』の問答条々にははやくも「何と見るも花やかなるして、これ幽玄なり」とある。

では、いったい無文や幽玄に近づくには、どうすればいいのか。あらためて芸の出発点に戻らなければならない。

『花鏡』第一条に「一調・二機・三声」がある。一調は調子のこと、二機は機会やはずみのこと、三声はむろん発声のことだ。まとめて「息づかい」というものだ。この「一調・二機・三声」をいつでも実感できるようになることが、能における「時分の花」を開かせる出発点であって結露点となった。

機はタイミングやオケージョンを捉《とら》える機会であって、その機をいかせるような体や声に用意しておくべき「はずみ」のことでもある。それが「発することを主《つかさ》どる」ということだ。ときに機は向こうからもやってくる。ふいに、くる。そのようなセレンディピティに存分な勘をはたらかせることについても、世阿弥は見落とさなかった。「やってくる機」に対するに「迎える機」というものだった。

こうして「せぬひま」という、すこぶる重要な機会が見えてくる。「せぬ隙」と書く。隙間なのだが、その隙間ですべてが決するわけなのだ。『花鏡』の次の文章に秘訣が暗示されている。

見所の批判にいはく、「せぬところが面白き」など云ふことあり。これは為手《シテ》の秘するところの安心なり。まづ、二曲をはじめとして、立ちはたらき、物まねの色々、ことごとく皆、身になす態《わざ》なり。せぬところと申すは、その隙《ひま》なり。

このせぬ隙は何とて面白きぞと見る所、これは油断なく心を綰《ひっ》ぐ性根なり。舞を舞いやむ隙、音曲を謡ひやむところ、そのほか、言葉、物まね、あるゆる品々《くさぐさ》の隙々に、心を捨てずして、用心をもつ内心なり。この内心の感、外に匂ひて面白きなり。かようなれども、この内心ありと、よそに見えては悪かるべし。もし見えば、それは態《わざ》になるべし。せぬにてはあるべからず。無心の位にて、わが心を我にも隠す安心にて、せぬ隙の前後を綰《つな》ぐべし。これすなはち、万能を一心にて綰《つな》ぐ感力なり。

以上、ざっと型と稽古に即して案内してみたが、芸の習得者のほうはそのように型と稽古に励むとして、それでは、これを教えるほうの師はどんな心得をもつべきなのか。編集学校でいえば師範や師範代が基本的に心得るべきこととは、何なのか。

世阿弥は『花鏡』で、こう言っている。師の条件は三つある。それは、第一には「下地の叶《かな》ふべき器量」をもつこと、第二に「心にすきありて、この道に一行三昧《いちぎょうざんまい》になるべき心」をもてること、第三に「この道を教ふべき師」がいることである、と。「心にすきありて」とは数寄の心をもつという意味である。

芸の師と芸の習得者は、片方の長所だけでは成り立たない。世阿弥は稽古や修業には陰陽和合の気持ちが重要で、それによって初めて「相応成就」が実っていく。能に学び、能を愉《たの》しむことは、相思相愛することであって、相互編集の世界をまっとうすることなのである。本書の著者はそれを「二重写し」になることと言っている。まさに、そうであろう。能も編集も「キアスム」(交差の配列)であり、「キネステーゼ」(運動と知覚の重合)であり、「インタースコア」(相互記譜)なのである。

能はドラマであって、身体芸術であり、共同体の活動報告であって、記憶の再生である。これまでその性格と特徴がさまざまに論じられてきたが、世阿弥は「万曲のおもしろさは、序破急成就のゆえと知るべし」(拾玉得花)と言った。結局は序破急が成就してこそ能なのである。

一日の能は序破急でできていて、一曲の能も序破急でできている。それも通りいっぺんの序破急ではない。たとえば《高砂》では次のように構成されてきた。

序一段＝ワキ次第・詞・道行
破一段＝シテツレ一声・サシ・下歌・上歌
破二段＝シテワキ問答・地初同
破三段＝クリ・サシ・クセ・ロンギ・中入
急一段＝ワキ待謡・後シテ・神舞・キリ

なぜこんなふうにジグザグに進むのか。世阿弥は一言、それこそは「却来」のためであり、「堺に移る」ためであるからだと答えた。世阿弥ほど「移る堺」を編集構成できた芸能者はいなかった。能は境い目を渉《わた》るトランジットの芸能でもあるのだ。型を守って型に就き、型を破って型を出て、型を離れて型へ生む。やはり、これである。

第一五〇八夜　二〇一三年五月二七日

参照千夜

一一八夜：世阿弥『風姿花伝』　一三〇六夜：観世寿夫『世阿弥を読む』　九一六夜：ハイデガー『存在と時間』　一三一八夜：ガブリエル・タルド『模倣の法則』　九九二夜：小林秀雄『本居宣長』　一〇八九夜：尼ヶ崎彬『花鳥の使』　三一七夜：レヴィ＝ストロース『悲しき熱帯』　一二五二夜：藤原稜三『守破離の思想』

シテの「残念」を祓《はら》うワキ
異界にひそむ「負」を擬《もど》く能

安田登

異界を旅する能

ワキという存在

ちくま文庫　二〇一一／『ワキから見る能世界』（NHK出版）二〇〇六

二月十七日と十八日の両日、ぼくは鎌倉八幡宮にいた。吉田茂穂宮司と権禰宜《ごんねぎ》の當麻洋一祭務部長の篤《あつ》い配慮で、小雨烟《けむ》る八幡宮の一角を借り、三菱商事グループやリクルートやインプレスやサイバードの諸君と〝ある一連の体験〟をした。そのプログラムの基本はぼくが構成したのだが、そこでおこったことはぼくの予想と期待を超えた。

「ハイパーコーポレート・ユニバーシティ」という、ちょっと風変わりな研修プログラムだった。この企画は去年から始まっていて、いまは第二期になる。年に六回を催し、四人のゲストを招く。そのうちの一回はどこかに泊まりにいく。高野山や伊勢や平泉などにする。当初から思索や表現や体験の狙いを〈ＡＩＤＡ〉においた。〈ＡＩＤＡ〉というのは「間《あいだ》」のことだ。そのＡＩＤＡを日本および日本人の問題として読み解いていこうという企画なのである。

ＡＩＤＡ《あいだ》といっても、いろいろある。日米のあいだ、アジアと日本のあいだ、社会と企業のあいだ、自分と他者のあいだ、体と心のあいだ、中央と地域のあいだ、生産と流通のあいだ、活動とスコアのあいだ（たとえば企業の業績と会計表示のあいだ）、一神教と多神教のあいだ、神と仏のあいだ、公家《くげ》制度と武家倫理のあいだ、太夫《たゆう》と三味線のあいだ、シテとワキのあいだ、農と商のあいだ、内閣と天皇のあいだ、学校と家庭のあいだなど、さまざまなＡＩＤＡがある。

第二期のゲスト・スピーカーは構想日本の加藤秀樹さんと国際日本文化研究センターの川勝平太さん（現静岡県知事）で、グローバルスタンダードと日本のドメスティックルールのＡＩＤＡ、日本の歴史的国家変遷と現在の国家とのＡＩＤＡを見た。

続く今回のゲストに今夜の著者、安田登さんを呼んだ。みんなで鎌倉八幡宮に行って、一泊することにした。お手伝いに女優の水野ゆふ、能管の栗林祐輔、ロルファーの大貫毅朗《たけお》さんにもお出まし願った。

安田さんとは、去年十月の那須二期倶楽部（北山ひとみプロデュース）の「七石舞台・かがみ」出演をはじめ（なかなかスペシャルだった）、それ以前からも幾《いく》つかの場面で意気投合してきた。空海の文章の一節を謡曲仕立てにしてもらったこともある。安田さんをぼくに紹介してくれたのは大鼓《おおつづみ》の大倉正之助さんである。

安田さんはもともとは漢文が専門で、若いときに漢和辞典を一人で仕上げたという素養があるうえに、中小企業診断士の資格やロルフィングの資格ももっている。メリハリ読みの開発、朗読パフォーマンスの新たな様式も実験している。世界中を旅行している し、台北ではスクーターを乗りまわす。

とくに漢籍の素養は深い。著書もすでに十数冊になる（去年だけで六冊だ）。とても多彩多能な人なのだが、二七歳のときに能に魅せられてからは本業が能楽師になった。能楽師といってもシテ方や囃子方や流派などいろいろあるけれど、安田さんはのちに師となった鏑木岑男《かぶらぎみねお》のよく響く声に最初にぞっこん参ったせいもあって、下掛《しもがかり》（下懸）宝生《ほうしよう》流のワキ方の能楽師になった。シテ方ではなくあえてワキ方を選んだところに、本書に開陳された思想がまさにその一端なのだが、安田さんの独特の真骨頂が見える。

ちなみに宝生流は大和猿楽四座のうちの外山《とび》座を源流にしている一流で、世阿弥の『申楽談儀』にも「大和、竹田の座（金春座）、出合の座、宝生の座と打ち入りくあり」と記されるほど古い。

その安田さんと鎌倉八幡宮での二日間をともにした。ロルフィングから日本文化まで、能仕立ての朗読パフォーマンスから五七調の謡曲ワークショップまで、安田・水野・栗林が組んだり、ぼくと対談を交わしたり、さらに吉田宮司の八幡神をめぐる話が加わったりの、ともかくも盛りだくさんのプログラムである。

なかで、安田さんやぼくを含む全員が未知の体験をすることになったのは、八幡宮の特別のはからいで実現した「御神楽」（オカグラではない。ミカグラと読む。オカグラと読むと里神楽をさす）だった。これは鎌倉八幡宮がわれわれのために初めて試みてくれたもので（吉田宮司と當麻権禰宜はそういう大胆なことをする日本でもとびきりの神主さんだ）、御本殿の中の幣殿でおこなわれた（ふだんは大きな息長《おきなが》鈴が奉置されている）。こんなことはふつうはありえない。

御神楽は夜の十時すぎから始まった。大太鼓がゆっくりと打ち鳴らされて玉串拝礼をしたあと（これは代表してぼくが受けた）、巫女《みこ》四人、楽士一三人（歌方・笏拍子《しやくびようし》・篳篥《ひちりき》・神楽笛）が幣殿と楽座と仮神饌所《しんせんしよ》に風のようにあらわれて、次々と着座あるいは立座すると、寒気が包む夜陰のなか、この世の姿とはおもえぬ巫女舞と天上界の響きのごとき歌声と奏楽がわれわれを包んだ。

秘曲の《宮人《みやびと》》である。もともと《宮人》は神楽歌だから舞はない。そこに独特の巫女舞がついた。八幡宮の巫女舞は背丈も振りもみごとに揃い、楽座の歌方一〇人のコーラスも若くて美しい。笏拍子を打つタイミングも上々、夜陰の空気に何かを去来させる楽奏だった。

宮司の話では、御本殿の前で御神楽を奏じたのはおそらく歴史上も初めてだろうという。法楽《ほうらく》という言葉があるが、まさに法楽である。何かが風のように来て、風のように去っていったのだ。その何かが来て去っていくという「本来去来」とでもいうものが、今日の日本に決定的に欠けているとも感じた。

さて、では、以上のことがなぜ能のワキとつながっているかということだ。ひとつには鎌倉八幡宮に安田登を呼んだというそのことが、あらためて「負の方法」を確信させた。もうひとつには、ぼくが組み立てにくかった日本の真相についての説明の仕方を思いつかせたのだ。これらについて、本書の中身を紹介しつつ説明することにする。

能の多くはワキの登場から始まっている。ワキが「あるところ」にさしかかっているという設定が、能の発端だ。それゆえワキはたいてい旅の途次にある。しばしば「諸国一見《いちげん》の僧」という姿をとる。

そのように一人の旅人が「あるところ」（荒れた寺や井戸や名所旧跡が多い）にさしかかると、どこからともなく一人の女（男）があらわれる。これはシテである（ツレがいるときもある）。シテとワキの二人は「あるところ」をめぐって思い出話のようなものを交わすのだが、途中から話がだんだん妖しくも深刻にもなって、そのうちワキの旅人はこの者（シテ）がふつうの者ではないことに気がつく。女(男)にそのことを尋ねると、自分の正体を仄《ほの》めかしつつ〝わが再来〟を待つように言い残し、いずくともなく姿を消してしまう。

旅人が我にかえると、日はとっぷりと西に傾き、あたりは暗い。さるほどに先刻の者がその本来の姿をあらわして(再来して)、自身の物語を語りながら舞を見せる。夢か幻かと思ううちに、ふたたび姿が消えていて、あとは夜が白んで草茫々《ぼうぼう》の荒れ寺がそこにあるばかり……。

このように、ワキが「あるところ」で正体不明のシテと出会うというのが夢幻能の基本構造になっている。《井筒》も《野宮《ののみや》》も《定家》も《敦盛《あつもり》》も《忠度《ただのり》》も、みんなそうなっている。

このことから、まずは次のことが予想される。おそらく能にはワキにしか見えない世界があるということだ。

その見えない世界とは、一言でいえば「異界」というものだ。そうだとすれば夢幻能のシテの大半は異界からやってきた者なのだ。異界の者とは神か仏か、死者か亡霊か、霊か鬼である。ようするに異類だ。この世の者ではない。ただし、これらの者が最初からそのような異類であったわけではない。何らかの理由があって、そうなった。どうもワキにはその事情を見分ける力があるらしい。

観阿弥や世阿弥やその後の能芸者たちは、こうした「異界」との交流によって何かを伝えるためにシテを創りあげた。しかもそのシテの正体を伏せることで、さらに伝えたいものが何であるかを強調した。そのためにワキを創った。そう、推理できる。

一例を出す。《羽衣《はごろも》》という曲のワキは伯龍という漁師である。三保の松原の松が枝にかかる不思議な天の羽衣を見つけて、それが縁で天女と話を交わした。舞台の物語はこのように始まるのだが、よく考えてみると、これは妙である。三保の松原には伯龍のほかにも漁師や旅人がいたはずだ。原作の謡曲にも「釣り人多き」というふうにあって、そこには釣り人がたくさんいたことになっている。ところがかれらには羽衣が見えず、伯龍だけに羽衣が見えた。これは妙だ。

では、どう考えればいいかというと、この羽衣はずっとそこにあったのだが、それを見ることができたのは伯龍だけだったと考えざるをえない。羽衣があることも、それを松が枝に忘れた天女も不思議だが、そういうことを見分けられたワキがいなければ、シテの不思議のいっさいはまったく出現しなかった世界なのである。

そうなのだ。ワキは不可視の存在を観客に知らせる能力のある者なのだ。神や霊はずっとそこにいたのかもしれないが、それを見させることができるのはワキだけなのだ。ワキにはそうした異界とのミスティック・ルートを辿れる能力があるらしい。

もともとワキとは「脇」であって「分」のことをいう。何事かの本質や正体を観客に分からせるために脇にいる。ワキとは「何かのそば」にいる者だ。

一方、シテとは「仕手」や「為手」と綴《つづ》るのだが、たんなる主人公ではない。その正体は「残念の者」なのである。なんらかの理由や経緯で、この世に思いを残してしまった者だ。そのためいまなお異界や霊界をさまよっている。あるいはこの世とあの世の「あいだ」をさまよっている。この世は此岸《しがん》、あの世は彼岸《ひがん》だ。このことをあらわすために、シテは三の松・二の松・一の松が植えられた橋掛かり（橋懸り）を、鏡の間（あの世＝there）からゆっくりと、舞台（この世＝here）に向かってすべるように登場する。橋掛かりはトランジット・ブリッジなのである。

このワキとシテの両者の立場からすると、ワキとは、シテの残念や無念を晴らすための存在だったということになる。「晴らす」とは「祓《はら》う」ということでもあって、ワキはシテの思いを祓っている。無念な思いを祓うとは、いいかえれば、思いを遂げさせるということでもあろう。

能には「夢幻能」と「現在能」とがあって、現在能には神や霊や鬼は出てこない。《安宅《あたか》》や《鉢木《はちのき》》のような現在能では、シテもワキも現存していた人物が中心になる。たとえば《安宅》ではシテが弁慶、ワキが富樫《とがし》になる。

しかし、このような現在能の多くでも、富樫が弁慶の思いを遂げさせたように、ワキが重要な役割を発揮する。つまりはワキがいなければ能は成立しない。能とは、もともとワキが見た能なのである。

もうちょっとワキの本質を見ておく。

ワキには誰もがすぐにわかる見た目の特徴がある。面《おもて》をしていないということだ。スッピンだ。直面《ひためん》という。ワキが現実の者であることを告げている。これに対して、シテはたいてい面をつける。それによって現在に生きていないという境遇を象徴する。これには例外もあって、《隅田川》のシテは現実に生きている老女であるし、《敦盛》のシテのように亡霊でありながら直面ということもある。しかし、ワキは必ず直面なのだ。これは世阿弥以来、変わらない。

演劇的にはシテが主役で、ワキは脇役である（ワキツレがいることもある）。けれども、ふつうの演劇の脇役なら脇役なりの老若男女があるし、それなりの人生もあるのだが、能のワキには少年も女性も老人もない。人生もない。ほぼすべてが壮年の男という設定になっていて、人格もいちじるしく抽象化されている。これはこの世の生者の代表を負わされているためだろう。これも世阿弥以来変わっていない。

能の進行のなかで、ワキはたいしたはたらきをしていない。ワキは舞台で最初に登場して名のり、たいてい「次第」や「道行《みちゆき》」というセリフを謡う。そして「あるところ」

で正体があやしい者と出会う。これは大発見だ。それにもかかわらず、ワキはその後はほとんど活躍しない。ただ事態の推移を見守っているだけなのだ。能舞台の隅（ワキ座）にじっとしていることも多い（向かって右前の隅）。では、そんな目立たないワキに、なぜ特別の事情を見極める能力があったのか。

本書のなかでの安田登の推理は明快だった。ワキは自分が無力だということを弁《わきま》えているからこそ、異様な状況と出会ったときに格別の能力が発揮できるのだと見た。

これはたしかに無力方の執念や弁護で言っているのではなく、能の本質を言い当てている。ワキはたしかに無力に近い者で、そもそもが無名の旅人にすぎない者である。問いを発し、シテの語りを引き出したあとは、そのシテの物語を黙って聞くばかり。しかしながらそうであるがゆえに、ワキが異界や異類を見いだし、此岸と彼岸を結びつけ、思いを遂げられぬ者たちの思いを晴らしていくという役割を担う。

ワキは、自分が問うことと聞くことだけしかできないことを、よく知っている。そのかわり、そのことを研ぎ澄まそうと考えている。そのために旅をしつづけてきた。

おそらくワキは「消極の力」の持ち主なのだ。世阿弥作の《屋島》（八島）では、ワキは夢の中にいる。その夢の中で登場人物（老いた漁師の姿をしている）から「夢ばし覚まし給ふなよ」と言われる。そうすると、ワキは自分の夢の中で夢から覚めないようにする。がまんする。シテの霊力が日を曇らせるとか雨を降らすといった積極的な力を発揮するのにくらべて、これはなんとも消極的だ。けれどもそのうち、シテは自分の正体を見せる（義経の亡霊だった）。そして思いの丈を語る。

そこにワキの役割がひそむ。自分から何かを仕出かそうというのではなく、そこに存在することによって、そこにさしかかることによって、相手に何かをされる契機をもたらすという能力をもつ。ぼくは第一〇二五夜の清沢満之《きよさわまんし》の千夜千冊で、清沢による「二項同体」と「消極主義」と「ミニマル・ポシブル」の提唱を説明しておいたけれど、ワキの役割もそれなのだ。消極主義とは二極の対立を解消すること、二極を消してしまうことなのである。

こういうワキ方を安田登が選んだことには、さまざまな思いがあったろう。能楽界ではいったん選んだ家門（流派）は二度と変えられない。それを承知でワキの人生を歩むことにした。二七歳で能を選択したことは能楽師としてはかなりの晩生《おくて》だが、けれどもそこに飛びこむ何かの必然があったのだろう。

自分の仕事がつねに変化していたこともあったようだし、お父さんを交通事故で失ったということもあった。しかし、昨日今日の安田登を見ていると、ワキの熟知を通して日本や日本人が見失った「日本という方法」をみごとに見抜いたという痛烈な獲得を感じる。

いつのころからか、若い日本人は「自分さがし」を重視するようになった。四、五十代は「勝ち」を求めるようになった。会社はボスコン（ボストン・コンサルティング）の四象限ポートフォリオの「負け犬」から脱することをめざすようになった。お粗末なことだったが、それについてのぼくの批評はさておき、ここはワキの視点からこのことを議論してみる。

近代欧米社会がつくりあげた行動イデオロギーは、一言でいえば「明日は今日よりもよくなる」という進歩思想だ。未来は上向きに、少なくとも右肩上がりに進むというものだ。それを証明したのが産業革命と自由市場と民主主義のルールだということになっている。この「勝ち」を求める行動イデオロギーは個人にもおよび、「自己実現」というたいそうアメリカンな方針をふりまいた。そのうち「ポジティブ・シンキング」こそあなたを救うという口調になってきた。日本でもバブルの前あたりからこの傾向が広がってきて、バブルが崩壊したのちもこの掛け声が続いた。成長志向や上昇志向だ。

いったい、なぜ負けてはいけないのか。「だって、勝ったほうがいいに決まっているだろう」。こんな理由にもならない規範がばかばかしいほど広まり、「負け犬」や「負け組」は蔑まれた。日本はこのあたりでかなりおかしくなってしまった。

　さて、ここから重要なところだが、実は、能の本質はこのことを問うところ、すなわち「負ける」とはどういうことかを問うところから始まっている。多くの能は、人生がうまくいかなかったという事情をかかえた者たちの悲哀や残念を主題にしてきたのである。

　自分の力を過信して失敗してしまった者たち、他人の恨みを買った者たち、ついつい勇み足をした者たち、みずから後ずさりしてしまった者たち、自分の能力がうまく発露できなかった者たち、そういう者たちを主人公にした。能ではかれらのことを、「負けた」とは解釈しなかった。「何かを負った」と解釈した。そこに新たな再生がありうることを謡ったのが、多くの能の名曲なのである。

　主人公の顚末《てんまつ》や頽落《たいらく》はいろいろだ。その悲哀や残念は、その扉を誰かが開かないかぎり、世間のほうでも忘れたい。そこが当事者や関係者にはなお辛《つら》い。扉はどう開けばいいのか。そこには凹《へこ》んだ鍵穴《かぎあな》はあっても、鍵がない。むりやりこじ開ければ悲劇がそのままニュースのようにさらけ出されてくるだけだ。このことを気づかせるために、ワキがいる。ワキは自分が鍵をもっていることを最初から知ってはいない。しかしながら、そこに抉《えぐ》られた鍵穴の状況があるとき、ふとそこに鍵を差す者になる。コードブレーカーになる。

　これはワキが旅人であるというところと関係がある。死者や霊魂は旅をしないトポフイリア（場所愛）の者なのだが、ワキは旅をしつづけてきたことによって、その「あるところ」にさしかかり、悲哀や残念の扉を開けるのだ。

能は、人生の深淵《しんえん》を覗くとは何かということを問うたドラマである。そこにひそむ「負」をもって「再生」を誓うドラマだ。

そのために世阿弥たちは、まず極上の謡曲（台本）を用意した。今夜はそのことにはふれないが、謡曲の言葉ほどよくできたものはない。言霊《ことだま》の連打連続だといっていい。ついで、あらゆる所作の引き算をして冗漫を削り取り、表情を消し、舞台のすべてをヴォイド（からっぽ）にしておいて、そうした者たち（シテ）を橋掛りの「向こう側」から舞台の「こちら側」に呼び寄せた。それがワキとの出会いによっておこるようにした。《隅田川》や《花月》のシテは幼い我が子を失った親が覗いた深淵を描く。《卒都婆小《そとばこ》町《まち》》は自身の老衰を覗いた小野小町の物語である。その小町に恋心を操られた深草少将は《土車》ではワキとなり、妻を失った深淵に出会う。さらに《通小町》では亡霊となって無念を謡う。

これらの人生の深淵は、かつての主人公《シテ》たちが望んだ事情ではなかった。納得ずくのものではなかったはずである。思わぬ事情で責め苦を負ったり、失敗を余儀なくされたりしている。だから説明もつきにくい。「何かを負ってしまった」のだ。

こういう者たちの残念と無念にまみれた「負」というものを、あるときワキが晴らしていく。その能を舞台のこちらの見所《けんじょ》にいる観客が見て、新たな再生を誓っていく。能とは、そのようにして発生した。そして今日まで続いてきた。

しかしそれにしても、いったい夢幻能のシテたちの背負った残念は、何かの「罪」だったのだろうか。世間や社会はそれを「罪」にしたがるものである。そうだとしたら、その「罪」はどのように贖《あがな》われるものなのか。

安田さんは、今年（二〇〇七年、平成十九年）、一二五〇年祭を迎える箱根神社が復曲を計画している《延年》の完全復活の試みに携わっている。そのため冬の御籠《おこも》りをした。朝は六時から九〇段の石段を掃除する。掃除のあとは神官の大祓《おおはらえ》の祝詞《のりと》を一緒に奏じる。大祓はかつては「中臣《なかとみ》の祓」といったもので、中臣氏が守ってきた言霊をつかった。厳密には祝詞とは言わないのだが、いまは祝詞としておく。半年の罪がたまりにたまった六月と十二月にする祓である。だから大祓という。

この祝詞を読むと、いろいろのことがわかる。日本人の「罪の行方」が見えてくる。まず、罪を犯したのはどういう者たちかというと、意外にも「天《あま》の益人《ますひと》」という天上界の秀《すぐ》れた人たちが「過ち」を犯したというふうになっている。これは誰もが過ちを犯すということをあらわす。そこで祝詞は次のように唱える。

……高山の末、短山《ひき》の末よりさくなだりに落ち滾《たぎ》つ速川の瀬に坐《ま》す瀬《せ》織《おりつ》比売《ひめ》と云ふ神、大海原に持ち出でなむ。かく持ち出でなば、荒潮の潮の八百道《やおち》の八百会《やおあい》に坐す速開《はやあき》比売《つひめ》と云ふ神、持ちかか呑みてむ。……かくかか呑みてば、気吹戸《いぶきど》に坐す気吹戸主と云ふ神、根の国底の国に気吹放ちてむ。かく気吹放ちてば、根の国底の国に坐す速佐須良比比売《はやさすらひひめ》と云ふ神、持ち流浪《さすら》ひ失ひてむ。かく流浪《さすら》ひ失ひてば、罪と云ふ罪はあらじと……。

われわれが犯した罪は流れの速いセオリツヒメがまず引き受け、それを大海原に持っていってくれる。すると海にはハヤアキツヒメという女神がいて、両手で呑みこんでくれる。その罪を今度はイブキドヌシノミコトが根の国や底の国に吹き放つ。そこではハヤサスラヒヒメという「さすらい」の女神がそれらの罪を持って流浪してくれる。そのうちに罪という罪は罪でなくなるだろうというのだ。

安田さんはこの祝詞を知ってハッとした。日本人はこのように罪を祓《はら》っているのか。そこに瑞々《みずみず》しい流れがあるのか。禊《みそぎ》とはこのことか。罪は穢《けが》れというものなのか。その穢れとしての罪は「さすらい」をする者が引き受けるのか。そして「罪と云ふ罪はあらじ」となるのか。そういうことが一挙に見えたのである。

罪はしだいに罪でなくなってしまうのだ。「さすらい」をするサスラヒヒメがどこかへ分散処理してくれる。大祓にはそういうことが暗示されていた。これはあきらかにワキの役割と似ている。ワキは旅をしつづけていることによって、シテの残念無念を祓っていたわけなのだ。

ひるがえって、日本にはもともと「はらい」系の贖罪《しょくざい》の方法と「こもり」系の贖罪の方法とがあった。「はらい」系では島流しや所払いなどがおこなわれ、ふつうの罪人だけでなく、天皇や貴人だって流された。実は世阿弥も佐渡に流された。

一方、「こもり」系は自分で籠もって姿を隠すか、牢獄《ろうごく》に籠もらされた。吉田松陰は籠もらされ、西郷隆盛は払われた。

日本人は自身の罪を籠もるか、払われるかを通して贖罪してきたのである。安田登は、そこで考える。最近はもっぱら籠もるばかりの贖罪感になってきたのではないかというふうに。「引きこもり」もそのひとつなのだろう。やたらに検察や警察が罪人を拘置するのも、強制的な「こもり」ばかりが支配的になっているせいだろう。しかし、今日の日本は、あらためて「はらい」の意味をこそ考えるべきなのではないか。そこに流浪の者が何かを引き受けるという文化があったことを知るべきなのではないか。

杜若《かきつばた》の精霊をシテとした《杜若》という能がある。
東国の僧が諸国を漂泊しているうちに、三河の国の八橋《やつはし》にいたる。ワキの僧がそこに咲く杜若に見とれていると、美しい女があらわれて、かつて《伊勢物語》の主人公在原業平《ありわらのなりひら》がここを訪れて歌を詠んだことなどを話しかけてくる。やがてこの女は杜若の精霊だと名のって、装束を変えて再登場して往時を偲《しの》んだ舞を舞う。そしてまた消えていく。そういう顚末だ。

ここには二つの「さすらい」がある。ひとつはワキの僧の漂泊だ。もうひとつは在原業平の東下《あずまくだ》りという漂泊だ。業平はあきらかに都から払われて東国に下っている身の者だ。《伊勢物語》のなかでは何度も泣いている。また「身を要なきものに思ひなして」と言っている。自分が「要」のないものかどうかの確信はない。業平を留《とど》めたいと思ってくれた親しい者たちもいただろう。自分もできれば都に残りたかった。けれども、身を「要なきもの」と思いなすことによって、業平は新たな再生を試みることにした。これが東下りである。

これは自身を「無用のもの」とみなすことによって得た漂泊だ。業平だけでなく、多くの能で登場人物は「無用」や「無為」をせつなく訴える。ワキはそこを見る。そこに「負い目」を見極める。ワキはそのために「さすらい」をしつづけてきた。そしてシテに、かつての日常で右肩上がりの思いばかりを獲得しようとしてきたことを判じて、その思いが切られたかどうかを見る。

シテはシテで、その思いを切った様子を舞ってみせる。そこにシテの役者の技量があらわれる。シテの能は、この思いの様子を感じるところをどう演じていくかに真骨頂がある。第九七四夜でも詳しくとりあげた《景清《かげきよ》》では、盲目となった景清がまさに次のように思いを切った謡を謡ったものだった。「万事はみな夢のうちの徒《あだ》し身《み》なりとうち覚めて、今は此世になきものと、思ひ切りたる乞食《こつじき》を、悪七兵衛景清なんどと、呼ばこなたが答ふべき……」。「思ひ切りたる乞食を」と、景清が思いを切ったところが、この能の転換点なのである。


ここでぼくが鎌倉八幡宮で感じたことに話を戻したい。実はあの夜、われわれは御神楽を拝見する直前まで、八幡宮の斎館の座敷を舞台に見立てた安田さんたちのパフォーマンスを固唾《かたず》をのんで見ていた。

これは三島由紀夫の『憂国』の文章と夏目漱石の『夢十夜』から成る朗読式のもので、栗林さんの能管のアシライも入っての、独自の能仕立てが冴《さ》えきっていた。その一部は以前にぼくも見ていた。

パフォーマンスの中身はまことに危険な場面を抽出したというしかなく、日本人が胸中のどこかに隠しもつきわどい心性をこれでもか、これでもかというほどに抉り出している。三島の『憂国』は切腹の一部始終を克明に描いた場面だけだ。そこまで生と死のＡＩＤＡを見せるのかという迫真の描写が息詰まる。『夢十夜』のほうは、盲《めし》いた子供をおぶって夜の山道を行くうちに、かつて盲目の男を殺《あや》めたという記憶が呼び覚まされてくる怪異と恐怖を扱っている。

これらを演じて、安田さんはワキが見せる能というものを、現代社会に反転してみせた。われわれがどのＡＩＤＡにいるかということを、鮮烈に突き付けた。

その直後、われわれは斎館を出て、小雨のなかを本殿に向かったのである。お祓いを受け、この世のものともつかない御神楽を見た。終わって八幡宮の石段に出てくると、大銀杏《いちょう》と眼下の神楽殿が海市のごとく烟っていた。誰ともなく立ち止まり、そこへ吉田宮司も加わって、われわれは一千年の夢を見たような気分で、しばし立ち話をした。

翌朝、ふたたび宮司とぼくは武神をめぐって語らいをして、さらに安田さんと「境界に立つもの」の可能性について話しこんだ。日本というもの、ＡＩＤＡにしか真実も真相も見えないであろうという話だ。

こんなふうに鎌倉八幡宮の両日がおくれるなんて、ぼくは予想もできなかったのである。三島の『憂国』が演じられること、その直後に夜の神楽があるということの、その順番は誰かが一人で演出したことではない。

松岡正剛の連塾「本の自叙伝」で、折口信夫の『死者の書』を能に仕立てる安田登
（2012 年 5 月 27 日　青山・スパイラルホール　撮影：川本聖哉）

日本文学史上もっとも有名な「した・した・した・こう・こう・こう」の擬音で始まる『死者の書』。その言霊性と錯綜する時空感覚を、安田さんは斬新な能にしてくれた。安田さんは長らく甲骨文字を、最近はシュメール語を探究する、根っからの言霊時空派なのだ。

巫女舞は世界の隙間から出現したのである。その前に切腹が挟まれるとは、誰も予定していなかったことだ。しかし、そのような次第がおこったのだ。三島の切腹は祓えぬものの残念だった。御神楽は万事を万端に祓うものだった。それはまったく世間の俗塵《ぞくじん》を切り裂いておこった出来事だったのである。

ぼくが、こんなにぴったりと「あるところ」にさしかかれたのは久しぶりだった。そのうえもっと身に沁みたのは、このとき「日本のワキ」が鎌倉八幡宮のどこかにいてくれたということだ。これほどにワキというものが動いていることを実感できたのは、まことにまことに懐かしい。こういうことはやっぱりあるものだ。

もう一言だけ、付け加える。言葉というもの、日本古今の言葉というものにあらためて鮮烈な力を感じたということだ。

安田さんは、ワキには「分ける」と「分からせる」という二つの特別の役割があるとみなしている。「分ける」というのは分節能力があるということで、世阿弥が名著『能作書』のなかで詳しくのべているように、絶妙の謡曲作法によって言葉をアーティキュレート（分節）しながら、ワキがシテの世界を分明していくようになっている。

こういう言葉をつくったのは（それをこそ言霊というべきだが）、世阿弥が初めてではない。祝詞や和歌や講式や朗詠や声明《しょうみょう》にも、このような試みは続いていた。けれども、これらをすべて組み込んで、そこに一場《いちじょう》の夢幻幽玄のドラマを想定し、それをワキからシテを見るという仕込みで言葉のアソシエーションに徹底してみせたのは、世阿弥元清という「日本のワキ」の大仕事だった。あれからもう半月がたったのだけれど、ぼくはいまさら世阿弥が果たした大仕事の意味を考えこんでいる。

第一一七六夜　二〇〇七年三月二日

参照千夜

一一八夜：世阿弥『風姿花伝』　一三〇六夜：観世寿夫『世阿弥を読む』　一五〇八夜：西平直『世阿弥の稽古哲学』　八六六夜：大倉正之助『鼓動』　一〇二五夜：藤田正勝・安冨信哉『清沢満之』　五五三夜：吉田松陰『吉田松陰遺文集』　一一六七夜：西郷隆盛『西郷隆盛語録』　九七四夜：近松門左衛門『近松浄瑠璃集』　一〇二二夜：三島由紀夫『絹と明察』　五八三夜：夏目漱石『草枕』

芸を守ることは、
攻めることよりずっと力が必要です

山本東次郎

狂言のことだま

玉川大学出版部　二〇〇二

正名《せいめい》に対して狂言という。

もともとは孔子の「名を正しうする」という思想に対して、荘子の「言を狂わす」という言語感覚が対峙《たいじ》したのだが、やがて狂言はそうした「はずし」や「ゆがみ」を内包する演芸に広がった。だから、狂言綺語といえば道理にあわない言葉づかいや飾りたてた言いまわしをさすのだが、能狂言の「狂言」のほうは、南北朝期に滑稽《こっけい》な芸をさす呼称としてつかわれるようになったとおぼしい。

狂言の舞台ではシテ（仕手）とアド（挨答）が中心になる。太郎冠者《たろうかじゃ》、二郎冠者、三郎冠者、大名、山伏、出家、座頭、素破《すっぱ》、鬼、聟《むこ》、舅《しゅうと》、女、亭主などがいる。演目は登場人物によって、大名がシテを務める大名狂言（武悪・萩大名・粟田口）、太郎冠者がシテになる小名狂言（附子《ぶす》・栗焼・棒縛）、聟女狂言、鬼山伏狂言、出家座頭狂言などに分けるが、便宜的な分類でしかない。ほかに祝言《しゅうげん》の曲として《末広がり》《福の神》《三《さん》人夫《にんぷ》》、いろいろの要素をまぜた集狂言《あつめきょうげん》（瓜盗人・茶壺・合柿《あわせがき》）がある。

ただし本書は、そういう狂言の入門書ではない。著者の山本東次郎は大蔵流の四世で、演技はまことに渋い（→追記・二〇一二年に人間国宝に認定された）。その東次郎が狂言の本質を衝《つ》いた一冊だ。

狂言は愚かな人間を描いているのではなく、人間の愚かさを描いている。それを哲学や幽玄や音楽性を前に出さずにファルス（笑劇）として作った。笑わせて、ちょっと考えさせるようにした。東次郎は心理劇なのだという。

その構成演出にあたっては、能仕舞のように舞を重視する能仕立てもあるけれど、ひたすら科白《せりふ》と仕草《しぐさ》を重視した。そこに狂言がある。とくに科白である。昔から「狂言は言葉でせよ」「狂言は言葉でする」と厳しく伝えられてきたように、科白こそが狂言の真髄になっている。だから東次郎は、狂言の本質が言霊《ことだま》にあるのだと強調する。

狂言を言霊の芸能だと見ることによって、そこから科白の発声にも「型」があるのだという見方が積極的に出てくる。「型」は舞や仕草や節ばかりにあるのではない。能狂言の「型」はそもそもどこから出てくるかといえば、謡《うたい》の文句から出てくる。すでに世阿弥の『花鏡』に「言葉より進みて風情の見ゆる」とあるように、そもそも申楽《さるがく》の真似の本質が謡の言葉を基礎にしていた。

世阿弥はこのとき、謡曲の文句とぴったり同時に所作をしてはいけない、ましてや少しでも先んじてはいけないと戒めた。むしろ僅《わず》かに文句より遅れるように「先《ま》づ聞かせて後に見せよ」と言った。いわゆる「先聞後見」だ。今日でもちゃんとした能楽師たちはほぼ二字遅れで所作をする。言霊が二字遅れで所作になる。なんとも香ばしい。

もうひとつ、東次郎が強調していることがある。能と狂言は自己否定から始まる芸術だということだ。そこはどんな他の芸能とも違っている。

近頃は、能も狂言も観客に受けることを狙う舞台が多くなってきた。もってのほかであると、東次郎は怒っている。ある新作狂言の作者が「大笑いしたあとで観客にぞっとしてもらいたい、怖がらせたい」とインタビューで答えていた。しかしながら、本来の狂言は観客をぞっとさせたり怖がらせたりなどしないものなのだ。あえていうなら能狂言全二〇〇曲あまりのうち、たった一ヵ所だけ観客を驚かせてもよいところがあって、それは《釣狐《つりぎつね》》で猟師の伯父に化けた老狐が犬の遠吠《とおぼ》えに肝をつぶす場面であるが、それ以外に観客を驚かせるつもりなど、まったくもってはいない。

なぜそうなのかといえば、そこが能狂言のもつ「型」の意味であり、観客に対する

「礼」というものなのだ。
この「型」と「礼」は、そもそも能狂言が自己否定ともいうべき意識の行為を当初において済ませているからこそ成立するもので、観客が舞台側の出方に翻弄され「心あらざる状態」にならないようにしていることと深い関係がある。

前著『狂言のすすめ』(玉川大学出版部)より、いっそう読ませた。前著はどちらかといえば入門篇であった。今度は一歩二歩三歩、分け入っての中級篇になっている。

東次郎は今日の狂言ブームをよろこばない。むしろ狂言の本質の理解が遠ざかり始めていると見ている。まさにこうでなくてはならないと思うのだが、実はなかなかこういうことをはっきり言う能楽師や狂言師は少ない。とくに狂言は「笑いの芸能」だとみなされているので、ヨシモト万能時代のいまでは、狂言すらやたらにウケを気にするようになってしまった。東次郎は困ったことだと断ずる。

しかしこれは、大蔵流中興の祖にあたる十三代の大蔵虎明《とらあきら》が、はやくも『わらんべ草』で警告していたことだった。「是《これ》世上にはやる、かぶきの中のだうけものと云也。能の狂言にあらず。狂言の狂言ともいひがたし、たとへ当世はやるとも此類ハ、狂言の病といにしへよりも云伝へ侍る」と警告していた。

顔を歪《ゆが》め、目や口を広げ、異様な振舞で笑わせようとするのは、たとえ観客がよろこぼうとも見るに堪えないものだ。これは流行の歌舞伎の道化者というものであって、こんなものは能の狂言でもないし狂言の狂言でもない。それは狂言の病というものだと、そう書いた。いたずらな道化を戒めたのだ。

いつの世にもこうした媚《こび》が流行するものだと同感するばかりだが、さすがに東次郎はこれを現在の狂言においても断固として拒否しつづけている。そしてむしろ少数でもいいから、狂言を深く感じる観客を育てたいと考えている。

狂言というものは、人間の愚かさを厳しくも鋭く見つめる芸能だ。けれどもだからといって、この愚かさを糾弾し、暴露することはない。責任も追及しない。落語もそんなことはしない。落語はそこを「笑い」で包み、狂言はこの愚かさを「慈しみ」で包む。狂言も落語も、その愚かさに入っていける余地を上手につくっていく。

だからこそここに媚《こび》があってはならないのである。むしろ、だからこそそこに「型」と「礼」を徹底させるべきなのだ。

こういう態度をとりつづけるのは容易ではあるまい。やっと狂言がブームになってきて、寒い時代が終わったかのように見える時期、あえて厳しい狂言を見てほしいというのは勇気のいることだ。しかしながらまさにこの一点の突き放しと引きこもりこそが、日本の芸能の内奥を濃くするかどうかの分岐点なのである。ここは「少な少なに演じて」、観客に心を残すところなのだ。東次郎はそこに言霊の真の力と、そして能狂言にのみひそむ「別の力」を見ている。こんな体験談を書いている。

東次郎が子供のころに金春《こんぱる》の桜間弓川《きゅうせん》の《鉢木《はちのき》》を見たときのことである。シテの佐野源左衛門常世《つねよ》が旅の僧に宿を貸すことを断ったため、それを悔やんで雪の荒野を彷徨《ほうこう》して旅の僧を呼び戻そうとする場面に惹きつけられた。弓川は桜間金太郎として知られた名人だ。

このとき弓川は、つっと正先《しょうさき》に出て、瞬《まばた》きひとつせずじーっと正面から幕までを眺めまわすと、ぐっと見込んだ。それだけで舞台は夕暮れ迫る広大な雪原に転じた。ついでシテは遥《はる》か彼方に黒い一点となった僧を見つけ、あ、あそこにいる、よかったと安堵《あんど》するのだが、ここで弓川は長袴《ながばかま》の裾《すそ》をさっと捌《さば》いたのである。雪原で長袴の裾を引きずって歩くはずがない。しかし弓川は客僧を呼び戻せること、二人がやがて出会えること、それを一面の白い世界でただ一人感じたこと、それらを袴の払いにこめたのだった。

この一瞬、シテの心の演技は「虚」から「実」に変じ、観客はそこに「別の力」を感じることができたはずなのである。

東次郎は、子供のときに感じた老体桜間弓川の謎のような演技を、のちにこのように回想して意味づけていた。そして、これを「すりかわり」と名付けた。雪原のもつエネルギーとシテのもつエネルギーとがすりかわる瞬間だとみなしたのである。
この東次郎の指摘が、本書一等の白眉《はくび》である。ぼくにはそのように感じられた。なるほど、このような人がいるのなら、まだ日本の芸能も持ちこたえられることになるだろう。東次郎はこんなふうに本書を結んでいる。伝統を守るというと、保守的で頑《かたく》なな態度だと思われるでしょうが、「守る」ということは実は「攻める」よりずっと力がいることなのです。「攻め」は激しく高じることですが、「守り」はそれをしつづける持続です。辛いのは当たり前、そこに伝統があるのです。

第六四六夜　二〇〇二年十月二五日

参照千夜

一一八夜：世阿弥『風姿花伝』　四二五夜：大室幹雄『正名と狂言』　七二六夜：荘子『荘子』

第二章　芸能と音曲

林屋辰三郎『歌舞伎以前』
兵藤裕己『琵琶法師』
荒木繁・山本吉左右編注『説経節』
平岡正明『新内的』
宮城道雄『雨の念仏』
杵屋佐之忠『黒御簾談話』
樋口覚『三絃の誘惑』
高橋竹山『津軽三味線ひとり旅』
本條秀太郎『三味線語り』

申楽《さるがく》、傀儡《くぐつ》、幸若舞《こうわかまい》
その担い手の乞人《ほかいびと》や法師原《ほうしばら》

歌舞伎以前

林屋辰三郎

岩波新書　一九五四

時代を画した名著だった。日本の芸能にひそむ「かくるるもの」が初めて列挙され、この本が示した方向によって日本の芸能史の研究が一斉に進むことになった。昭和二九年に著されたことを驚くべき早期の成果とみるか、そのとき林屋さんは四十歳だったから、まあこのくらいのことは研究者として書けるだろうとみるかは、それはこの分野にかかわる者が決めることであってぼくの判断にはないことだが、正直にいえば、いま四十歳でこれほどの全面的方向性を的確に示しうる研究者はいないのではないかという気がする。

歌舞伎以前の芸能史など、まことに細々《こまごま》としたものか、差別的に冷遇されていた研究分野だったはずなのに、それを扱ってヴィヴィッドなパースペクティブを組み上げ、そのどこからでも大きなテーマを引き出せるようにしたこと、しかもそれを新書のような簡便なスタイルにおいてもいっさいの細部をゆるがせにしなかったこと、こういうことは当時のタテ割り研究に安住していた学問事情ではめったにできるものではない。

最初に「歌舞伎以前」を日本の芸能の歴史ととらえ、それは民衆そのものの歴史だという立場をとる。ついで、それには地方史研究・部落史研究・女性史研究が絶対に欠かせないと断定する。

こういう決然とした書き出しもよかった。構成も藤原通憲《みちのり》の《信西《しんぜい》入道古楽図》から始めて宗達の《舞楽図屏風》で締めるというふうに、その後の林屋門下に広がっていったゆるやかな学風を披露した。多くの後継者を育てた林屋さんらしい。

テキストと事件と制度の関係についても入念である。藤原明衡《あきひら》の『新猿楽記』がとりあげられるのだが、その内容の点検を律令国家にはあった治部省《じぶしょう》雅楽寮《うたりょう》の散楽戸《さんがくこ》が廃止されたことに関連づけ、そこから「戸」の問題へ、その背後の良民・賤民の問題へ、さらにはそこから浮かびあがる「散所《さんじょ》」の存在へと視点を移し、そこに、いまはすっかり話題になった神人《じにん》や寄人《よりうど》や供御人《くごにん》の動向を浮かび上がらせた。

とくに散所の説明は、そのころのぼくに基礎知識がなかったせいもあるが、ぶるぶる震えがきた。法師原《ほうしばら》や説経節《せっきょうぶし》の発生がバシャッと見えたのもこのときだった。

この新書一冊には驚くべき充実があったのである。中世日本にどのように「座」や「頭《かしら》」が、「一味」や「寄合《よりあい》」が発生したのか、そのことがどれほど日本の芸能の根底にとって重要なのか、この一冊でとんでもないことがわかった。林屋さんは「結座性」と書いていたが、いまなお日本人が座をもうけて気持ちを合わせるという習慣をもっていることと、そのように今日に伝わる結座の習慣がそもそも中世のどこかで生まれるにあたっては、そうとうに複雑で苛酷な社会システムの変換と変更と工夫が重ねられてきたということが、たちまちにして結びつく。

中世は自由狼藉の場所をあえて創発させていったのである。

耐えられないほど辛《つら》い場所に。想像を絶するほど明るい陽気によって。それがなかったら、当時の芸能民の発想や所作や音曲が今日では伝統芸能という看板で守られたものになったかどうか。そこに「あわせ」という方法や連歌による「つらね」という方法が集中して自覚されなかったなら、いったい日本の今日の芸能文化はどうなっていたか。

それでもきっとわれわれは、フラメンコやシャンソンのような、フラダンスやファドのような、民族としての誇りある伝統芸能をもったであろう。しかしそれならそれでそのかわり、扇子ひとつの動きで別々の流派になるような踊りや舞の多様を、三味線の糸の太さで浄瑠璃《じようるり》から清元《きよもと》におよぶような語りや音曲の多彩を、面《おもて》をつけるか人形の首《かしら》にするかで舞台も演目も桟敷《さじき》も変わってくる見所《けんじょ》の複雑を、さて、はたしてもてたかどうかはわからない。

末法の世が到来して、永長の大田楽を嚆矢《こうし》に田楽と御霊会《ごりょうえ》がさまざま混ざって流行したのが十二世紀の初めだ。殿上人が田主《たあるじ》となり、院から進上された楽器をもちこみ、ササラ・笛・羯鼓《かっこ》に交ぜた。結印・咒文《じゅもん》などが所作となり、これらがやがて申楽《さるがく》（猿楽）となった。「時の妖言の致すところ」「神明の所存」「神々の好むところ」と言われた。そこに久々能智《くくのち》を木祖《もくそ》とする傀儡《くぐつ》まわしも加わった。のちの人形浄瑠璃の原型だ。

武家の世になると、各地に「ほかいびと」（乞人）の芸能が動きだし、散所民・声聞師《しょうもんじ》・白拍子となって曲舞《くせまい》や幸若舞《こうわかまい》や早歌《そうか》を流行させていった。いわゆる門付《かどづけ》芸能で、そうしたなかに越前西田中村に出身した桃井幸若丸《もものいこうわかまる》や、愛寿・菊寿といった人気者があらわれた。そこにはたいてい「次第」があった。ただし、これらが大和猿楽をへて観阿弥・世阿弥の能楽に大成されたとおもっては大まちがいである。多くは稚児猿楽や説経節や女猿楽などとして分派自立したり、また風流踊ややこおどりや、さらには女房狂言・女房能・女松拍子《おんなまつばやし》などに流れていったりした。

やがてこれらの傍流から阿国《おくに》歌舞伎・女歌舞伎が、ついでは若衆《わかしゅ》歌舞伎・野郎歌舞伎が、さらには《非人敵討《ひにんのかたきうち》》や《今川 忍車《いまがわしのぶのくるま》》などの続き狂言が生まれて太い潮流をめざしていった。その一方では、中世の傀儡師の操り人形を蘇らせるかのように人形浄瑠璃の原形が萌芽した。薩摩浄雲や丹波太夫や源太夫の登場で金平《きんぴら》浄瑠璃が一気に人気を攫《さら》ったのである。これらはすこぶる複相的なのだ。

日本芸能のパースペクティブを跡付けるにあたって、ひとり林屋さんだけが先行したわけではない。喜田貞吉がいたし、高野辰之も岡崎義恵も折口信夫もいた。

しかし林屋辰三郎にはその先駆性とともに、まるでかつての芸能者が座を組んだような「研究における結座性」があった。一九七三年、日本思想大系の二三巻に『古代中世芸術論』（岩波書店）が登場したとき、それを感じた。あらためて周辺の事情を覗《のぞ》いてみると、林屋さんが立命館に行ったときは、そこにはすぐに〝二井〟とよばれる村井康彦・赤井達郎が台頭したのだし、ぼくは同世代なのでいろいろ話しこませてもらってきた守屋毅《たけし》・熊倉功夫・堀口康生の三羽烏《がらす》ははやくから精力的な芸能文化研究をおこして、歴史家にも影響を与えていった。

その結座的影響力の学術成果は、森谷《もりや》尅久《かつひさ》を中心に執筆編集された『京都の歴史』全十巻（学芸書林）と、ほとんど芸能文化の全貌と最新の視点による仮説を極めた『日本芸能史』全七巻（法政大学出版局）にも集約されている。

ぼく自身は林屋さんが京都国立博物館の館長をしていた時代に、講談社から頼まれた

『日本の美と文化』全十八巻（通称『アート・ジャパネスク』）のときに、監修者として全巻にわたってお世話になった。その後も何かというと林屋さんには泣きつかせてもらった。

このようにわれわれがいま日本の芸能文化を語れるのは林屋さんのおかげであり、また林屋さんによってネットワークされた芸能史研究会などのおかげであるのだが、林屋さんは決して前に出ようとはしなかった人でもあった。権力や権威を嫌っていた。それは日本の「歌舞伎以前」の芸能者がつねに散所や河原や公界《くがい》にいつづけていたことと無縁ではないだろう。

第四八一夜　二〇〇二年二月二十日

参照千夜

一一八夜：世阿弥『風姿花伝』　三〇七夜：荒木繁・山本吉左右編注『説経節』　一四三夜：折口信夫『死者の書』　一五五九夜：夏目琢史『アジールの日本史』　五二〇夜：村井康彦『武家文化と同朋衆』　一〇四六夜：熊倉功夫『後水尾院』　四七二夜：花田清輝『もう一つの修羅』　六九四夜：大江時雄『ゑびすの旅』　一二八四夜：塩見鮮一郎『浅草弾左衛門』

地神信仰と当道座に支えられた盲僧たちの驚くべき平家語り

兵藤裕己

琵琶法師

〈異界〉を語る人びと

岩波新書　二〇〇九

巻末にミニDVDがついている岩波新書は、これ一冊だけだろうと思う。新書にDVDをつけた例もほかにないかもしれない。山鹿良之《やましかよしゆき》の《俊徳丸》三段目が収録されている。肥後の琵琶《びわ》弾きだ。声を振り絞って哀切を訴える説経節《せっきょうぶし》はこれまでもいくつか聴いてきたが、山鹿の語りはたんなる哀切というより、時代の終焉のようなものを感じさせて胸がつまった。

説経節の《しんとく丸》と山鹿の《俊徳丸》はやや物語の筋書きが異なっていて、重い病に罹《かか》って各地を流浪する俊徳丸を助ける者たちの話が強調される。巡礼遊行する俊徳丸を手引きするのが許婚《いいなずけ》の初菊姫（《しんとく丸》では乙姫）であるのは、古い説経節と同じだが、その初菊姫を屋敷に導く子供は清水観音《きよみずかんのん》の化身になっている。継母《ままはは》のおすわが「とどめの呪い釘」を打ち付けようとするときも、清水観音が大蛇に変じて俊徳丸を助ける。

俊徳丸と初菊姫が合邦ガ辻から清水に向かう途中に男山で日が暮れ、初菊姫が神前通夜をしているときは石清水《いわしみず》八幡神があらわれて呪いを解く方法を教え、鳩の羽根をさずける。《しんとく丸》ではしんとく丸自身が清水の化身になるのだが、肥後に流れた話はこの段を変化させた。鳥箒《とりぼうき》をさずけるのは鳥の羽根が呪いを解くからだ。

ぼくの仕事場はこのところ、故あってハンセン病の歴史と現在を追っているのだが（日本財団の依頼で太田香保と長津孝輔がウェブサイトもつくっている）、俊徳丸が盲目のハンセン病者であることをいまさらに痛く感じてしまうので、このミニＤＶＤは長きにわたった日本の「業」の観念を蘇らせていて、心底、傷《いた》かった。山鹿良之の芸能は、俊徳丸を呪い殺そうとした継母が、その呪いが解けるのと入れ替わるようにして盲目の病者となったと語るのである。琵琶の打ち方も強い。

本書は著者の兵藤裕己《ひろみ》が琵琶法師の背負ったものをいろいろ読みうるように書いているので、たくさんのヒントが埋まっている。

琵琶法師というすこぶる特異な社会芸能的存在の歴史や実態を知るにもいいし、平家、語りとは何かという起源と変遷を理解するのにもよく、著者が新たに発掘強調している「地神経《じしんきょう》」(地心経・土用経)と盲僧や座頭と御霊信仰との関係に思いを致すのにもいい。兵藤は『王権と物語』(岩波現代文庫)や『太平記〈よみ〉の可能性』(講談社学術文庫)このかた、歴史と物語の「よみ」の多元性や深度を重視する。かつて川田順造がその「よみ」に狂喜していたものだ。

ぼくは六年ほど前に本書にめぐりあった。3・11のあと何度となく『奥の細道』の記述をふりかえっていたのだが、そのとき、芭蕉が塩竃《しおがま》で奥浄瑠璃を聞いていたという記事に目がとまった。塩竃のどこかの小屋に琵琶法師めいた芸能者がいて、奥浄瑠璃を語っていたというのだ。元禄二年(一六八九)の五月の記事である。

「その夜、盲目法師の琵琶をならして奥浄瑠璃といふ物を語る。平家にもあらず、舞にもあらず、鄙《ひな》びたる調子うちあげて、枕近うかしがましけれど、さすがに辺土の遺風忘れざるものから、殊勝に覚えらる」とある。

こんなことが気になったのは、五月に被災後の鹽竈《しおがま》神社に寄って芭蕉を思い出していたからだった。ただ彼の地に、かつて奥浄瑠璃という芸能があったということはどういうことなのかよくわからず、また「平家にもあらず」というところが気になった。東北では平家は人気がないのだろうか。

これは兵藤裕己をもう一度読みなおさなければと思って(兵藤の平家論はかつてのどの論考よ

りも新鮮なので）、久々に『平家物語の歴史と芸能』（吉川弘文館）や『平家物語――〈語り〉のテクスト』（ちくま新書）などをひっくりかえすとともに、当時最新刊の本書を読んだのだ。それが今夜の一冊との出会いである。コンパクトな新書ながら平家読みの当代第一人者の鋭い案内だけに、さすがに考えさせられた。

で、その奥浄瑠璃であるが、芭蕉の見聞からほぼ一〇〇年後の天明六年（一七八六）に、菅江真澄《すがえますみ》が平泉で琵琶法師の語りを聞いたという記録がのこっていた。さすが菅江だ。万端、見のがさない。この見聞記では、琵琶法師が琵琶ではなくて三線《さみせん》をつかって、《曾我》《八島》《尼公物語》《湯殿山の本地》などを弾き唄ったと書いている。

奥浄瑠璃は、芭蕉から真澄に時代が移るなか微妙に変質していったらしい。兵藤によると、文政年間の喜多村信節《きたむらのぶよ》の『嬉遊笑覧《きゆうしようらん》』に「仙台浄瑠璃」のことが書かれたあたりを最後にしだいに衰え、その後は細々と伝えられてきたようだが、その流れは一九七三年に没した北峰一之進を最後についに廃れたらしい。

ということは北に向かった琵琶法師は三味線となじみ、近代以降まで盲僧琵琶による琵琶法師の伝統を維持していたのは西や南のほうだったということになる。では、南に行った琵琶法師はどうなったかといえば、それがＤＶＤの山鹿良之の《俊徳丸》三段目にまで及んだのである。

どんな琵琶法師たちも、そもそもは南北朝・室町期の当道《とうどう》（当道座）に属する盲目の法師たちが琵琶を奏でて平曲を語った流れのなかにいる。

当道座は仁明《にんみよう》天皇の子の人康《さねやす》親王の由来に仮託されている。人康親王は若くして失明したため出家して山科に隠棲し、そこに盲人たちを集めて琵琶・管弦・詩歌を教えたという異例の皇族である。親王の死後、そばに仕えた盲人たちに検校《けんぎよう》と勾当《こうとう》の二官が与えられ、そこから当道組織のプロトタイプが生まれていった。

やがてこの流れのなかに平曲を語る盲僧があらわれ、伝承では生仏《しようぶつ》が、記録上では如《じよ》一《いち》とその弟子の明石《あかし》覚一《かくいち》が平家琵琶の流派をおこした。これは一方《いちかた》流という。覚一がまとめた平家語りのテキストは「覚一本」として定本になり、こうしてさまざまな平家語りが流行する。

そのうち城玄による八坂流が興隆すると琵琶法師が各地に流れて（放浪芸能民として）、九州北部には玄清法流が、九州南部には常楽院流が定着していった。これらの地では筑前琵琶や薩摩琵琶が考案された。

日本人はもっと平曲《へいきよく》を聴いたほうがいい。江戸の浄瑠璃や豊後《ぶんご》節《ぶし》に始まる三味線音楽はむろんのこと、昭和の歌謡曲や最近のＪポップやラップにも平曲が生きている。

平曲は『平家物語』をテキストにした曲目だが、琵琶法師が平曲を演じることは「語る」と言った。「歌う」とは言わない。これがいわゆる平家語りだ。以降、日本の歌謡には「語る」と「歌う」が併存してきた。説経節、浄瑠璃、義太夫、豊後節、常磐津、清元などは「語りもの」で、催馬楽《さいばら》、謡曲、地歌、長唄、小唄などは「歌いもの」だ。

ただし、初期の平家語りの節回しやメロディやボーカリゼーションがどういうものだったかは、わかっていない。もちろん譜面もない。おそらくは鎌倉時代すでに天台宗で民衆教化の声明《しょうみょう》などによる唱導芸能が先行していたので、これに琵琶法師の平家語りの節回しがかぶさっていったとみなされている。声明の中の語りパートである講式が平家語りの独特の節回しにふくらんだのである。

しかし声明は琵琶をつかわない。盲僧によるわけでもない。楽器としての琵琶はもともと中国経由の雅楽からきたものだから、そうなるとまずは雅楽と仏教音楽が重なり、そこに盲僧の独自の平家語りが加わったのだろうということになる。

かつて日本音楽史研究の田辺尚雄は、雅楽のリーダーであった行長（信濃前司行長）、声明の蓮界坊浄心の高弟だった慈鎮（慈円）、叡山の盲僧であった生仏の三人がどこかで出会って平曲をつくったのではないかという仮説をたてたものだったが、この説はいまだに確定にはいたっていない。

琵琶については本書にも多少触れられているが、ぼくも、数奇な人生を歩んだ天才的な琵琶師の鶴田錦史《つるたきんし》と新たな音楽のために琵琶を使いたいと思っていた武満徹との出会いを描いた『さわり』を紹介した千夜千冊に、ある程度のことを案内しておいたので参照してほしい。名曲《ノヴェンバー・ステップス》誕生の背景も見えると思う。

琵琶法師は平家語りばかりしていたのではなかった。ときに散楽を弾いたり、ときに民間歌謡を聞かせたり、ときに経文を読んでみせたりもした。兵藤が注目したのは『地神経』（地心経）を読誦《どくじゅ》していたことだ。

地神経は偽経である。たとえば釈迦が荼毘《だび》に付されたのは、正規の仏典では倶尸那城《くしな》外とされているのに、須弥山《しゅみせん》の北だとしているし、その荼毘にあたってはなんと釈迦が棺《ひつぎ》から立ち上がって舎利弗《しゃりほつ》に地神経を説いたなどとなっている。そのため、正規の仏僧たちはこんなものは読経できないとみなしていた。清水寺の別当定深《じょうじん》が編集した『東山往来』には、世の中に怪異が続くときは「地の祟《たた》り」と「霊の強き」を謳《うた》う地神経を読誦するといいと占人《こうなぎ》が勧めるけれど、あんなものは読めないという文言が出てくる。

ところが、この地神経こそは九州に興った玄清法流と常楽院流の琵琶テキストになっていた。釈迦入滅にまつわる地神祭祀の由来を説いていた。ぼくは、そうか、そういうことかと驚いた。

地神《じがみ・じしん》は各地で土地の神や田畑の神や家の神になっている。屋敷神としての地神は藁《わら》宮《みや》に祀り、春秋の社日《しやにち》に地神講をする。堅牢地神《けんろうじしん》という文字を彫った石神もある。農神も田の神も作神様も地神のことである。

ぼくが知るかぎり、天神地祇《てんしんちぎ》の地祇とは地神のことだ。ということは、日本神話の神武天皇以前の五代は地神（地祇）五代のルーツだということになる。五代はアマテラス、アマノオシホミミ、ニニギ、ヒコホホデミ、ウガヤフキアエズである。また堅牢地神のほうは『金光明最勝王経《こんこうみようさいしようおうきよう》』にも説かれている大地の神で、地母というふうに漢訳されて仏教にもとりいれられている。大地に豊饒をもたらす地神は、他方、祭祀を怠ればたちまち祟りをもたらすものでもある。そのため民衆からは荒神《こうじん》さまとも三宝荒神とも恐れられもした。地震、噴火、鉄砲水、津波をはじめ、日本列島の土地はつねに大暴れしてきたのである。

そういう地神をめぐる地神経を琵琶法師が誦《よ》み聴かせていたのだ。地神経にはこんなことが書いてある。

釈迦が入滅したとき、須弥山の北の墓所で阿難《あなん》や舎利弗らの仏弟子たちが釈迦を荼毘に付そうとした。けれども火がつかない。五竜王、堅牢地神らがそむいて信伏しないせいだった。

仏弟子たちが五竜王が信伏しないわけを釈迦に尋ねたく思ったところ、涅槃《ねはん》に入っていた釈迦がにわかに棺から立って、「この大地は五竜王や堅牢地神によって守られている。それゆえ田畑を耕し、舎宅を立て、井戸や池をつくり、竈《かまど》を塗りなおすなどして大地を侵すときは、五色の幣帛《へいはく》と五色の幡《はた》をかかげて五竜王を祀って、地神経を唱えなければならない」と言って、五竜王の神呪真言、二十八宿・三十六禽《きん》の呪文を教え、釈迦はふたたび棺に入ってみずから火を発して荼毘に付された……云々。

なんとも動顚《どうてん》するような釈迦最後の説教だ。大地をおろそかにしたことを釈尊が叱ったというのも、地神経を誦み、五竜王の神呪を唱えなさいと諭したというのも仏教史としては聞いたことがない。むろん偽経だからなんとでも書けるのだが、なぜこのことを西国の琵琶法師たちが熱心に語ってきたのかということが気になる。

ここに出てくる五竜王というのは中国の盤古《ばんこ》神話のヴァージョンとしても流布したもので、日本では五郎王子の説話や伝承として伝えられていることが多い。

盤古大王の一二人の王子のうちの七人がインドや中国の八山九海を治める王となり、残り五人が日本の地神王となって、それぞれ太郎（青竜王）、次郎（赤竜王）、三郎（白竜王）、四郎（黒竜王）として東西南北に君臨したのだが、ひとり所領がもらえなかった五郎は四人の兄と争い、変じて黄竜となったため国土が荒廃した。そこで文選博士《もんぜんはかせ》が仲裁に入って五郎王子に四季の土用と中央の大地を与えた。五郎王子とは、こういう故事にもとづいた王子のことである。

五郎王子のことは、折口信夫が注目した奥三河の花祭の神楽の奉詞にも、小松和彦の調査研究で有名な高知県物部村《ものべむら》のいざなぎ流の祭文にも出てくる。それだけでなく各地の御霊神社の若宮伝説の縁起譚にも語られている。石見《いわみ》神楽の五郎王子の立ち回りは、いまなおかなり雄壮だ。

それにしても、なぜこんな偽経と平家語りがつながっていったのか。本書はそこを解いてスリリングなのである。

盲僧らによって平家語りが始まったのは、平家が滅亡したことを大きな暗示としてうけとめたからである。そこには平家が滅亡するに至った理由が示されていなければならなかった。

平家一門が壇ノ浦に散ったのは元暦二年（一一八五）の三月二四日のことである。それから三ヵ月もたたない七月九日、都を大地震が襲った。鴨長明は『方丈記』に「そのさま世のつねならず。山はくづれて河を埋《うず》み、海は傾きて陸地《くがじ》をひたせり。土裂けて水湧き出て、巌《いわお》割れて谷にまろび入る」と綴った。平家語りでは、この地震で法勝寺《ほっしょうじ》の九重塔や三十三間堂が倒壊したと語る。琵琶湖北岸を震源とするマグニチュード七・四の大地震だったことが、地震史学のほうで確認されている。

当然のことに、平家滅亡と大地震が結び付けられ、都大路は竜王の祟りであろうとの噂でもちきりになった。慈円も『愚管抄』に「竜王動くとぞ申し、平相国、竜になりて降りたると世には申しき」と書いた。平相国すなわち清盛が竜王になったのではないかというのだ。

平家語りは盲僧たち自身の心情を語った芸能ではない。それも少しは含まれていたとしても、そこには平家の祟りに象徴される日本の負を根本から語らざるをえなかった「語り手」が想定されていたはずなのである。誰が平家語りの語り手だったのか。柳田国男や筑土《つくど》鈴寛《れいかん》は語り手としての有王《ありおう》に託されたものに注目した。

有王は俊寛が法勝寺の執行《しつぎょう》だったときの侍童である。安元三年(一一七七)、俊寛が鹿ヶ谷《ししがたに》の陰謀に連座して鬼界ヶ島に流されると、師を慕う有王は居ても立ってもいられなくなって絶海の孤島を訪ねる。なかなか島中を探しても見つからず、やっと変わり果てた師の姿に出会う。痩せ細り、声もたえだえである。胸かきむしられる思いで娘から手渡された手紙を見せると、俊寛はこれを読んで死を覚悟する。決然と食を断ち、弥陀《みだ》の名号を唱えて二三日目、俊覚は絶命した。享年わずか三七歳だった。

泣き続けた有王は師の白骨を首から下げて商船を頼って都に帰り、姫君に父上の境涯と臨終を告げると、高野山奥の院に遺骨を納め、蓮華谷で法師となった。その後の有王はひたすら諸国行脚の旅に出ていたという。高野聖《こうやひじり》になったのである。

平家物語は、この有王の諸国回向《えこう》の段のあと、都に恐ろしい辻風《つじかぜ》が立ったことを記している。祟りがおこったのだ。柳田は有王が高野山の別所である蓮華谷に入ったこと、そこが明遍《みょうへん》によってひらかれた高野聖のルーツであったこと、有王が聖として諸国を回って俊寛の話を伝えていただろうことなどをもって、平家語りの語り手は有王のような者によってこそ伝唱されたのだと見た。

有王だけではなく、平家物語に登場する滝口入道、佐々木高綱、熊谷直実《なおざね》も高野聖になっている。かれらこそ蓮華谷などで平家物語の語りを編集していった者たちだろうというのだ。柳田は有王という名には「ミアレ」（御生れ）のアレがからんでいただろうとも推理した。

この「有王＝語り部」説は、その後も筑土鈴寛、冨倉徳次郎、角川源義、五来重《ごらいしげる》、水原一、福田晃、そして兵藤裕己などによっても研究されてきた。

平家編集が蓮華谷や肥前や京都東山の八坂などで醸成されていったことも、さまざまに仮説された。鹿ヶ谷事件で俊寛とともに鬼界ヶ島に配流された成経《なりつね》と康頼《やすより》は途中で赦免されたのだが、その二人が帰路に一年近く逗留《とうりゅう》した肥前の嘉瀬《かせ》はその後の琵琶法師の拠点となったところだし、康頼（性照）が帰洛後に住した八坂は八坂流の琵琶語りの拠点ともなったからだ。

日本の芸能者はなんらかの物語の刻印を継承するところに始まっている。技能はあとからついてきた。それというのも物語の語り手になるということは、いくつもの人格や霊格を引き受けるということだったからである。

そのように人格や霊格を帯びた物語の語り手を引き受けることになるのは、語り部が見聞した出来事にスティグマを受けた者がいたか、自身が非人やハンセン病者のスティグマを背負ったということが大きくはたらいた。そのため物語を語る者はしだいに「複数の傷をもったものたちの物語」を語れるようになっていく。

能のシテに「残念の者」が選ばれたのも、説経節にハンセン病者が語られるのも、平家語りが一族全滅という途方もない「負」を語ろうとしたのも、物語そのものが複数の傷によって織られうるものであったからだった。

そもそも古代中世の物語は一人でつくられるはずはなく、一人で読むものでもない。そのことはいまなお継続していると、ぼくは思っている。そう言うと、反論があるかもしれない。そんなことは昔の語り部時代の物語のことで、近代以降はそんなはずがないというふうに。しかし、これはまちがっている。

現代の小説家たちは一人で物語を書いているじゃないかと思うかもしれないが、そんなことができる作家はよっぽどで、たいていの作家は自分一人の想像力で書いているはずがない。それまでの多くの出来事や語りをヒントにし、おまけに世の中の資料からもいろいろ恩恵を頂戴して書いているわけなのである。

もうひとつ重要なことは、中世や近世の物語の多くが「境界」というトポスにおいて編集されてきたということだ。境界とは「境い目」のことである。

物語はアジェンダではない。プログラムでもない。中央の権威や機関が示すアジェンダやプログラムがさまざまな歪《ゆが》みをおこし崩れていくなかに、「もの」（心・霊・物）が異様に見えてくるとき、「もの・かたり」が語られる。物語とはそういう宿命や宿世を孕《はら》んでいる。だからこそ語られる場は、雑多だが痛ましいスティグマが残響しているようなところが選ばれた。そこはたいてい、どこにも属せないような「境い目」なのである。その「境い目」をまたいで、日本の芸能が育った。

ぼくは日本中世の芸能の多くが別所や散所や坂下や観音浄土の片隅に集う者たちによって語られ、そのトポスがもつ「負の力」によって独自に構成されていったと思っている。『フラジャイル』（ちくま学芸文庫）にも書いたことだ。柳田もそのことを『物語と語り物』にとりあげ、有王に注目したのである。

本書は最後の第五章を「消えゆく琵琶法師」としてまとめている。中世がすすむにつれ、琵琶法師は消えていったのだ。

盲僧の平家語りは、その時代その時代の当道の座としての組織力がどのように変遷してきたかということにかかわってきた。当道の組織力は、神社仏閣の庇護《ひご》がどのようなものであったかということとも関係する。たとえば、室町中期の都の当道座は応仁の乱などの戦火からのがれるために、比叡のふもとの東坂本や南都（奈良）の一隅で座務をおこなっていた。日吉社《ひえしゃ》や興福寺が庇護してくれたのだ。

このことは徳川社会に入っても同様で、寛永一一年（一六三四）に惣検校《そうけんぎょう》の小池凡一が幕府に提出した『当道式目』では、当道盲人の祀るべき祭神として賀茂・稲荷・祇園・日吉をあげ、なかでも賀茂を「当道衆中の鎮守」と位置付けていた。

けれども時代の波は寺社の庇護では追いつかなくなっていく。幕府の宗門改めも始まっていく。身分社会の変化や楽器の変化によってもその形態の縮小を余儀なくされ、組織の分散を余儀なくされた。差別もおこった。第五章には弾左衛門による管轄がもたらされたことも記される。

楽器の変遷では三味線の登場が大きかった。検校も琵琶ではなく三味線の名人たちが次々に牽引《けんいん》していった。当道も三味線弾きたちによって再構成された。それでも盲目が多かった。なかで執拗に琵琶法師の伝承を守る者たちが北九州に流れ、東北に奥浄瑠璃が流れていったのである。琵琶法師はシンガーソングライターではなかった。どちらかといえばフォークシンガーだ。だが、この盲目のフォークシンガーは、時代と社会の境い目に出自した亀裂者でもあったのである。

第一六三三夜　二〇一七年三月八日

参照千夜

一四一三夜：高橋崇『蝦夷』　一四一二夜：赤坂憲雄『東北学／忘れられた東北』　九九一夜：芭蕉『おくのほそ道』　一五五一夜：佐宮圭『さわり』　六〇一夜：小泉文夫『日本の音』　一〇三三夜：武満徹『音、沈黙と測りあえるほどに』　一四三夜：折口信夫『死者の書』　八四三夜：小松和彦・栗本慎一郎『経済の誕生』　四二夜：鴨長明『方丈記』　六二四夜：慈円『愚管抄』　一一四四夜：柳田国男『海上の道』　三〇七夜：荒木繁・山本吉左右編注『説経節』　一〇一六夜：井上鋭夫『山の民・川の民』　一〇八七夜：山本ひろ子『異神』　一二八四夜：塩見鮮一郎『浅草弾左衛門』

俊徳丸・小栗判官・山椒太夫
あのクドキから日本の芸能が弾《はじ》けていった

荒木繁・山本吉左右編注

説経節

東洋文庫（平凡社）一九七三

説経節《せっきょうぶし》を聞いていると胸がつぶれる。

あの声、あの節《ふし》、あの絞りだ。山椒太夫《さんしょうだゆう》や俊徳丸や小栗判官《おぐりはんがん》などの物語がもつ特徴そのものも好きなのだが、そのような物語のどこかにひそむ何かがクドキのフシとなり、浄瑠璃となり、歌舞伎となっていくその変容を約定《やくじょう》するところ、そのような変容を促す原型を秘めているということに、さらに惹《ひ》かれる。

説経節は哀切きわまりない。それだけでなく主人公や登場人物の一部が予想をこえる宿命に冒されている。たいていは身体を冒されている。ぼくがこのような物語に弱いのは、そもそも鷗外の『山椒大夫』や折口信夫の『身毒丸《しんとくまる》』を読んだときからで、自分がこの手のものにたちまち胸を奪われるのですぐにわかった。

一方、高田瞽女《ごぜ》の祭文《さいもん》松坂を聞いたときのことだと憶《おも》うけれど、そのクドキを聞いてぶるぶるしてきた。七五調で一句とし、これを一声とか一言とかよばれる節付けで切々と語る。その一声のかたまりが五つほどすすんだところで三味線の合いの手がベェン・ベェンと入る。痺《しび》れて聞いていた。そのうち、祭文松坂がかつての説経節を踏襲しているものだと知って、説経節はこのように語るのかということに合点した。それから若松系の演者がどこかで説経節を語るときくと、出かけていった。やっぱり痺れた。

その後、ようやく東洋文庫の『説経節』（平凡社）を読んだ。収録作品は「山椒太夫」「苅萱《かるかや》」「信徳丸」「愛護若《あいごのわか》」「小栗判官」「信太妻《しのだづま》」である。テキストには、「コトバ」と小字があって、「ただいま語り申す御物語、国を申さば丹後の国、金焼き地蔵の御本地を、あらあら説きたてひろめ申すに、これも一度は人間にておわします云々」などと語り文句になり、また「フシ」と小字が入って「あらいたわしや御台所は、姫と若、伊達の郡《こおり》、信夫の庄へ、御浪人をなされ、御嘆きはことわりなり」などと進む。

そのくりかえしだ。読んでいると祭文松坂を聞いたときの痺れがよみがえる。なんとも胸中やりきれない。ともすれば攫《さら》われそうになる。その、人をやりきれない哀切に迫いこむところがたまらなかった。

説経節のルーツははっきりしないが、虎関師錬《こかんしれん》の『元亨釈書《げんこうしゃくしょ》』の「音芸志」は、「本朝音韻を以て吾道を鼓吹する者、四家あり」とまとめ、「経師と曰ひ、梵唄《ぼんばい》と曰ひ、唱導と曰ひ、念仏と曰ふ」と紹介する。この経師が説経師のことだろうと言われているのだが、どういう者が経師だったのかはわからない。

おそらくは廻国聖《かいこくひじり》、高野聖、山伏、盲僧、絵解法師《えときほうし》、熊野比丘尼《びくに》、巫女《みこ》、遊女などが漂流しながら歌い演じていたのだと思われる。時代的にはささらで拍子をとった。「さらさ説経」あたりで、世阿弥の時代には本地語り《ほんじがた》をもった唱導芸能になりつつあったのだろう。ただし、本地語りの唱導芸能だけならすでに高野聖も盲僧も絵解法師もしていたはずで、熊野の本地ものとして『神道集』にもなっていた。さらにそこには声明《しょうみょう》や梵唄から派生していた和講や講式などがまじっていたり、平曲(平家語り)が変形して混入したりしていたとも想像できる。

それが独得の説経語りになっていったのは、下層民がささらを鳴らして語りはじめてからのことである。簓《ささら》というのは、竹の先を細かく割ったシンプルな伴奏楽器のようなもので、「ささら子」という刻み棒でこすって音を出したり、コキリコのようにしたり、大きく彎曲《わんきょく》させて両手でカチャカチャと複合的なリズムをとったりした。けれどもその楽音的事情はテキストにも残っていないし、その姿は絵に残らない。

だいたい現存する説経節のテキストはいちばん古くて寛永十五年くらいのもので、やっと説経与七郎の『さんせう太夫』の綴り文字が残っている。与七郎のことも少しわかっていて、「もとは門《かど》説経、実は伊勢乞食だった」というようなことが書かれている。これは元禄の『諸国遊里好色由来揃』という貴重な文献に見いだせる。

こういうわけなので説経節の実態が中世や戦国期にどのようなものであったかは正確にはつきとめられないのだが、それでも喜多村信節《きたむらのぶよ》の書きのこした『嬉遊笑覧』や『瓦《が》礫《れき》雑考』などあれこれ総合すると、少なくとも慶長年間の姿は蘇ってくる。門付《かどづけ》が発展して摺《すり》説経、門説経、編木《へんぎ》説経、操り説経などの分化がみられたのだ。

なぜ「説経」（説教ではない）という言い方になったのかといえば、これは仏説や仏教経典の伝承から派生したからである。仏門に限定されていた経文を声を出し、節をつけて広めたいという民衆の気持ちが強く、そこに説経的なるものが生まれていった。

虎関師錬が「経師、梵唄、唱導、念仏」を並べたのは、いずれも音声や節まわしを伴う「説経」のヴァージョンだったからなのである。だからもともとは芸能的ではなかったのだろうが、文字の読み書きができない民衆は、そこに音韻性、音曲性、物語性、演者性をほしがり、それぞれの工夫が加わったのだろう。さらにささらやかっこ（羯鼓）などの伴奏がつき、これが廻国の遊行者などによって唱導されるうちに芸能化した。きっと歌念仏などもまじっていったのだと思われる。

だから説経師のプロフィールに定型はない。観阿弥の作といわれる謡曲《自然居士《じねんこじ》》

には、鎌倉末期か南北朝期の説経師が登場するのだが、かれは説法する者で、聴衆の耳目を集めるために高座で舞っている。ささらやかっこは持成《もてな》すのである。しかし、多くの説経は門付の「乞食芸《こつじきげい》」として広まっていった。喜捨を乞うたのだ。

近世になると、二つの大きな変化があらわれた。ひとつは小屋掛けで操り人形などと合体して、さまざまな説経座が仕組まれていったことだ。都市化がすすんでいたという背景がある。寛永年間には大坂天王寺の生國魂《いくくにたま》神社に操り説経の大坂与七郎といったスターも登場した。

もうひとつはささらなどに代わって三味線がつかわれるようになったことである。すんなりと三味線に代わったのではなく、しばらくささら、胡弓などとの併用もあったようで、『人倫訓蒙図彙《じんりんきんもうずい》』を見ると、一人がささら、一人が三味線、一人が胡弓をもって屋敷で門付をしている。

けれども多くは今日に伝わるように、ベェン・ベェンという三味線語りによる説経節が主流を占めていった。それとともに流派も出て、最初は関西では日暮《ひぐらし》大夫の一派が、関東では玉川大夫の一派が広まり、そこに浄瑠璃との融合がおこって、ついで大坂与七郎以降になると、堺の佐藤七大夫、大坂の天満八太夫《てんまはちだゆう》、江戸の天満重太夫、武蔵権太夫、吾妻新四郎、結城孫三郎らが活躍した。これらの流れから幕末の薩摩若太夫と明治の若松若太夫が出て、薩摩流と若松流をつくりあげたのである。いま、説経節はこの二派の系統で聞ける。

しばしば「五説経」といわれる。そんなふうになったのは寛文年間のことで、郡司正勝さんは《刈萱《かるかや》》《俊徳丸《しゅんとくまる》》《小栗判官》《山椒太夫》《梵天国》の五曲だったのが、享保のころには《刈萱》《山椒太夫》《愛護若《あいごのわか》》《信太妻《しのだづま》（葛の葉）》《梅若》になったと説明した。水谷不倒の説では《刈萱》《山椒太夫》《小栗判官》《俊徳丸》《法蔵比丘》の五曲が五説経である。

もちろん、もっと多くの説経節が語られてきた。ぼくは《松浦長者》《百合若大臣》を昭和の若太夫のレコードで聞いたし、長野善光寺界隈で地元の人たちと共同調査をしていたときは、絵解き（絵伝を棒で指しながらの語りもの）と習合はしていたが、《目蓮記《もくれんき》》や《善光寺開帳》を実演してもらった。

コンテンツはどこか似ている。訴えているところは仏の徳を称《たた》えていて、その筋書きに病魔からの脱出、人買いによって身売りされた身の上の苦渋、継子《ままこ》いじめの話、さまざまなお家騒動などが絡んでいく。まとめていえば因果応報である。

語りには独特のクセがあって、いったん聞きだすと耳に残っていく。たとえば敬語が過剰に多いのに、卑俗な日常語の方言がそこに混在するのだ。言いまわしにもクセがあり、たとえば「旅装束をなされてに」「判官起きさせ給いてに」というように、助詞の「て」に間投詞の「に」がくっつく。ぼくの印象では総じては祭文語りに近いのだ。

それにしても昔の説経節はどんなクドキとフシをもっていたのだろうか。そう思ってずいぶん時をへたころ、太宰春台の『独語』にこんな説明があったことを知った。「其の声も只悲しき声のみなれば、婦女これを聞きては、そぞろ涙を流してなくばかりにて、浄瑠璃の如く声《せい》にはあらず。三線ありてよりこのかたは、三線を合はするゆゑに鉦鼓を打つよりも、少し浮きたつやうなれども、甚しき淫声にはあらず。言はば哀しみて傷《やぶ》るといふ声なり」。

淫声ではない。それはそうだろう。淫声ではあるまい。浄瑠璃でもないというのは、この時期の声のことで、おそらくは初期は古浄瑠璃ともつながるものだったろう。新しい浄瑠璃の声とはちがっていたというのも、よくわかる。説経語りは享保年間にはすっかり廃れてしまうのだが、それは新たな浄瑠璃の大流行のせいだったからである。で、どんな声だと春台が伝えてくれたかというと、「哀しみて傷るといふ声」というのである。「傷る」は「やぶる」と訓《よ》む。破れるような声だというのだ。哀しみのあまりに傷がついてしまったような声だというのだ。

なんという声。なんという破綻《はたん》。なんという壊れやすさ《フラジリティ》。なんという絶唱。説経には

「いたはしや」「あらいたはしや」という言葉がふんだんに出てくるのだが、その言葉が出るたびに聞く者が胸をつまらせる。けれども、そこへさしかかる前に、すでに声は傷《やぶ》れつつあるわけなのである。その傷の裂け目こそが聞く者に順々に伝わってくる。それが春台のいう「哀しみて傷るといふ声」というものだろう。

いま「いたわしさ」という言葉はすっかり死語になってしまった。ぼくは、その「いたわしさ」のためだけのカタリとフシを今日の日本のどこで聞けばいいのか、まだわからない。

第三〇七夜　二〇〇一年六月五日

参照千夜

七五八夜：森鷗外『阿部一族』　一四三夜：折口信夫『死者の書』　四八一夜：林屋辰三郎『歌舞伎以前』　一六三三夜：兵藤裕己『琵琶法師』　九一〇夜：逵日出典『神仏習合』　一五八一夜：伊藤聡『神道とは何か』　一一八夜：世阿弥『風姿花伝』　三二五夜：郡司正勝『おどりの美学』　七七一夜：平岡正明『新内的』

豊後節から常磐津《ときわづ》と新内《しんない》が分かれた
その二五〇年後、岡本文弥《ぶんや》が新内をジャズにした

平岡正明

新内的

批評社　一九九〇

スウィングする本を書ける著者は洋の東西にいないわけではないけれど、文体もスウィングし、専門や分野などへいちゃらに、何の主題を書いても読者をスウィングさせられる著者は少ない。平岡正明はそういう秘芸の持ち主である。その平岡のいったいどの本をここに持ってくるかは、そんなこと決めておけばいいのにと思いながらいつも寿司屋で最初に何を握ってもらうかを迷うように、あれこれ迷った。

手元になぜか検察に押さえられた『韃靼人宣言』（一九六四・現代思潮社）があるので、何十年ぶりかで埃《ほこり》をかぶったそれを開いて、うーん、平岡はやはりのこと最初から秘芸の持ち主だったかと感心し、ではこれにしてみようかと思ったり、これまたあまりに厚いのでずいぶん放ったらかしにしていた函《はこ》入り『大歌謡論』（一九八九・筑摩書房）や『平民芸

術』（一九九三・三一書房）などもぱらぱらひっくりかえして、平岡のものではこれが一番の大冊、一番高い本だからこれにしようかとも思ったりしていたのだが、結局は『新内的』になった。

平岡の代表作という理由からではなく、表題と装幀が気にいっているのと、ぼくが新内が好きであるのと、岡本文弥の新内にぞっこんになっただけの和風オタクではとうてい書けない超絶技巧を随所に発揮しているからである。

たとえば冒頭は「二上りエヴァンス」というヘッドラインがつく。これが平岡以外の何者もとうていおもいつけないヌタの突き出しだ。一九六一年のニューヨークはヴィレッジ・ヴァンガードでのビル・エヴァンスの録音から、ふいに江戸情緒の「来るとそのまま喧嘩して、背中合わせの泣き寝入り」という二上り新内を思い出すというアエモノ趣向になっている（ちなみにアエモノは「和えもの」と書く。たんなる「和」ではなく「和え」なのだ）。この冒頭短文はまだ超絶技巧ではないけれど、それでもちゃんと「いよッ、平岡兄さん、お出まし！」の声をかけやすくしてくれている。

ついでながら、五線譜で採譜した二上り新内はミュージシャンが今風に唄うと、フラメンコの「サエタ」のようになるらしい。これは孫玄齢《そんげんれい》が一九八九年十月の岡本文弥の会で披露したときのプレイを、平岡が聞いての愉快な感想である。まあ、万事がこの調子なのだ。

本書の言いぶんは、いったい何が新内的なのか、岡本文弥はどこがすごいのかということにある。その理由を平岡は逃げないで、次から次へと啖呵《たんか》を切るように書いた。それをいちいちここで点検するつもりはないけれど、ごく印象に残っているところを少しくお燗してみたい。

たとえば、豊後節《ぶんごぶし》が常磐津《ときわづ》と新内に分かれたのは豊後節の二正面作戦だったろうというのは、当たっている。豊後節が男女の「相対死《あいたいじに》」（心中）を煽《あお》るからと禁止されて、弟子筋がそれを常磐津・富本・清元などにして継いでいったとき、舞台を捨てて遊里に飛び出し、これをいささか実存主義的にしてみせたのが新内だったというのも、当たっている。当たっているけれど、少し説明がいる。その前に、豊後節で男と女が心中したくなってそれが流行したというのが、とんでもない江戸音楽の深みなのである。これはシャンソンやファドでも及ばない。

話を整理すると、まず豊後節が弾圧された。大坂の竹本座や豊竹座ではすぐに心中浄瑠璃の新作を打ち切った。元文元年（一七三六）の禁止令では江戸の市村座の上演中の演目に問題があるとのことで、興行中止令が出た。

さらに上方節を語ることも、自宅で稽古をつけるのも禁止した。これでは豊後節は広がらない。この事件、「日本音楽史上最も過激な官憲の圧迫」と吉川英史《きつかわえいし》は『日本音楽の歴史』(創元社)に書き、三田村鳶魚《えんぎょ》は八代吉宗と尾張藩主宗春の対立の余波でもあったという奇妙な説をとった。ともかくもこれで劇場音楽が割れていくのだが、そのとき劇場に残ったのが、豊後節(宮古路節)の名を常磐津《ときわづ》と変えた文字太夫などの一派で、ここに常磐津節が自立した。延享四年(一七四七)のことである。

すぐにその常磐津派から小文字太夫が脱退して富本節を名のった。宮古路薗八《そのはち》も宮薗《みやぞの》節《ぶし》をおこした。のちに文化期、富本の語り手であった延寿太夫によって、以上の大きな浄瑠璃節の流れのなかで最もニューウェーブでイナセな清元が出た。

一方、劇場を捨てたのが新内だ。街に出た。夕風が吹き雨が走る巷《ちまた》に出た。ただし新内が自立するまでには二段階半がある。

最初のうちは豊後掾《ぶんごのじょう》の高弟の宮古路加賀太夫が富士松加賀太夫となって富士松節を旗揚げし、ついでそこから作曲名手の鶴賀《つるが》太夫が出て鶴賀若狭掾《わかさのじょう》となり、その若狭掾が客分に迎えた加賀太夫が本名の岡田新内の名をとって、ここに富士松も鶴賀も合わせた新内が確立したという順だ。新内は吉原で大流行し、二人連れで連弾《つれびき》しながら唄われた新内流しは、遊里の華となっていく。その新内をさらに中興したのが富士松魯中だった。

こういうことなのだが、豊後節が弾圧されたとき、豊後掾は百地《ももち》三太夫《さんだゆう》の伊賀と甲賀の両立よろしく、二正面作戦をとったのではないかと平岡は指摘してみせたのだった。きっとありうることだったろう。平岡はまた、ふつうは常磐津・富本・清元を〝豊後三派〟とし、これに新内を加えて〝豊後四派〟などというのだが、これをカラマーゾフの兄弟に譬《たと》えたことがあった。江戸の音曲にカラマーゾフを持ち出すなんて、こんな発想、平岡正明以外の誰にもできるものじゃない。

新内には昔から、《蘭蝶《らんちょう》》《明烏《あけがらす》》という、いずれがアヤメかカキツバタかと競われてきた名曲中の名曲がある。どちらが名曲かと問われると困るけれど、平岡は《明烏》をとる、と言う。

何をとるかは人それぞれの好みだが、こと新内に関するかぎりは《明烏》のほうがずっと文芸的純度が高いし、《蘭蝶》は新内本来の「骨を噛《か》む哀切」とはちがうのではないかというのは、そこを言うなら当たっている。《明烏》は鶴賀若狭掾が作った《明烏夢泡雪《ゆめのあわゆき》》のことで、のちに魯中が作ったパート二《明烏后真夢《のちのまさゆめ》》ではない。どちらも浦里と時次郎の道行《みちゆき》を唄ってはいるが、《夢泡雪》のほうが縹渺《ひょうびょう》と二人の死の透明が伝わってくる。

そもそも新内の真骨頂は心中を唄って「骨を噛むような切々たる哀惜」を醸し出すというのが特徴だ。それにしては声色師の蘭蝶をめぐる女房のお宮と此糸《このいと》の三角関係のもつれを物語る《蘭蝶》は、どこか心中自慢をしているようなところがある、そうも平岡は指摘した。こういう切捨て御免なところ、ぼくが平岡ものを読みつづけた魅力のひとつだった。

さて、本書には何十回も岡本文弥が登場する。そのことが書きたくて本書のタイトルが『新内的』になったというほどの、この文弥こそが当代きってのアヴァンギャルドな新内名人なのである。

確認していないのでわからないが、きっと平岡は九十歳近くになってからの文弥を聞いて、ぞっこんとなったのだろうとおもわれる。ぼくも駆けつけた平成六年（一九九四）の日本橋三越劇場での会が、なんと「岡本文弥百歳現役演奏会」なのである。百歳でも凄《すご》かった。だから九十歳でも遅くない。

ちなみにこのときは門人揃っての《子宝三番叟》や、山川静夫の話につづいて、《お吉人情本》《新内道中膝栗毛》を挟んで聞かせたラストの《ぶんやありらん》が圧巻だった。途中で嗚咽《おえつ》が始まって、朴慶南《パクキョンナム》が花束を贈呈するまで止まらない。だってアリランが新内なのである。作曲は金信《キムシン》だった。泣かされた。

しかしうるうるしていたばかりのぼくとはちがって、本書に綴られた平岡の文弥を聞く耳と目は、まさに一調二機三声の、そのどれをも聞き逃さないピューマのようになっている。《明烏》の文弥、《次郎吉ざんげ》の文弥、《ふるあめりか》の文弥、《今戸心中》の文弥、《唐人お吉》の文弥……。平岡はそのいちいちを異唱論として議論の対象にし、文弥の名調子がオキ浄瑠璃をおえたあと、どこからやるせない新内節になっていくか、あたかも照準器で獲物を狙ったかのように正確に言い当てていく。

たとえば、こんなふうである。みなさん、これが岡本文弥で、平岡正明の新内なのである。いや、新内的文明論なのである。それでは、たっぷり。

明烏夢泡雪――さすがに新内最高曲の《明烏》、だれで聴いてもよさがあるが、テープで聴いただけでも文弥は別格だと思わせるのは、文面で書き出せばとくべつ凄味もないこういう箇所で（だれが演じても粒立つのは口説の部分）、文弥のテキスト・クリティークの正確さを感じる。

唐人お吉――文弥のはスキッとしている。コハダの酢のもので日本酒を呑む味わいで、ものみごとに舶来品のにおいをおとした。「畜生、ひとをおもちゃにしやがって、お吉はな、そんな甘いんじゃねえンだぞ」という文弥のセリフ廻しがまた完璧。このセリフの方向感は他人に向かって切る啖呵《たんか》ではなく、しみじみ自分を憐れむ口調。岡本文弥の表現力の高さを感じさせるのはここで、お吉はいぜんとして藤圭子イメージの延長にあって、突然、藤圭子が山田五十鈴に変わってしまったりはしないのだ。

都々逸――岡本文弥が男芸者一八《いっぱち》の鼻歌として都々逸《どどいつ》を歌ったとき、なるほどと思ったのは、下手にうたったたことだ。腑抜けて、へらへらしている一八のキャラクターを、これ一つで示した。

鶴女房――岡本文弥の鶴や河童を歌った創作新内は、その自然観がおおらかで、鳥獣戯画的ユーモアがあり、また人と鳥獣の交感のありさまが、古《いにしえ》の名僧たちのように彫が深い。

次郎吉ざんげ――八五歳のときの演奏は鼠小僧次郎吉に壮年の血気があって（中略）、スラリとあけはなった引き窓のうしろは満月、手ぬぐいの頬かむりをとり、懐にねじこんで部屋に入ってくる次郎吉の男前のよさに、賊から素町人への早替わりの切れ味のようなものを感じさせるが、九二歳の時の演奏では窓のうしろは糸のように細い三日月、次郎吉は影のように忍び入ってきて、行燈の灯のなかににじみ出てくるように感じる。

ふるあめりか――ここで場景一転、やるせない新内節になる。この一節で上野本牧亭の空気がスッと変わった。そういうふうにやるのか！　ジャズの中でブルースに下りるあのスリルそのままだ。

今戸心中――岡本文弥は原作のこのセリフの頭に、「そりゃ誰故ぢゃこなさん故、とはいわないけれど」というひとことをかぶせただけなのである。たったひとこと、それがガラリと明治のなかへ江戸を象嵌《ぞうがん》する異化効果を発揮している。引用というよりまさに借景である。

蘭蝶——岡本文弥が名人だからそんなことがより適確に伝わってくるのだが、日本の語りもの文芸は本来そうしたものだ。サブジェクト（主体）、オブジェクト（客体）、テンス（自制）、ジェンダー（性）といった西洋流なしで、心理が情緒であり、情緒が論理であるところから、ゆらゆらと行動が出てきて、次の情景に移るというやりかたが。

新内を知らないのならともかくは本物を聞くことであるが、それだけで新内の味がわかるとはかぎらない。ぼくは江戸俗曲をよく聞いている玄人素人をたくさん知っているが、新内の気味をぴたりと言い当てた御仁に出会ったことは、めったにない。みんな漠然として、「いいですねえ」だけなのだ。

こういう連中にも、初めて新内に入った者にも、本書第八章「文弥節で《明烏》の謎を聞く」はお薦めだ。ＣＤをかけないでも、せつない三味線の絃やふりしぼる歌声が行間から鳴ってくる。いや行間ではない。行ごとに当たってくるようだ。

そうなのだ、平岡正明の文章は「当たる」なのである。当体全是なのである。探って当たり、泳いで当たり、回って当たる。これが超絶技巧のひとつだった。《明烏》の聞きかたも、「げに尤《もつと》もと頷きて、互いに目を閉じひとおもひ。ひらりと飛ぶかと見し夢は、覚めて跡なく明烏後の、噂や残るらん」――の段切れだけについてさえ、さあ、いったい鳥は鳴いて飛んだのか、飛ばなかったのか。そのとき縛られていた浦里はどうしていたか。烏が鳴いたのは「見し夢」の前か後なのか、ということまで詰めていく。

しかもこの段切れのあいだに、ピアソラと藤沢嵐子のタンゴが鳴り響き、アンブローズ・ビアスの『アウル・クリーク橋の一事件』が蘇り、イヴ・モンタンのシャンソンさえ聞こえてくる。宮地敦子の『新内明烏考』(明治書院)も、さすがにここまでは及ばない。これがヒラオカセーメーの新内だった。

第七七一夜　二〇〇三年五月十二日

参照千夜

九五〇夜：ドストエフスキー『カラマーゾフの兄弟』　二八夜：山本周五郎『虚空遍歴』　一一九三夜：杵屋佐之忠『黒御簾談話』　八七六夜：宮塚利雄『アリランの誕生』　六〇一夜：小泉文夫『日本の音』　一六九三夜：桂米朝『一芸一談』

天才盲人の箏曲構想から二十世紀日本音楽の帳《とばり》が上った

宮城道雄

雨の念仏

三笠書房　一九三五　障害とともに生きる（日本図書センター）　二〇〇一

サントリー音楽財団の仕事で秋山邦晴さんに頼まれて早坂文雄を調べているうちに、しばらく新日本音楽の大胆なムーブメントに関心が及んだことがある。新日本音楽は大正九年（一九二〇）に本居長世《もとおりながよ》と宮城道雄が有楽座で開いた演奏会の斬新きわまりない感興に対して、吉田晴風《せいふう》が名付けた名称である。

すでに宮城は明治四二年に《水の変態》を作曲して、大正二年に入って《唐砧《からきぬた》》で洋楽を絶妙に採り入れた。《唐砧》は近代日本音楽史上最も重要な曲のひとつである。最近のレコードやCDでは箏《こと》の高低二部と三弦の三部合奏曲になっているが、初演の時は三弦も高低二部になっていて、箏と三弦の四重奏曲だった。

宮城はつづいて傑作《春の夜》、三拍子の《若水《わかみず》》、セレナーデ風で尺八にカノンを入れた《秋の調》、さらには室内管弦楽の構成を和楽器に初めて移してこれに篠笛《しのぶえ》を加えた《花見船》、合唱付きの管弦楽様式による《秋韻》などを次々に発表した。圧倒的な才能の発揮であった。いま、われわれが《さくら変奏曲》や《君が代変奏曲》に聞くのは、そうした実験曲をずいぶん柔らげたものである。

その宮城が、尺八の吉田晴風・中尾都山《とざん》・金森高山《こうざん》、箏曲の中島雅楽之都《うたしと》、邦楽全般の研究者の田辺尚雄・町田嘉章らと四つに取り組んだのが「新日本音楽」だった。画期的だった。

宮城の新日本音楽は、いまこそ日本中で議論すべき栄養分をたっぷり含んでいる。またこの活動に前後して、長唄の四世杵屋《きねや》佐吉がおこした「三弦主奏楽」の試みも、大正八年（一九一九）の《隅田の四季》以来、驚くべき成果を次々にあげたのだが、ここにもいまこそ日本が考えるべき栄養分がしこたま注入されていた。加えてそこに、東京盲学校出身の山田流箏曲家たちの献身的な活動があった。

こうした背景のなかに宮城道雄の作曲活動と器楽活動が位置するのだが、その影響はほとんど半世紀におよび、邦楽界はもとより現代音楽の黛敏郎や武満徹までを籠絡《ろうらく》するほどの起爆力をもっていた。洋楽邦楽を問わず、宮城の試みたことの影響のない日本音楽など、おそらくないといっていい。それとともに、これからのべるように、宮城道雄は余人の想像を絶する耳目の感覚が研ぎ澄まされていて、それが音楽のみならず言葉にまで染み出してくるのでもあった。

本書『雨の念仏』は宮城道雄のそうした隠れた一面をみごとな文章にした最初の随筆集である。昭和十年に刊行された。


ぼくの叔父《おじ》に札幌の小川光一郎がいて、生まれついての盲人だった。のちに「聖書」の点字訳や日本ヘレン・ケラー財団で大事な仕事もしていたようだが、ぼくの子供のころは、いまはこのような言葉をつかうことが憚《はばか》られるのだが、ただの「目の見えないおじさん」だった。その叔父が鋭い知覚力でデパートの五階の風鈴の音を一階で聞き分けていたり、「地下鉄の音ほどひどい音はない、あれは目に見えない音ばかりでできている」と言ったりしていたのを、子供ごころにびっくりしながら聞いていた。

宮城道雄の耳はそれどころではあるまい。だいたい耳なのか、見えない目が見ている能力なのか、わからないほどである。本書にもたいていの時計の時刻が当たったという話が出てくるのだが、こういう感覚があの音楽をつくりだしたのかとおもうと想像を絶するものを感じる。

たとえば「軒《のき》の雫《しずく》」という随筆では、田端の自笑軒（一中節の相弟子・宮崎直次郎が開いた懐石料理屋。芥川龍之介はここで結婚披露宴をもった）に行く話が綴ってあるのだが、着いたときには雨がしとしと降っていたので、その雨の音が「昔の雨」のように聞こえて、さぞかし古い茶室のような部屋なのだろうと思ったというくだりがあって、ハッとさせる。帰りは女中が雪洞《ぼんぼり》をもって送ってくれたので、宮城はその紙仕立てにさわらせてもらって、その温かさで玄関への露地の侘《わ》びた結構を観察するのである。

本書にはこういう話がいろいろ綴られている。宮城の音楽を聴くのとはまた別趣の味がある。たとえば、あるとき素人のお弟子さんが変な音を出すので、箏《こと》にさわってみたら妙に冷たい。そこで近くの冷蔵庫にさわって、その箏の状態を測った。こういうことは、さすがにレコードをいくら聴いてもわからない。

またたとえば、田辺尚雄・中尾都山・大橋鴻山《こうざん》らと伊勢神宮に参拝したときのことが書いてある。外宮に先に参ろうとして進むと、玉砂利《たまじゃり》に歩く人の数が見える。ニワトリが放してあるようだが、その鳴き声は里のニワトリと違うように思われた。大きな杉の木があったのでさわってみると、その高さがわかる。しかしみんなからはその木をいくら下から見上げても、上の方は見えないということだった。鳥居をくぐるとあきらかに古代からの時間を感じた。

内宮に参拝するときは五十鈴川《いすずがわ》を渡った。想像していた通りの音の流れだったそうで、あきらかに人為が入っていない自然音なのだそうだ。ついで神楽殿で神楽を聴くことになったのだが、周囲の参拝客が多くて御簾《みす》がするっと降りた。とたんに神楽の厚みが薄くなった。無理に頼んで御簾を上げてもらい、神楽が周辺の神域に染みていく速度を感じていた。

伊勢の参拝をめぐるエッセイなら、ぼくも江戸の旅行記から戦後の建築家の文章までを読んできたが、この見えない伊勢に音を聞き、高さや大きさや澄みぐあいを感得した宮城道雄の短い文章を超えるものはなかった。

宮城道雄の生涯は思いがけないことの連続である。明治二七年に神戸三宮の居留地の中で菅家の長男に生まれた。生後まもなく眼病を患って、四歳のときに母と離別して祖母に育てられ、七歳で失明した。

暗闇を救ったのは絃や笛の音だった。八歳のときに生田流の中島検校（二代）に箏《こと》を習い、続いて三代の中島検校に師事した。十三歳の夏に一家の収入を支えるために日本が統治しつつあった仁川《じんせん》に渡って、昼間は箏を、夜は尺八を教えて家族に仕送りをした。そんななか、はやくも従来の箏曲にあきたらなくなり、作曲を試みるようになった。《水の変態》がそのひとつで、十四歳のときの作品である。朝鮮総督府をまとめていた伊藤博文が注目した。

大正二年に京城（日本植民地時代のソウルの呼称）で入り婿として喜多仲子と結婚すると、妻の生家の宮城姓に改姓し、その後は一度も芸名を用いなかった。本名で通したのだ。これは邦楽界ではめずらしい。その京城で出会ったのが琴古流尺八家の吉田晴風である。二人は生涯の友となる。

帰国後の宮城は妻の病死、貧しさなどで苦労するのだが、その輝くような才能は邦楽界にも洋楽界にも学界にも注目されるところとなって、葛原しげる、高野辰之、山田源一郎、田辺尚雄らが支援や協同作業に乗り出した。こうして「新日本音楽」のムーブメントがおこる。尺八の中尾都山《とざん》（都山流の創始者）とは全国演奏旅行をし、昭和になると始まったラジオ放送にも積極的に出演した。第一回NHK放送文化賞は宮城道雄だったのである。

昭和四年に《春の海》を発表した。箏と尺八の二重奏曲で、これまでの和楽・邦楽からは予想のつかない曲想と構成となった。《春の海》はフランスのヴァイオリニストのルネ・シュメーが尺八パートをヴァイオリンにして宮城とデュエットしたレコードが海外でも評判となったのだが、いまではこちらのほうが日本的な「お箏の曲」を代表すると思われている。

ぼくはそのように宮城の新日本音楽を聴かない。《春の海》も《砧》もクラシック・ピアノの名曲に並んだのだと見る。それほどよくできている。ときにドビュッシーを想わせることもある。ただ宮城自身はこれらに満足していなかったのだろうと思う。そこで十七絃の箏を創案し、さらに八〇絃を試作した。残念ながらこれらの活用は、宮城が列車からの転落事故で六二歳で亡くなったため、後進に譲られることになった。ぼくはそこに宮城の新日本音楽の真骨頂を感じるのだ。これを受け継いだのは広瀬量平、池辺晋一郎、三善晃、一柳慧《いちやなぎとし》であり、一九八〇年六月に菊地悌子・宮本幸子・沢井一恵が開いた十七絃奏者のリサイタルだったのである。

もうひとつ、言っておきたいことがある。新日本音楽には多分に文芸的香りが漂っていたということだ。こういう文芸性はもともと箏が好きだった内田百閒が宮城に弟子入りし、その宮城が百閒の文章指南を受けていたことにも投影されている。本書『雨の念仏』の文章は、《春の海》や《砧》そのものなのである。

宮城は春の朝がとても好きらしい。南風が頬をなでる感覚が格別で、いつも仕事をする気になるという。「四季の趣」という随筆は、そういう宮城の独自の季節感が綴られている。

春は昼過ぎに頬を照らす日差しに、遠くから省線の走る音が交じるのがよく、そこへ庭先のアブなどが羽音を入れてくると気分がさらによくなってくるという。だいたい騒がしいのは嫌いだった。表通りを人声が動いていても、それを家の中で聞いて点字で本

イギリスBBCで「ロンドンの夜の雨」を放送初演する宮城道雄
（1953年7月29日　写真提供：宮城道雄記念館）

1953年に宮城道雄と《春の海》を合奏したヴァイオリニストのアイザック・スターンは、のちに宮城について「とにかく優しい方。ソフトでスイートでジェントルマン。自分の望み通り自由に演奏し、エモーションを表現される」と語った。

を読んだりしている距離感が楽しいのである。また春は朧月《おぼろづき》がよくわかるという。そこへ春雨が柔らかく降ってきて月を隠したらしめたもので、雨垂れの音を聞きながら作曲に入っていく。

夏は夜である。蚊遣《かや》りの匂いと団扇《うちわ》の音がいい。家々が窓や戸をあけるので、物音も広がっている。蚊の音さえ篳篥《ひちりき》に聴こえる。さらにおもしろいのが扇風機の音だった。あの唸《うな》りには波の音がするらしい。その波打ち際に一人で放っておかれたような寂寞《せきばく》の気分になれる。「時々私は、扇風機の音にじいっと聴き入っていることがある」。こんなことを綴ったのは、きっと西はオスカー・ワイルドだけ、東は宮城道雄ただ一人であったろう。

夏は耳も暑くなる。カラスも言葉が多くなる。セミは言葉ではなく音楽を鳴らす。ただしその音は日本中どこでもそうなのだが、ドの音とシの音しか鳴らさない。つまり半音ちがいの音楽だけを奏でつづけているのである。

初秋になってすぐわかるのは風の気配というもので、そのとたんに空気の密度が澄んで、それをそのままうまく運ぶとこちらの頭も澄んでくる。作曲も秋にいちばん多くなる。秋も深まると、空をまわるトビが二羽でゆっくり掛け合うのがおもしろい。こういう感覚が満ちてきたら、夜長に虫の声を聞く。草ひばりなど引っ張るような音で、鉦《かね》たたきもスタッカートのようで、馬追いも始めにシュッ終わりにチュッと羽根が動くのがおもしろいのだが、実は閻魔蟋蟀《えんまこおろぎ》が平凡なようでいて、含みがあっていい。シの半音下がった音で鳴き始め、あとはラを半音下げた鳴き方になっていく。これを聞いていると空気が冴えわたってきて、なんとも優しい気持ちになれる。

こうして夜空に向かって、体というのか、頭《こうべ》というのか、自分の感覚の全貌をそこへ向けると、秋の月の煌々《こうこう》と冴えた光が見えてくるものなのである。そしてそのまま寝所に入ると、以上のすべてがくりかえし再現される。

冬は蜜柑《みかん》である。まだ出たての皮が硬くて、それでも撫《な》でると光沢が指に伝わってくる蜜柑に出会うと、ああこれが冬だとわかる。そこは障子が閉め切られ、長火鉢に火がおこっている。意識はしだいに狭いものにむかって集中する。

冬が進むと、いよいよ寝床に入ったまま不精をしたくなり、布団の中のおなかの上で点字をまさぐる。また、点字を打ちもする。寒ければ寒いほど、こういうときは奥のことを感じられるようになって、とてもいい。こんな夜は決まって内声《ないしょう》が聴こえているもので、ふと、こんな音楽がほしいなと想像すると、それも向こうのほうから聴こえてくる。

雪が降る。人々がいうように「しんしん」という音はない。けれども雪が激しくなってくると、細かい音が鳴ってくる。これは雨とちがってまことにおもしろい。積もった雪の上を人がさくさく歩くさまにも、よく耳を傾けている。それはまるで舟が艪《ろ》を漕《こ》ぐキュキュッという音なのだという。つまりは水が聞こえてきたわけなのだ。そのほか餅《もち》をつく音、屠蘇《とそ》を祝う声、獅子舞《ししまい》の馬鹿囃子、節分の豆の音、物売りの声……。こういうものをなくすようであれば、日本は必ずダメになる。日本の音楽というものは、こういうものと踵《きびす》を接して育っていくものなのだ。

宮城の随筆はざっとこういう調子である。

これを昭和初期に綴っていたかとおもうと、その後の日本の軍靴の歴史の暗澹《あんたん》や敗戦後の民主主義の空騒ぎが何だったのか、宮城道雄の「新日本音楽」が忘れられてしまったことも思い合わせて、がっかりするような感情が押し寄せる。

日本の近現代思想史というものは、松本健一や樋口覚《さとる》や酒井直樹や加藤典洋といった努力があるものの、概しておそろしく貧しく、鶴見俊輔などの例外はあってもそこに俳句から建築までが、俗曲から日本舞踊までが織り交ぜられるということはほぼ皆無なのである。中里介山にふれても宮城道雄にふれず、添田唖蟬坊《そえだあぜんぼう》に言及しても石井漠のダンスに心を致さないということばかりなのだ。ようするに身体論はあっても、手の伸ばしや足の引きがなく、知覚論はあっても目の寄りや耳の伏せがない。

これは日本人の肌や手や目の端や耳に残る昭和の思想にわれわれがまだ届いていない

ということなのである。ぼくにはそのいっさいの欠如を宮城道雄の日々で補えるようにおもう。

本書の最後には、標題になった「雨の念仏」という随筆が入っている。まことに心が洗われる。それでいて今日の仏教というものの総体が宮城道雄一人に届いていないことを知らされる。こんなふうなごくささやかな話だ。

あまりに多忙だったので、土曜の夜に葉山の隠れ家に行ったところ、角の家でどなたかが死んだらしく、大勢の弔い客が来ているという話である。とりあえず家に入ったものの、なんだか落ち着かない。そのうち差配のおばさんが来て、角の家の不幸がどのようなものだったかをぼそっと話しはじめた。そこに雨が降ってきて、「人間、金持ちでもあんなふうに死んだら、何にもならないわよねえ」とおばさんが話をつづける。宮城はそれをずっと聞いている。

一区切りがついたところで、おばさんが帰ると言い出すのを聞いたとたん、寂しくなってきた。もう少しいてほしいと言うと、おばさんの親戚の家でも不幸があったのでこれから行かなければならないのだと言う。

人っ子ひとりいなくなった家で雨の音を聞いていると、そこに幽《かす》かに念仏が交じっている。さらに波の音や自動車の音が重なっている。なんという寂しい夜なのか。それが宮城道雄の「雨の念仏」だったという話である。

第五四六夜　二〇〇二年五月二八日

参照千夜

七六六夜：秋山邦晴・小野田勇・村上紀史郎ほか『文化の仕掛人』　一〇九五夜：西村雄一郎『黒澤明と早坂文雄』　一〇三三夜：武満徹『音、沈黙と測りあえるほどに』　四〇夜：オスカー・ワイルド『ドリアン・グレイの肖像』　一〇九二夜：松本健一『日本の失敗』　六六九夜：樋口覚『三絃の誘惑』　一一四二夜：加藤典洋『日本人の自画像』　九一九夜：ローレンス・オルソン『アンビヴァレント・モダーンズ』　六八八夜：中里介山『大菩薩峠』　一六九一夜：本條秀太郎『三味線語り』　六八九夜：九鬼周造『「いき」の構造』

音曲と手事《てごと》に精通する付師《つけし》
下座《げざ》音楽がつくる至極の芸能感覚

黒御簾談話

杵屋佐之忠

演劇出版社　二〇〇二

日本の伝統舞台を支えてきたのは黒御簾《くろみす》である。檜舞台《ひのきぶたい》は黒御簾がコントロールしてきた。その黒御簾の中心に三味線音楽がある。

歌舞伎や文楽では伴奏スペースを「下座《げざ》」とか「黒御簾」という。舞台の下手《しもて》、つまり向かって左手の袖にある。黒い囲いに窓格子が組まれていて、そこに黒塗りの簾《すだれ》がかかるブースの中で何人かが演奏するので、「黒御簾」と言ってきた。文化文政期くらいまでは「外座《げざ》」と綴っていたが、いつしか下座になった。プロたちは「カゲ」と言ったりもする。ここで演奏されるのがいわゆる下座音楽で、ほとんどの三味線音楽のヴァージョンと、すべてのお囃子《はやし》や鳴物《なりもの》を担当する。

下座音楽は自立した曲を意味しない。舞台で進行することを支援する音楽だ。カゲといわれるゆえんだ。しかしカゲとはいえ、そのためには雅楽、能楽、神楽、さまざまな仏教音楽、あらゆる三味線音楽、長唄、浄瑠璃、箏曲、端唄、俗曲、民謡などが組み合わさって、リミックスされ、アレンジされる必要がある。このカゲがないかぎり、どんな名優とはいえ舞台で芸を見せることはできない。カゲを仕切るのは芸能世界やアート世界の誇りなのだ。

どのように下座音楽ができあがっていくかというと、中心にはこれを取り仕切る音楽プランナーがいる。「付師《つけし》」という。付師は舞台経験が豊富な万事に見通しのきくプロ中のプロで、作者・役者・演出家・演奏家の好みをいかようにも組み立てられ、かつ変更できる能力と権限をもっている。

付師は演目が決定すると、台本の読み合わせ、立ち会い、立ち稽古などにかかわりながら、立ち稽古の途中あたりから「付立《つけた》て」をする。その演目に使う部分音楽（レパートリーとその組み合わせ）をあらかた決めるのだ。この付立てに一応の承諾が見えてきたところで、半紙を横長に二つ折りにして紙縒《こより》で綴じた帳面に、使用音楽ごとに音のきっかけやブレイクする箇所を書きこむ。

これを「付帳《つけちょう》」という。いわば音楽台本だ。舞台にかかわるすべての者はこの付帳をもとに「総ざらい」（通しリハあるいはゲネプロ）に向かって各自の持ち分を仕上げていく。

付立てには長年の経験で定着した定番がある。《髪結新三《かみゆいしんざ》》の初鰹《はつがつお》売りの場面はたいてい端唄の《薩摩さ》だし、《仮名手本忠臣蔵》の七段目では初代吉右衛門は必ず小唄《四条の橋》を使わせた。付立ては、演出や役者の好みでよく変わる。たとえば歌舞伎十八番の《毛抜》で粂寺弾正《くめでらだんじょう》が引っ込む場面は、昔から二代目左団次の引っ込みの音楽が定番（岡鬼太郎趣向の《舌出し三番叟》）とされているのだが、それをもうちょっとおもしろく変えたいというとき、付師が《舞扇薗生梅《まいおうぎそのうのうめ》》のチラシを使うというふうになっていく。チラシとは踊りや三味線音楽のフォーマットとして有名な「オキ・ツナギ・クドキ・チラシ」の、そのチラシのことだ。

このように付師は、たえず舞台演出や役者にふさわしい下座音楽を用意する。そこには豊富な経験と当意即妙が要求される。その勘所はまさに絶妙きわまるもので、たんに通りいっぺんを習っただけでは何も極意を発揮できない。

本書は付師であって、三味線の達人でもあった前進座の杵屋《きねや》佐之忠《さのただ》さんの黒御簾ならではの苦労話を満載したもので、下座音楽の何たるかもわかりやすく解説されている。NHKの斎藤季夫《すえお》さんがラジオ番組で収録した一年にわたるインタヴューも加わっている。斎藤さんは先日（六月十四日）のぼくの連塾「牡丹に唐獅子」（ゲスト＝森村泰昌・杉浦康平・真行寺君枝・黛まどか・高野明彦・坂井直樹ほか）にもお見えになった。

前進座はいまはあまり話題になっていないが、昭和六年に河原崎長十郎・中村翫《かん》右衛《え》門《もん》・河原崎国太郎・中村鶴蔵らによって設立された革新的な劇団で、歌舞伎十八番から大衆演劇におよぶ演目をかなり斬新な演出で見せた。梨園《りえん》の因習を破りたくて結成された劇団である。いっとき全員が共産党に入党したり、翫右衛門が中国亡命をはかったりして社会面での話題もまいたけれど、ぼくはそのようなこととはべつに、前進座の芝居への取り組みには一日《いちじつ》の長があったと思っている。翫右衛門の《俊寛》など、それがどうしても見たくて足を運んだものだ。この演出や演技は歌舞伎のほうにも影響を与えたと思う。

杵屋佐之忠さんはその前進座に入って、一から十まで下座音楽のすべてをマスターした。つまりカゲを引き受けることにした。昭和四年の大阪生まれ、機械科の専門学校から日光近くの農学校に入り、十六歳のとき日光で終戦を迎えた。その日光に初代吉右衛門が疎開していた。

吉右衛門は疎開中に日光のみなさんにお世話になったというので、終戦後すぐに、播磨屋一家として町民のための公演をしたらしい（日光劇場）。佐之忠さんはその三日間の公演を三日とも全部見て、芝居というものにぞっこん魅せられた。とくに三味線の音がこの世のものとは思えない。あっというまに惹きつけられた。他の舞台もできるかぎり見るようにした。宇都宮で六代目菊五郎が《保名《やすな》》を上演したときもすぐ見に行った（ただし、この舞台は菊五郎が手を抜いたらしくがっかりしている）。

こうして佐之忠さんは三味線を杵屋栄暁（杵屋栄蔵の弟子筋）に習いはじめるのだが、ある日、日光の湯葉屋の片隅にＳＰレコード（富士音盤、のちのキングレコード）が立て掛けてあるのを見つけた（日光にはレコード屋がなかった）。レコードの題名は《秋色種《あきのいろくさ》》とある。なんだか気になったので奮発して手に入れ、さっそく聞いてみて魂を奪われた。芳村伊四郎（七世伊十郎）の長唄に四世杵屋佐吉が三味線をつけていて、上調子《うわぢょうし》が初代杵屋佐助だった。この極上コンビでまいるのは当然だ。たちまちプロになろうと決意した。

そう思うと居ても立ってもいられない。栄暁師匠には申し訳ないが、東京に出て、そのころ歌舞伎座の裏に住んでいた初代杵屋佐之助の門を叩くことにした。以前に聞いた長唄温習会での佐之助の華麗で深い演奏が忘れられなかったのだ。門を叩《たた》いてみると、さいわいなんとか弟子にしてくれた。佐之助師匠はちょうど前進座の仕事をしていた。お前も手伝ってみるかといわれ矢も盾もたまらなくなった。著者はその名も杵屋佐之忠として、前進座の仕事をするようになっていく。

三味線音楽には、たくさんのテクニックがある。いろいろの棹《さお》を使い分けなければいけないし、たった三本の絹糸（一の糸・二の糸・三の糸）でできているだけの楽器なのに、その変化は雲や霞《かすみ》のごとくまことに霊妙だ。

使い分けとしては、義太夫浄瑠璃では太棹《ふとざお》を、常磐津・清元・新内・地唄・小唄などでは中棹《ちゅうざお》を、佐之忠が惚れ抜いた長唄では細棹《ほそざお》を使う。とはいえ、棹の太さはそれぞれ数ミリあるいは一、二センチしか違わない。それでもそうとうの音色の差異が出る。この三味線の棹のちがいがすべてを決める。

低音だけの三味線というのもあって、これは四世杵屋佐吉が考案した。ふつう低音三味線とかセロ三味線という（チェロの音にも似ていたからだ）。大正八年ころに生まれた。細棹より少し長く、胴がちょっと太くなっている。その後、長さ一・八メートル、重さ三〇キロの「豪絃《ごうげん》」や、昭和六年に石田一治が四世佐吉のために工夫した電気的増幅装置をつけた「咸絃《かんげん》」などもつくられた。

三味線の独特の音はサワリの存在にある。一の糸が棹に直接触れるようになっているため（二の糸と三の糸は上駒にのっている）、弾くたびに微妙な振動がおこる。これが胴に伝わり、三味線の音のすべての色合いを左右する（ちなみに沖縄の三線《さんしん》にはサワリがない）。三味線の音は複合振動なのだ。演奏にあたっては、この一の糸のサワリの及びかたを十全に感じなければいけない。

加えて、撥《ばち》で弾くときと爪《つまび》弾きするときでは、音が変わってくる。小唄はたいてい爪弾きをする。さらに撥で弾くテクニックにはシバキとスクイがある。打ち下ろすか、掬い上げるか、その組み合わせをどうするか。

三味線を楽器として使い分けられるだけではダメである。三味線には「調子」というものがある。基本の調子は「本調子」と「三下《さんさが》り」と「二上《にあが》り」なのだが、これが合の手（相手の三味線）と組み合わさってヴァリエーションをさまざまにもつ。

いまさらいうまでもないだろうけれど、そもそも日本の伝統楽器には絶対音がない。笛から鼓《つづみ》まで、琵琶から尺八まで、ほとんどの楽器が微妙な音ばかりだ。三味線はギターのフラットにあたるものもなく、相対音で成り立っている。サワリもある。そこでその都度の調子をつかむことがとても重要になる。

三味線の弾き手がする調子合わせは、たいてい三下りから決める。あえて西洋音階でいうのなら、まず一の糸を適当の高さから巻いて、これをシの高さにする。次に二の糸をミに合わせて、ついで三の糸をラに合わせる。この三絃が「シ・ミ・ラ」になったときが三下りなのである。ついでにいうと、二上がりは二の糸を二音上げる。「シ・ファの♯・シ」の調子だ。

これをお師匠さんに習うと、「テン・トン・シャン」といった口三味線で教えられるらしいということは、一般にもなんとなく知られているだろう。これには約束が決まっていて、開放弦の一の糸がドン、二の糸がトン、三の糸がテン、二の糸と三の糸を一緒に弾くときをシャンという。ということは「テン・トン・シャン」は三・二に三と二を弾いたときの音をいう。ここからだんだん複雑になる。次に一を押さえるとツン、三を押さえてチン、その三を押さえたまま二を押してチャンというふうになっていく。撥《ばち》との関係にも口三味線が対応する。打ち放した一の糸と二の糸はロン、三の糸がレン、打ち抑えた一と二がルンで、三がリン。これをお師匠さんは「はい、いいわね、そこで撥で三をレン、一を抑えてルン、はい、ドン・ドン、テンテン、はいトン・シャンと重ねて、ツンツン、チン、またシャンね」ときりっとした目でおっしゃる。

三味線音楽では、たいてい「本手《ほんて》」（本来の主旋律）の演奏をベースにして、「上調子」と「替手《かえて》」が用意されている。

上調子というと、ぼくなどはすぐに新内《蘭蝶》の此糸《このいと》のクドキを思い出すのだが、本手の三味線の二の糸の開放音を上調子の三味線の一の糸に合わせ、三の糸の開放音を上調子の二の糸に合わせて上調子の音を本手の五度違いに高く合わせる。そのため糸を強く張る必要があるので、ギターのカポタストと同様のカセをはめる。本手が本調子や三下り《さんさが》の場合は上調子は二上りになり、本手が二上りなら上調子の三味線は三下りになる。これらが互いに「合い」を求めて響きあう。長唄《岸の柳》や小唄《花井お梅》に如実だ。新内では本手と上調子の二人が演奏することが多かった。

替手は合奏のときに生じるヴァージョン奏法で、本手と同じ高さにしつつ、三下りにしたり、替手が本手を追いかけるようにしたりする。ちなみにこの業界では、三味線だけが演奏する場合を「合方《あいかた》」という。

いま、下座音楽の中心にあるのは長唄である。だから細棹が流行している。長唄の歌曲はかなり複雑で華麗で、かつ広い。日本音楽を集大成するような趣きもある。それゆえ演出法も多様化した。

しかし長唄には時代的にもさまざまな種類があって、その定義すら難しい。おおざっぱにいえば、元禄期の歌謡集『松の葉』に長唄というふうに分類された五〇曲がもとになって（浅利検校《けんぎょう》・佐山検校・朝妻検校などの盲人の作曲）、その後に『若緑』で野川検校の曲などが加わっていった。初期の名曲には《無間《むけん》の鐘》や《京鹿子娘道成寺《きょうがのこむすめどうじょうじ》》などがある。

天明期になると流石庵羽積《りゅうせきあんはづみ》が『歌系図』を刊行して数百曲の地歌を分類し、長唄が一〇曲にふくれあがった。『歌系図』は大坂と京で出版されて大当りしたヒットソング集である。これをもとにレッスンする者も多く、文化文政期には唄方に初世湖出市十郎、初世と二世の芳村伊三郎、三味線方に八世杵屋喜三郎、初世杵屋佐助などが次々に輩出して長唄全盛期を迎えることになった。《越後獅子》《汐汲《しおくみ》》《舌出し三番叟》などの変化ものは、このとき一世風靡《ふうび》した。

やがてこれらから転じて座敷でも歌われ奏でられる長唄が次々に生まれた。いまでも名曲中の名曲になっている《老松》《吾妻八景》《外記猿《げきざる》》などはほぼこの時期の作品だった。志ん朝の出囃子《でばやし》が《老松》である。

こうして長唄がやたらに広がったのだが、そのうち長唄が身につかなければ下座音楽はないというふうになった。そのためカゲの技能の底辺も広がった。とくにメリヤスと手事《てごと》の技能が要求された。

メリヤスというのは役者の動きにあわせて、唄や演奏を伸ばしたり縮めたりする「合い」の呼吸をあらわす用語で、一説には江戸後期に渡来したシャツのメリヤスが伸び縮みするところからもじったという。もともとは立唄を独吟することがメリヤスだったのだが、その後は長唄独特の唱法や奏法と、義太夫で三味線だけが奏でるアシライとをさすようになった。ようするにインプロヴィゼーションの呼吸が要請されるのだ。

手事《てごと》というのは一種の楽式様式のことで、三味線の間奏をいう。しかしたんなる間奏ではなくて、何段にもわたる段をもって間奏する。そのためまるで自立した曲のように聞こえる。それが手事である。初期には《さらし》《六段すががき》といった手事ものの名曲があった。三味線音楽をカゲとしてマスターするには、この手事にも長《た》けている必要があった。

三味線音楽は、素人にとってはあいかわらず壮烈な技芸である。そうとうの研鑽《けんさん》がなくては玄人にはなれない。まして佐之忠さんのような付師には、誰もがなれるものじゃない。しかし反面、三味線が敬遠されるようではまずい。カゲでありつづけるのも、もったいない。もうちょっと三味線が巷間《こうかん》を賑《にぎ》わせていくほうがいい。

かつてはどんなお座敷でも目の前で三味線がチントンシャンと入り、とたんにお座敷が上品なディスコに変じたものだ。いまはそれが鳴りをひそめてしまった。三味線が弾ける芸者さんの数もめっきり少なくなった。お茶屋に行けばわかるように、三味線を弾いているのはたいてい老妓《ろうぎ》のお姐《ねえ》さんなのである。

いつもお決まりの三味線を伴奏されるのはいただけないが、それはそれ、まずは三味線音楽がもっと多くの場面や局面にあらわれていったほうがいいだろう。ぼくは十年ほど前から自分のことはさておいて、多くの知人に三味線のお稽古に行ってみることを勧めてきた。たいていは西松布咏《ふえい》さんのところに行くことを勧める。布咏さんは富本《とみもと》の師匠だったが、西松文一師に請われて地歌（地唄）のお師匠さんになった。文一師は富崎春昇（人形浄瑠璃吉田玉助の実子、四〜五歳で失明）の門に入って浄瑠璃三味線から地歌に向かった名人で、《魂の歌》というアルバムがある。ユーチューブでも《修羅》という絶品が聴ける。布咏さんはその文一師を継いだのである。

布咏さんのお稽古に行くと、三味線も唄も一から習うことができる。必ず一対一である。それでうまくなってほしいというのではない。三味線音楽の懐に入っていけるのだ。もちろんそういう体験は他のお師匠さんのところでもいっこうにかまわないのだが、ともかくも棹と絃の「間」に入るに如《し》くはないはずだ。むろん稽古をする時間がないという事情もあるだろうが、そういうときは、せめて劇場や小屋にふらりと入って「黒御簾」で何がおこっているかに耳を傾けたい。そこには十七世紀から続いているとっておきのミニスタジオやDJブースが待っている。

第一一九三夜　二〇〇七年七月十三日

参照千夜

三〇一夜：有吉佐和子『一の糸』一五五一夜：佐宮圭『さわり』一六九一夜：本條秀太郎『三味線語り』一六九三夜：桂米朝『一芸一談』六〇一夜：小泉文夫『日本の音』

なぜ三味線に絆《ほだ》されるのか
どうして三絃の音に蕩《とろ》けたいのか

樋口覚

三絃の誘惑

人文書院　一九九六

二葉亭四迷の『平凡』に、下宿をしている主人公の「私」が階下の三味線と歌声に耳をすます場面がある。「力を入れると、凜と響く。脱《ぬ》くと、スウと細く、果は蓮の糸のようになつて、此世を離れて暗い無限へ消えて行きさうになる時の儚《はかな》さ便りなさは、聴いてゐる身も一緒に消えて行きさうで、早くなんとかして貰ひたいやうな、もう〳〵耐《たま》らぬ心持になる……」。

音の主はお糸さんという奉公人で、「私」はまさに平凡な青年である。それなのに、そこには「たまらない心持」が疼《うず》いていく。さらに四迷はこのように書く。

俗曲は分からない。が、分からなくても、私は大好きだ。新内でも、清元でも、上手の歌ふのを聴いてゐると、何だか斯《か》う国民の精粋とでもいふやうな物が、髣髴《ほうふつ》として意気な声や微妙な節廻しの上に顕《あら》はれて、吾心の底に潜む何かに触れて、何かが想ひ出されて、何とも言へぬ懐かしい心持になる。

私は之を日本国民の二千年来此生を味うて得た所のものが、間接の思想の形式に由《よ》らず、直《ただち》に人の肉声に乗つて、無形の儘で人心に来《きた》り逼《せま》るのだとか言つて、分明な事を不分明にして其処に深い意味を認めてゐたから、今お糸さんの歌ふのを聴いても、何だか其《そ》様なやうに思はれて、人生の粋《すゐ》な味や意気な味がお糸さんの声に乗つて、私の耳から心に染込んで、生命の髄に触れて、全存在を撼《ゆる》がされるやうな気がする。

四迷には『邦楽論』もある。常磐津《ときわづ》と新内にぞっこんだったようだ。その理由を内田魯庵が『思い出す人々』(岩波文庫)のなかに、こう書いている。「何といっても隅田河原の霞をこめた春の夕暮というような、日本民族独特の淡い哀愁を誘って日本の民衆の腸《はらわた》に染込ませるものは、常磐津か新内のほかにはない」というふうに。

これが九鬼周造なら「ふるさとの新むらさきの節《ふし》恋し　かの歌沢の師匠も恋し」で歌沢になり、林芙美子なら「小唄を聴いていると、なんにもどうでもかまわないという気になってしまう」で小唄なのだろうが、どういう好みがはたらこうとも、これは三味線が奏でる情緒がとんでもないものだったということなのである。

ぼくは長らく、三味線がもたらしたこのような「絆《ほだ》されるもの」「蕩《とろ》けさせるもの」に注目してきた。

開扉直後の一頁目を読み始めたとたん、これはいけると唾《つば》をのみこむような風味の評論がたまにある。また読みすすみながら、静かな知的興奮に嬉しくなって落ち着かなくなる本というものもある。それとはまたべつに、読みおわって、この本のことをしばらくは人に伏せておきたくなる本がある。

この三つの条件がそろった評論となると、残念ながらまことに少ない。本書『三絃の誘惑』はそういう本だった。話は三味線に纏《まつ》わって近代日本の精神史の淵の内側に自在に入りこみ、その音色を文章に啄《つい》ばんで問うてみたというものだ。前著の『「の」の音幻論』（五柳書院）に続く快著だった。

序がついている。祖母の一周忌に魚藍坂《ぎょらんざか》近くに墓参した折り、近くの荻生徂徠《おぎゅうそらい》の墓に寄ろうとして道を上がっていくと、そこに三味線寺があった。たくさんの墓を見ながら、自分がどうして三味線の音に惹かれてきたのかを考えたくなったという発端だ。

ついで三浦周行《ひろゆき》の『大阪と堺』（岩波文庫）を読むうちに、三味線が堺に入ってきた経緯など思い浮かべていると、たとえば折口信夫の三味線芸能史や堺に育った詩人の安西冬衛のことを思い出す。けれども、三味線に陶酔した詩人なら木下杢太郎《もくたろう》なのである。「日本の憂鬱な十月の夜の彼岸《あなた》に　寂しい三味線がちんちんと鳴り出すまで、なほも善《ぜん》主麿《すまろ》、おおらつしよの祈《いのり》をつづけながら……」というふうに続く、あの『南蛮寺門前』（春陽堂）の詩人だ。杢太郎は常磐津をＴＯＣＨＩＵＡＺと綴ったものだ。そしてこの序は、杢太郎の『食後の唄』（アララギ発行所→日本図書センター）の序の引用で切れる。

……誰でもあのいかにも下町の老人らしい歌澤《うたざわ》龍美太夫の口から出るいなせな「一ころ」の中の「女ごころはさうぢやない」の「ぢや」の発音の蔵する神秘不可思議にして百年の痴情をにじましたる蘊蓄を……。

このくだりを引いて、本文に引導をわたすのである。これはぼくならずとも、ちょっと他人に伏せておきたくなる冒頭の脈絡だ。なんといったって「ぢや」の案配だ。けれども、この「ぢや」は序だけではなく、このあとほとんどその綴れ織りぐあいを変えずに連綿草のように続いていく。まったくこういう文芸評論ができる者がいたとは、有り難い。

三島由紀夫ならずとも「近松のいない昭和元禄」や、平岡正明ならずとも「新内を忘れた平成日本語ブーム」など、真っ平御免である。そんなものが罷《まか》り通るなら、ぼくだって三宅坂の文楽に通って放心し、一息ついたあとは楽屋に坐りこみ、さらにぼうっとしたのちは浅草の古着屋界隈にしけこむ日々を送りたい。ケータイなんてどこかに置いてきて。

ところが明治の連中は、自身の存在と仕事の総体にぎりぎりの荷重をかけておいて、その荷重に劣らぬ音曲感覚をもって義太夫や常磐津に聴き惚れていた。それがけっこう壮絶なのだ。

そのことについては、ぼくもすでに中江兆民『一年有半』や二葉亭四迷『浮雲』の千夜千冊のところでちょっとは触れておいたのだが、またそのことを『日本流』（ちくま学芸文庫）にも埋めこんでおいたのだが、こういう音曲感覚をその連中の意識の襞々《ひだひだ》の間合いそのままに書き移すことなんて、それをあえて日本思想の訳知りふうの解読にしないように綴るだなんて、そんな芸当はできてはいない。樋口覚はそれができる人だ。

それは、兆民を綴るにあたっては子規を、その子規の痛快を語るには漱石を引き合いに出し、そこに岡井隆が子規の兆民批判についての口吻《こうふん》を交えて、さらには幸徳秋水の兆民観察を加えて、そのうえで兆民の義太夫感覚におもむろに入っていくというような芸当なのである。

それだけではない。いざ兆民に入っては、かつて桑原武夫が中江兆民を解説して音曲になんら言及できなかったような、また『三酔人経綸問答』（岩波文庫）に出てくる豪傑君をうっかり北一輝のことだと指摘して、そこに宮崎滔天を忘れるような愚の骨頂を犯しているとこに、ちゃんと文句をつけながら、兆民が都々逸《どどいつ》を「卑猥《ひわい》」と言ったのは、あえて義太夫や清元に比してのことであって、洋楽にくらべて卑猥だなどと言ったわけではないといったことを、凜《りん》と主張もしなければならない芸当であったのだ。

この主張は「あとがき」で、小林秀雄が道頓堀でモーツァルトのト短調シンフォニーが鳴り出したのに「感動で慄《ふる》へた」と書いたのは、それはそれでもいいとして、ではなぜ小林には当時の道頓堀にまだ溢《あふ》れきっていた義太夫が聞こえなかったのか、そこをさりげなく問うている姿勢にも通じて、この著者の並々ならぬ批評精神を感じさせるのである。

近代文学の生き方をめぐる批評を、これほど音曲に特化させつつ自在に綴ったものはなかったようにおもう。しかし、ぼくが本書をこっそり伏せておきたい一冊とおもうほど吟味できたのは、著者の文章の複線支線の具合にも参ったからである。

読んでいるといろいろ誘われる。林達夫の歌舞伎批判は歌舞伎の本質を衝《つ》いてたいしたものだと思っているうちに、遠くから三絃の一の糸など交えた文章になってきて、あ、これは地歌の《雪》の調べになってきたなという風情が漂い、これはなかなか気持ちいい展開だなと感じていると、そのうち文章は行間に一面の雪を散らせての荷風・谷崎論なのだ。それでうっかり荷風・谷崎論の広がりに入ってくるのかなど予想していると、話はいつのまにかふたたび杢太郎になっていて、例の「満州通信」のことになっている。この逸《そ》れ具合がいいのだ。

かつてぼくは杉山二郎本人から『木下杢太郎』（平凡社選書→中公文庫）を贈られ、杢太郎をめぐっては何度か情実のある会話をしてきたので、そうか、そうだろうな、きっと樋口覚もまた杉山の杢太郎を追っているうちに歌沢に誘惑されたのだろうと読み進んでいると、おや、いつのまにか杢太郎が奉天の一室で日本の雪を思い出す話になっている。こんなぐあいに、本書ではいったん響いた地歌や歌沢はなかなか鳴りやまない。こういう書き方があったものかと感服させられた。

谷崎の『蓼喰ふ虫』について、一方では小出楢重《こいでならしげ》の「温気《うんき》」を軸に関西文化の洗練につなげ、他方では土門拳が撮った文楽がひどく孤独な炯眼《けいがん》で射ぬかれていることに引きこんで、そのうち両者ひっくるめて「温気」にも浄瑠璃の音色にもしてしまっている後半のはこびなど、もはや絶品といってよい。

だからこんな絶品のそこかしこを、これ以上に引き写して書いたところで、本書のどこにも何も届かないだろうから、案内はこのへんでやめておく。ぼくはぼくなりに「三絃の誘惑」ならぬ「三絃への誘惑」を、三味線音楽に疎い幼きイエズスたちのために仕組んでいきたいと思っている。九鬼周造が林芙美子と成瀬無極に小唄のレコードを聴かせて、三人でおいおい泣いたように。ねえ、そのほうがいいぢやない？

第六六九夜　二〇〇二年十一月二八日

参照千夜

二〇六夜：二葉亭四迷『浮雲』　六八九夜：九鬼周造『「いき」の構造』　二五六夜：林芙美子『放浪記』　一四三夜：折口信夫『死者の書』　一〇二二夜：三島由紀夫『絹と明察』　七七一夜：平岡正明『新内的』　四〇五夜：中江兆民『一年有半・続一年有半』　四九九夜：正岡子規『墨汁一滴』　五八三夜：夏目漱石『草枕』　二七二夜：桑原武夫編『日本の名著・近代の思想』　九四二夜：北一輝『日本改造法案大綱』　一一六八夜：宮崎滔天『三十三年の夢』　九九二夜：小林秀雄『本居宣長』　三三六夜：林達夫・久野収『思想のドラマトゥルギー』　四五〇夜：永井荷風『断腸亭日乗』　六〇夜：谷崎潤一郎『陰翳礼讃』　九〇一夜：土門拳『死ぬことと生きること』

凍てついた津軽の音と声とが
日本の溟命《めいめい》を弾打する

高橋竹山

津軽三味線ひとり旅

新書館　一九七五　中公文庫　一九九一

二年ばかり一人で門付《かどづけ》をして十九の年になったとき、親が嫁をもらえ、といった。おらが眼なんぼか見えて一人で歩けるといってみたところで親にしてみれば心配もあるべし、病気になることもあるべし、おらを案じて早く一緒にさせたかったんべ。十九の花婿と十七の花嫁と、小湊で祝言あげてカマドもった。唄っこうたえる娘だったから、二人してすぐ門《かど》かけだ。おらが三味線ひいで、かかあ唄って、米もらって歩いたんだ。

高橋竹山《ちくざん》は明治四三年に青森の小湊《こみなと》で生まれた。幼児のころに麻疹《はしか》をこじらせて失明同然となった。青森が大凶作に打ちひしがれていた時期である。小学校に入ったが、三日でやめた。近在のボサマから三味線を教えられ、それからは勝手な弾き方で門付《かどづけ》をはじめ、十七歳で独り立ちをすると、また門付を始めた。「門付して歩いて三味線がうまくなれるもんでねえ。競争相手もなし、だいいち生活のために困って歩いているんだもの、上手も下手もあったもんでねえ」。「糸切れても代わりなも、ねもんだから、ただ結んでつかってな」。

飴《あめ》売りも大道売りもした。昭和六年に「唄会」の一座に雇われ、また北の各地を歩いた。ときに座敷打ちをした。給料はない。三味線もいいものはない。「むかしからずっと人に見られるの恥ずかしい三味線でやってきた」。唄会一座といっても「ホイト」（乞食《こつじき》行《ぎょう》）」のようなものだった。宿屋などには泊まらない。小屋に泊まって飯をもらって一日ずつを生きていく。

戦争が近くなると、どんな仕事も苦しくなって浪花節《なにわぶし》の三味線を弾いた。「浪花節はレコードを何回も聞いて一人でおぼえた」。満州には浪曲師の三味線方として渡っている。昭和史でも特異な浪花節の全盛期なのである。それでもそんなことでは食べていけなかったから、昭和十九年には八戸《はちのへ》の盲唖学校に入って鍼灸《しんきゅう》マッサージも身につけた。それが三四歳である。五年かかってやっと鍼灸マッサージの免状をもらった。

その竹山の三味線が本格化するのは、名人といわれた成田雲竹に師事して戦後の各地を行脚《あんぎゃ》してからである。雲竹は追分《おいわけ》の名人だった佐々木冬玉に習って各地に民謡修業をし、故郷の津軽に戻って〝津軽民謡の父〟になった。弟子に小形さよがいて、彼女が竹山を雲竹のところへ連れてきた。以来、雲竹と竹山は長らくコンビを組んだ。やっと自立したときは昭和三九年になっていた。五四歳である。

竹山は生涯にわたって津軽にこだわった。ピアノはそこを弾けばその音が出るが、三味線はツボ当たりが悪ければ、音が出ない。とくに津軽三味線は同じ曲でも、その音のところで津軽の匂いをもてるかもてないかが、いつも異なってくる。

この「津軽の匂い」に竹山は命を懸けた。のちに有名になって（本書が刊行されたのと、新藤兼人が一九七七年に《竹山ひとり旅》という映画を作ったのが大きかった）、竹山の三味線に津軽の泥くささが薄れてきたという批評が出まわったことがあった。このときの竹山の反論のようなものを憶《おぼ》えているのだが（「アサヒグラフ」だったか、音楽誌か何かだったか）、竹山は「とんでもねえ」と一蹴《いっしゅう》した。そういう文句を言う奴が、いったいどのくらい津軽をわかっているんだという反論である。

土くさい、泥の中を這《は》いずりまわっている津軽だけが津軽ではないんだ、そこには風もあれば、波の音もあるし、雪の美しさもあれば、とんでもない静寂もある、津軽の時間にはとてもゆっくりしか動かないものもある。そういうことを怒って言っていた。

そのときのインタヴューだったかでは「だいたい東京の連中は田舎めいている」とも

言っていて、これは傑作だった。食い物だって青森よりうんと落ちるし、味付けしようとしているのが気にいらねえ。とくに東京の学者の言うことは腹が立つ。そんじゃ津軽の音がわかるには、まずは東京の水道の水を飲むなと言いたいね。そんな主旨だった。

東京渋谷ジァン・ジァン。教会の地下音楽堂。ぼくはここで初めて高橋竹山を聴いた。最初が《三味線じょんから》と《三味線よされ》だった。

これで「津軽の匂い」はともかくも、あっというまに「音のポリフォニー」を知らされた。一九七六年くらいだったとおもう。そうだとすると竹山はそのころ六六歳で、円熟していたのはむろんだろうけれど、その後も八五歳くらいまで三味線を弾いていたから、ぼくは七十歳代、八十歳代の竹山もそのつど聴いたので、最初の六六歳のときの三味線が円熟だとしたら、その後の竹山は闌位《らんい》(世阿弥の言葉)とか、孤峰とか絶顚《ぜってん》と言わなければならないのであろう。

ともかくも、なんというのか凄《すご》かった。凍みわたった。そのころ、このような凄さや凍みは法竹《ほっちく》の海童道祖《わたづみどうそ》に感じたくらいのもので(岡本文弥の新内も武原はんの地歌舞も最高で、凍みはあったが、凄いというのではなかった)、なんともほかにくらべる才能がなかった。あえてくらべるのならジミ・ヘンドリックスやマイルス・デイビスやアルバート・アイラーだろうけれど、これはやっぱり「津軽」とはくらべられない。

なぜ、こんな凄いものを知らなかったのだろうかと反省した。竹山を聴くチャンスはもっと前にもあったはずなのである。第三四二夜に書いたように、間章《あいだあきら》が一九七二年に高橋竹山を、琵琶の鶴田錦史や法竹尺八の海童道祖や三味線の木田林松栄《りんしょうえ》とともに新潟現代音楽祭に引っ張り出していた。そこにも書いたように、ぼくはこれをのちにNHKのドキュメンタリーで見るのだが、そうか、ここに竹山は出ていたか。

ともかくもそれからはレコードが揃ってきたこともあって、竹山を聴く機会がふえていく。しかし、不思議なことにあの凄さがしだいに深さや「もののあはれ」に聞こえてきた。津軽に雅《みや》びな「もののあはれ」じゃあるまいに、これはどうしたことかと感じていたものだ。

高橋竹山を有名にしたのは佐藤貞樹だった。本書も佐藤が聞き書きをした。間章も新藤兼人も竹山を有名にしたが、なんといっても佐藤の功績だ。この人は一九五五年に青森芸術鑑賞協会の設立にかかわって、一九八一年までその事務局長だった。こういう人が地方の芸能を根本で支えているのである。

ごく最近、その佐藤が『高橋竹山に聴く』(集英社新書)を綴って、さらに竹山の内奥を掘り出した。久々に竹山が蘇ってきた。蘇ってきただけではなく、この新書をちらちら読んでいてハッとした。やはり竹山は「もののあはれ」とは言わないまでも、「津軽の匂い」を美しさの極北に導こうとしていたことが、少しかいま見えたからである。こんなふうに言っている。「津軽の泥くささというが、三味線もあの匂いは消されねえけれども、そのなかにちょっときれいな、みんなが聴いてくれるものを勉強してつくっていきたいという、わたしはそういう気でやっています」。三味線はそれを弾く一人一人によってすべて音が違うこと、だから汚く鳴らせば汚くもなるし、泥くさく鳴らせば泥になる。端唄にすれば端唄になって、浪花節にすれば浪花節にもなる。そういうことを語ったうえで、最近の津軽三味線がまちがって拡張しつつあることに警告を発しているくだりだった。

とくに津軽三味線は津軽しか知らない者が弾けると思ったら大まちがいだと言っている。とりわけ速い曲は楽だから、あんなものばかりを弾いていると、いずれ津軽三味線の魂がどこにあるかがきっと見えなくなっていく。津軽三味線は音への思いが一途《いちず》にあれば、誰だって入っていけるはずで、アメリカ人だって芸者さんだって弾けるはずなのである。

ただ、そのためには一曲を何度も弾くことだ。何曲もおぼえたとか、たくさん弾けるとかということを誇りなさんな。三味線の奥の奥にある静かな鳴りや深いものに向かわなきゃいけない。もっと言うなら、「型」に色や匂いを感じ、それが音色に出るのが津軽三味線だとおもえなきゃ、これは津軽三味線だっていつか廃《すた》ります。

こう、言うのである。すでに竹山にして日本の没落は予感されていたようだ。実際にも、これははっきり言っておくが、最近の津軽三味線はそうとうに低俗なのである。では、どうするかといえば、もう一度時間をかけるしかないだろう。津軽三味線の静かに深まっていく、シネやスネに落ちていく音を聴くことである。

かつて同じ青森の棟方志功がこう書いていたのを読んだことがある。津軽三味線は「オドロイても、カナシンでも、アイシても、しきれない想いなのである」と。そして、さらにこう書いた、「高橋竹山は溟命《めいめい》を弾打する」と。溟命――。そうなのか、「もののあはれ」じゃなくて、「溟命」なんだ。つまり剣が峰から聞こえてくる音なのだ。

第八八四夜　二〇〇三年十一月六日

参照千夜

八四夜：新藤兼人『ある映画監督の生涯』　九〇六夜：武原はん『武原はん一代』　四九夜：マイルス・デイビス『マイルス・デイビス自叙伝』　一五五一夜：佐宮圭『さわり』　三四二夜：間章『時代の未明から来たるべきものへ』　五二五夜：棟方志功『板極道』

端唄から俚奏楽まで
平成の才人がぼくの魂を攫《さら》っていく

本條秀太郎

三味線語り

淡交社　二〇〇六

　濡れてきた　文箱《ふばこ》に添えし花菖蒲
いとど色増す紫の　恋という字に身を堀切の
水にまかせているわいな……「濡れてきた」

漆黒の表紙に白い帯。その帯に「私の口ずさんだ一節《ひとふし》が、才人秀太郎《ひでたろう》の三味の音《ね》で冴えわたる」という、かつて森繁久彌が贈った言葉が摘《つま》まれている。森繁久彌は小唄が好きだったし、ふいに端唄や都々逸《どどいつ》めいた文句を口ずさめる人だったので、それに秀太郎が三味線のあしらいを入れたのだから、陶然としたのだろう。
森繁がそうだったように、先代の勘三郎も三浦布美子も、細野晴臣も一青窈《ひととよう》も、多くの民謡歌手も各地の芸者衆も、むろんのことに老若男女の聴衆たちも、本條秀太郎の声と手に酔わされてきた。それほどに秀太郎さんの音楽には、人を絆《ほだ》す魅力と、聴く者の気分を懐かしい場所に運んでいく魔法がある。とくに弾き語りがたまらない。ぼくはいつだって唄い出しの一声で、参ってしまうのだ。

ぼくと秀太郎さんとの出会いは千夜千冊に縁がある。千冊達成記念のトークイベントをいとうせいこう君の司会で原宿クエストホールで催してもらったとき、ゲストとして三味線と端唄を添えていただいたのが最初だった。

ぼくはステージにいて、次々に登壇する千夜千冊の著者たちのお相手をしていたのだが、そのとき秀太郎さんが花道にあたるような仮設ステージに登場した。ペコちゃん（藤本晴美）の演出で、秀太郎さんを引っぱってきたのは潮来《いたこ》が同郷の太田香保だった。秀太郎さんは当日のスケジュールを縫って、風のように来て風のように去っていった。だから挨拶《あいさつ》が交わせなかった。ところが、そのナマの三味線、その歌声、その佇《たたず》まいがステージにいたぼくの目と耳について忘れられなくなっていた。以来、なにかにつけて秀太郎さんがほしくなったのだ。

ほしくなったとはまことに失礼だが、あえて先人をもちだせば、中江兆民が太棹《ふとざお》の義太夫を、二葉亭四迷が常磐津と新内を、九鬼周造が新紫《しんむらさき》の歌沢の師匠をそばにほしくなったように、秀太郎さんの手と声がほしくなってしまったのである。

それからは二人で豪徳寺の本楼を場に「三味《しゃみ》三昧《ざんまい》」という催しを連続するようになった。秀太郎さんもぼくの話の介入がおもしろいようで、二人であれこれ仕組みを案じて数時間の「三味三昧」を愉《たの》しんだ。毎回ぼくも詞をつくり、秀太郎さんが作曲をして、それを当日にご披露してもらうという趣向も加えた。

淡雪と　消ゆるこの身の思い寝に　浮名をいとう恋の仲
乱れしままの　髩《ほだ》つきや　義理という字は是非もなく
夢かうつつか　朝鴉《あさがらす》……「淡雪」

先ほども書いたように、秀太郎さんは潮来の生まれだ。ぼくとは一つちがい。そのころの潮来には花柳界があったので何かと華やいでいて、聞こえてくる音曲が子守歌のようなものだったらしい。

十歳のとき地元の篠塚みつに三味線を習うと、みんなが将来を期待した。昭和三三年に一家で上京して、学校に通いながら長唄を稀音家芳枝《きねやよしえ》に、民謡を二代目の大船繁三郎に手ほどきを受け、高校卒業後は民謡三味線の藤本琇丈《ひでお》の内弟子となり、かたわら三浦布美子（田毎てる三）に小唄を仕込んでもらった。

かなりの特訓だったようだが、楽しくてしょうがなかったらしい。何かがひたむきだったのだろう。早熟でもあった。昭和四四年には山中節をもとに《雪の山中》を作曲している。いま聴いてもかなりの名曲だ。こうして若いときに「俚奏楽《りそうがく》」をおこした。きっかけがあったようだ。

中学校のとき日比谷公会堂で、宮沢賢治の詩「原体剣舞連《はらたいけんばいれん》」に師匠の稀音家芳枝が曲をつけた獅子舞を見た。農家のおじさんが歓喜に満ちてうたっているのに心を奪われた。これがきっかけだ。

一口に邦楽とはいうが、日本の音楽は一通りではない。その土地、その風土、その習慣、その言葉によって歌や踊りが変わっていく。それもたいそう微妙な変化で、そこには「うつり」「もちこし」「あじつけ」「おとしどころ」がある。青年秀太郎はそのような日本の音楽をみずから採集し、できればアレンジし、さらに新たな領域に昇華させたいと思ったようだ。

それが「俚奏楽」になっていった。かつて民謡が俚謡《りよう》とか里唄とかよばれていたことに因《ちな》んで、そこにもっと日本文化のダイバシティをさまざまに入れ込むようにした。だから俚奏楽では、いろいろの邦楽器のアンサンブルが試みられるし、ときに舞踊まで採り込んでいる。ぼくが見たもののなかには神謡《かみうた》のような、神話的伝承性を帯びたものもあった。

露は尾花と寝たと言う　尾花は露と寝ぬと言う
あれ寝たと言う　寝ぬと言う
尾花が穂に出て　あらわれた……「露は尾花」

三味線は不思議な楽器である。あえていうなら中途半端だ。加減でできた楽器なのである。戦国末期の堺に琉球から中国の三弦や奄美の三線《さんしん》（蛇皮線）が到来し、これが短期間に日本的な三味線になった。当道座の盲人が工夫したのだったろう。
その初期の形状や機能は今日にいたるまで、ほぼ変わらない。そもそも棹が細くて長く、持ちにくい。絃は太い順に一の糸、二の糸、三の糸の三本しか張っていない。だから三絃とも言ってきた。天神（糸倉）でのチューニング（調絃）が難しく、ちょっとでも巻きすぎるとすぐ切れる。棹にはギターのようなフレットがないから、奏者は勘所《かんどころ》をおぼえて左手でそこを押さえたり離したりする。これを右手にもった銀杏形《いちょう》の撥《ばち》で弾いたり、指でつま弾く。撥をつかうのは琵琶法師の流れを汲んだ当道座のアイディアだ。
中途半端なのである。ところが、その中途と半端こそが、みごとに絶妙な加減の音楽世界をつくりあげていったのだ。

新たに強調されたこともある。一の糸の糸倉付近のサワリ山と谷にサワリを入れた。ノイズ含みにした。これはインドのシタールのジャワリのようなものだから、他の民族楽器にもあるのだが、三味線では一の糸が上駒からはずれているので、糸がサワリ山に触れてビーンという倍音が生じる。チューニングさえできていれば、一音をテンと弾けばポンという音と同時にチェーンと響くのである。勘所を押さえてもビーンと響く。

ともかくもこれらの出来《でき》がみごとに相俟《あいま》って、三味線に独自の趣きをもたらした。経過音も微妙になって、西洋音階にくらべて半音を狭くとるようになった。秀太郎さんはこうした「音の減衰の加減」こそが、日本の「間の文化」を醸し出したのだと見る。まったくその通りだ。

鳥影に　鼠鳴きしてなぶられる　これも苦界の憂さ晴らし
愚痴がのませる冷酒も　辛気辛苦の　ああ苦の世界……「鳥影」

秀太郎さんは端唄《はうた》の名人でもある。端唄は広い意味の「はやりうた」のことだから、厳密な定義などない。いわゆるポップスであり、巷間のヒットソングだ。すでに室町期の『閑吟集《かんぎんしゅう》』に三百あまりの「端唄のもと」が集められているし、慶長期に広まった隆達節《りゅうたつぶし》もその後の多くのポップスの「もと」になった。うんとさかのぼれば後白河期の

『梁塵秘抄』の今様《いまよう》にまでルーツが辿《たど》れるだろう。

江戸時代、こうした端唄が料理屋や遊郭などの小さな空間で、旗本御家人や江戸屋敷に来ていた各地の留守居役によって、また町人や商人たちによって親しくうたわれた。細棹の三味線を撥《ばち》で弾いた。ぼくは風俗絵や浮世絵の風情はこのような端唄から生まれていったと思っている。谷文晁《ぶんちょう》の絵は端唄を感じさせる。これらの端唄のうち、武士がそれなりに洗練させたものが歌沢で、唄を中心にした。少しく武士の気概と弱みが見えている。

一方、明治になって技巧が加わりアップテンポになったのが小唄である。最初のうちは早間《はやま》小唄などと言われた。撥ではなくて中棹の三味線をつま弾いた。爪を糸に当てるのではなく、人差し指の爪先の肉で弾く。小唄はお座敷の芸者衆や花柳界に好まれ、伊藤博文から商家の旦那《だんな》衆までが口ずさんだ。贔屓《ひいき》の芸者衆も出た。

端唄も歌沢も小唄も、歌詞がいい。粋でせつなく、はかなくて人情味がある。日ごろの心の綾《あや》が軽妙に描かれるのだ。「ちょっと」「あんまり」の情景なのである。「おかしな気分」も添えられる。ときにコケットリーでユーモラスなのだ。

そこに四季の風物や花鳥が出入りした。各地の情緒も折り込んだ。やがてこのユーモアは都々逸などになっていく。森繁久彌もそんな小粋な詞を口ずさんだのだろう。

秀太郎さんはいまも「端唄の会」をずっと催している。収集した端唄は数百にのぼるだろう。それを十数曲ほど組み合わせ、弟子の秀五郎さんらを伴って遊ばせてくれる。ぼくもしばしば紀尾井ホールを覗きにいく。

川風に　つい誘われて涼み舟　文句もいつか口舌《くぜつ》して
粋な簾の風の音に　漏れて聞こゆる忍び駒
いきな世界に照る月の　中を流るる隅田川……「川風」

本書には、織田紘二、田中優子、細川周平、川瀬敏郎、養老孟司、池辺晋一郎との対談も収録されている。ぼくが少々まとめると以下のようになる。

第一には、民謡をたんなる「余興の芸能」にしたくなかったこと、日本人が元来もっていたであろう土着の音楽性を追究したかったこと、そのためには広く深く収集や取材や研鑽をしていかなければならないだろうから、弱冠二六歳で「本條流」を組んだこと、一方で自分なりの〝本條化〟をおこしていかなければならないと思って「俚奏楽」をおこしたということ。

第二に、三味線は不便にできているからこそおもしろいということ、サワリによって「陰の音」が動くこと、勘所には「音格」とでもいうものが生じていること、そこには

「愁い」も「張切り」もあって、勘所の押さえ方で人格も風格もあらわれるということ。

自分はやっぱりそういう三味線が弾きたくてここまで仕事をしてきたのだと確信しているということ、

第三に、芸能とは「芸を能《よ》くする」ということで、それゆえ「芸」も大事だが「能」に堪能になる必要があるということ、そこにはむろんエイジングも関係しているということ、それは世阿弥のいう「時分の花」だろうということ、それゆえ若いときの技芸が老いては平板になる場合があるが、その平板には逆に音曲の歴史の大本《おおもと》があらわれてくる可能性があるということ、そうしたことを勘定に入れて端唄などを愉しみ続けたいということ。

第四に、日本人の音楽性は強さや長さにはなかったのではないかということ、そのためわずかな変化に格別の趣きをもたらしたかったのだろうということ、そこで「表間《おもてま》」に対して「裏間《うらま》」を工夫したのだろうこと、また「産み字」や「こぶし」などの唱法をつくりあげていったのだろうこと、総じて日本人の音感はきっと「うつろい」にあるのだろうということ。

第五に、自分が大事にしたいのは「伝統」というよりも「伝燈」というものだろうこと、そのためにはポピュラーにすることよりも、自分がどこまで好きなのかを探求していかなければならないこと、それだけに「型」を知り抜いていかなければならないこと、

本條秀太郎・松岡正剛「三昧三昧」（会場は松岡の仕事場でもあるＩＳＩＳ館の本楼）より、
写真上は 2014 年 11 月 13 日「面影はじめ」（撮影：辻本浩太郎）、
写真下は 2015 年 2 月 26 日「男伊達」（撮影：橋本英人）

本條さんと全５回にわたって三味線と唄の粋遊びを徹した「三昧三昧」では、ぼくの作詞・本條さん作曲による〝新曲〟も折々披露した。なかで日本全国の風俗《くにぶり》を織り込んだ「日本かいかい節」はかなりの大作で、全 27 番ある。

それには体がそのことを感じられるようにしておくこと、またそのことをお弟子さんたちにも徹底して伝播できるようにしなければならないということ。
だいたいはこんなところだ。おそらくこれらすべてを本気で実践してきたのだろうと思う。そのせいか、秀太郎さんの一門と仕事をしているととても気分がいい。何代も続いてきた本條流ではないのだが、芸事《げいごと》の一門のよさを感じる。このこと、よほどのことなのである。

第一六九一夜　二〇一八年十二月十四日

参照千夜

五九〇夜：森繁久彌『品格と色気と哀愁と』　一九八夜：いとうせいこう・みうらじゅん『見仏記』　四〇五夜：中江兆民『一年有半・続一年有半』　二〇六夜：二葉亭四迷『浮雲』　六八九夜：九鬼周造『「いき」の構造』　九〇〇夜：宮沢賢治『銀河鉄道の夜』　一一五四夜：西郷信綱『梁塵秘抄』　七二一夜：田中優子『江戸の想像力』　一六九六夜：養老孟子『遺言。』　一一八夜：世阿弥『風姿花伝』　四三七夜：藤田正『沖縄は歌の島』　二〇一一夜：佐藤良明『J-POP進化論』

第三章　芸道談義

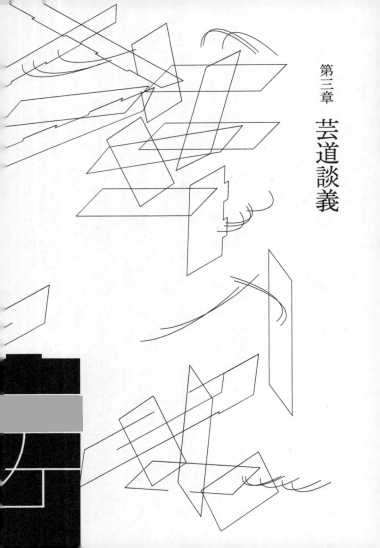

有吉佐和子『一の糸』
安藤鶴夫『文楽　芸と人』
吉田簑助『頭巾かぶって五十年』
武智鉄二『伝統演劇の発想』
中村雀右衛門『女形無限』
千谷道雄『秀十郎夜話』
佐宮圭『さわり』
郡司正勝『おどりの美学』
武原はん『武原はん一代』
徳川夢声『話術』
太鼓持あらい『「間」の極意』

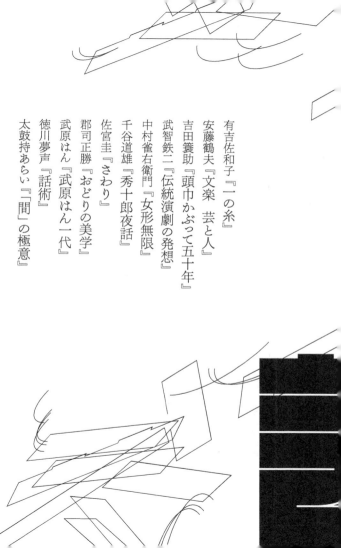

一の糸が切れたときは
三味線は舌を嚙んで死なななならんのや

有吉佐和子

一の糸

新潮社　一九六五

そのころ、母の誕生日に一冊ずつ本を贈っていた。山崎豊子『暖簾《のれん》』、曾野綾子『たまゆら』、永井路子『炎環』、杉本苑子『孤愁の岸』などだ。本書の有吉佐和子『一の糸』もその一冊のうちである。

女流作家のものを贈っていたのは、いつか母に物語を書いてもらいたかったからだ。母は俳句や短歌はいつも走り書きしていたが、ついに物語は書かなかった。「そろそろ書いたら」とときどき勧めたが、いつも「みんな生きてはるさかいに」と言って、なかなかペンを執らなかった。結局、何も書かずに死んでいったが、女学校時代にラジオのドラマコンクールに応募して優勝した文才の持ち主なのに、惜しかった。「そんなん、しんどい」と笑ってばかりだった。

そのかわり驚くほど小説を読んでいた。ぼくも贈ったが、それとはべつにせっせと好きなものを選んでいたし、「小説新潮」や「オール讀物」を好きな作家が書いていると、買っていた。なかでも幸田文と有吉佐和子にはいつも感心していた。有吉については『紀ノ川』（中央公論社→角川文庫）以来のファンだ。

有吉佐和子という稀有《けう》な作家が五三歳でどのように死んでいったのか、ぼくは詳《つまび》らかにしない。死を選んだように見えたが記録は急性心不全になっていて、そのことを何によって確かめればいいか、放置したままになっている。

それはそれとして、有吉佐和子をいまなお現代文学の中央の場で議論しないのはどうもおかしい。日本の家や芸道を描いては他の追随を許さないし、『恍惚の人』（新潮文庫）で老人問題に、『複合汚染』（新潮文庫）では公害問題に、それぞれどんな作家よりもはやくとりくんで、しかも重厚に仕上げた構想力は並大抵ではない。山崎豊子や宮尾登美子とも異なる。そろそろ有吉文学の周辺を賑《にぎ》やかにするべきである。

有吉は東京女子短大を出て、二五歳で『地唄』（新潮文庫）を書いた。これが瑞々《みずみず》しいデビュー作で、その後も昭和三三年に『人形浄瑠璃』を発表して、はやくも若くして伝統芸能の社会を解剖する鋭い目をもっていることを、文壇や読書界のみならず、古典芸能の斯界《しかい》の連中に告知した。

ぼくの家は小さな悉皆屋《しっかいや》（呉服屋）だったが、半ばは遊芸や芸道にまみれていて、役者や芸人や職人さんたちとの縁が深く、父や母は中村吉右衛門のセリフ、久保田万太郎の芸の句、北条秀司の芸風戯曲、花柳章太郎や水谷八重子の舞台芸、戸板康二の楽屋小説などとともに、有吉佐和子の清新な芸談小説に驚いていた。父は「ちょっときついとこ、あるなあ」と言い、母は「あれくらいやないと芸の世界は書けへんでっしゃろ」と言っていた。ぼく自身がその作品に溺《おぼ》れるには若すぎたものの、やはり血の騒ぎというものか、いつしか有吉佐和子を含めた芸道ものに親しむようになっていた。

傑作『一の糸』は文楽の社会が舞台である。主人公は三味線弾きの名手の露沢徳兵衛で、構成も近松以来の上中下三段の浄瑠璃《じょうるり》仕立ての「一の糸」「撥《ばち》さばき」「音締《ねじめ》」の三部構成になっている。

物語を語るのは徳兵衛の後妻になった茜《あかね》で、出来事の推移はすべてが茜の目による叙述によって一貫するため、有吉得意の手法が生きている。筋書きはおおざっぱにいえば、茜が徳兵衛の芸に惹《ひ》かれて不思議な縁《えにし》で結ばれ、三味線の極意を求めながらも二人が波乱の文楽の世界を生きていくというものになっているのだが、随所に女の細やかでしぶとい目が躍如する。

最初、ぼくはこの作品を新派の『鶴八鶴次郎』（川口松太郎）のような話かと想っていたのだが、まったくちがっていた。やはり茜という一人の女性の生き方が主題なのである。そこが一本、通っている。しかしながら主人公は徳兵衛で、その芸で、そして三味線そのものなのだ。その三重性があたかも三味線の三本の糸のように物語のなかで共鳴し、起伏に富んだ物語のサワリの奏法を生かす。

時代は昭和を駆けぬけて、戦後まもなく文楽が分裂という最大の危機を迎えていく出来事を扱った。因会《ちなみかい》から三和会《みつわかい》が分派し、紆余《うよ》曲折の末にふたたび合体するのだが、その文楽一座の崩壊になりかねなかった有名な事件が物語のクライマックスにむかってせり上がってくるしくみになっている。

文楽が分裂した出来事は業界ではそれをあからさまに語るのは一種のタブーであったのだが、有吉はほぼ正面からとりあげた。主人公の徳兵衛もおそらくは四代目鶴沢清六かとおもわれる。そうだとしたら、物語の半ばから出てくる豊竹宇壺太夫は豊竹古靭太夫《こうつぼだゆう》である。実際にも、宇壺太夫が芸術院会員に推され、その披露を徳兵衛が金屛風の前で口上する第三部「音締」の冒頭の場面は、その直後の古靭太夫の相三味線《あいじゃみせん》と別れた鶴沢清六の舞台を髣髴《ほうふつ》とさせるように描かれている。

茜は東京角筈《つのはず》の富裕な商家に生まれた一人娘だが、少女のときに目を患ってしまう。不憫《ふびん》におもう両親は娘の良縁をさがし、見合いをすすめるものの、父親の急死で中断する。母親は下田に「みすや」という旅館を開業する。

茜には、少女のころに聞いた文楽の三味線がずっと耳に響いていた。《阿古屋琴責《あこやことぜめ》》の清太郎（のちの徳兵衛）の三味線の音である。やがて目がなおって見た清太郎は美しく、茜はその容貌に驚くが、胸に深く刻まれるのはむしろ三味線の音なのである（この盲目と邦楽の音の設定は谷崎の『春琴抄』以来のものかもしれない）。両親の見合いの話はものかは、茜は巡業先の大垣に清太郎を訪ね、抱かれる。

が、清太郎には妻がいた。二人はしばらく離れるが、そこに偶然がくる。ひとつは清太郎が常連客に連れられて「みすや」に泊まったこと、もうひとつは清太郎の妻が先立ったことである。こうして茜は清太郎の後妻として嫁ぐのだが、そこには九人もの子供がいた（このあたりから谷崎をどんどん離れていく）。

時代は太平洋戦争期に入り、文楽の苦しい日々が続く。茜も継母として子供たちに反発される。朝の五時から二階で始まる三味線の稽古《けいこ》を前に、子供たちが荒らした家中を茜は次々に片付けていく。そのためには婆やのキノにも教わらなければならない。そこに戦災である。すべてが焼け出される。

どこか十一人の子を育てた与謝野晶子を思い出させるが、このあたりの女の苦労については、さすがに手を抜かない。ぼくの母も「有吉さんのもんは、事件がおこってへんとこがよう書けてるのえ」とよく言っていたものだ。

やがて戦後、文楽は割れ、この業界最大の危機がやってくる。三味線一途《いちず》の夫の徳兵衛にも動揺がおこる。茜はここでこそ三味線が立たなければならないと思う。

そこへ徳兵衛と宇壺太夫の仲が裂かれる事件がおこる。これは四代目鶴沢清六におこった実際の事件にほぼ近い。そこを有吉はしだいに盛り上げて書く。盛り上げの絶頂点は徳兵衛が《志度寺》を弾く道頓堀の文楽劇場の舞台袖で、徳兵衛に文句をつけて離れていった宇壺太夫が一心に耳を傾ける場面、まるで三味線の音がページを破って聞こえてきそうなのだ。

かくて大詰、徳兵衛は《志度寺》の千秋楽に、ぶんまわしの床《ゆか》に乗って観客から去っていく直後に発病し、そのまま倒れて死んでしまう。ここは明治の名人だった豊沢団平そのままである。団平も《志度寺》を弾きながら死んだのである。お辻の水行のくだりで、人形遣いの吉田玉造が団平の力のこもった三味線に応じすぎて、玉造の腹帯がプッンと切れたという逸話ものこっている。徳兵衛の最期はまさに団平の最期そのままで、有吉はここを描き切りたかったのだろう。参考にいうのだが、戸板康二は茜のモデルもきっと豊沢団平の女房だったお千賀だったのではないかと書いている。

文楽なら外題《げだい》というべき『一の糸』の由来は本書の随所に出てくるが、やはり徳兵衛が胴の張り替えが仕上がった三味線を前に、まだほとんど傷んでいない一の糸を替えてしまう場面にもとづいているというべきだろう。

徳兵衛は仕上がって届けられた三味線を右の爪先でトントン、バンバンと叩いて「あかんわ、返してや」と言う。胴ができあがったばかりの三味線がダメだというので驚く茜に、「二の糸の打込みがいけへんのや」と吐き捨てる。茜はくいさがって、ともかく棹をさしてからもう一度確かめてほしいと言う。胴の張り替えはびっくりするくらいのお金がかかるのである。

徳兵衛は胴に棹をさし、三本の糸をかけ、コマをおく。カラカラと軽くまわっていた音締《ねじめ》がぎりぎりと糸を締めあげる音に変わると、徳兵衛は撥《ばち》をとって静かに弾きはじめる。「やっぱりあかんな」。そのうえ、二の糸、三の糸の疲れぐあいを見て、それを捨てる。そして、何も試さずに一の糸をも捨ててしまう。

茜はまたまた驚いて、ちょっと使っただけの一の糸をなぜにまた捨てるのかと尋ねる。徳兵衛が言う。「一の糸は弄《いろ》うたらすぐ替えないかんのや」。そして、こう言いきかす。「三の糸が切れたら、二の糸で代わって弾ける。二の糸が切れても一の糸で二の音を出せば出せる。そやけども、一の糸が切れたときは、三味線はその場で舌を噛んで死なならんのや」。

有吉佐和子を読むとよい。しばしば「アタマが勝ちすぎた才女の文学」と揶揄《やゆ》されていたが、ぼくはそうは読まない。

和歌山の庄屋に育った少女期、舞踊家吾妻徳穂《あづまとくほ》の秘書や雑誌「演劇界」嘱託をへて体験した舞台とのかかわり、大胆な〝呼び屋〟として名を馳《は》せた神彰《じんあきら》との結婚、サラ・ローレンス大学（ニューヨーク州）・ハワイ大学・中国・ニューギニアなどの海外体験、水谷八重子・山田五十鈴・石原慎太郎・阿川弘之・市川房枝・老舎らとの広い交流などの濃厚すぎるほどの日々を反映して小説にしていくには、かなり理知的なアタマによって「情感」を描くことを選んだのだった。ぼくはそう思っている。そこには日本が忘れた日本があり、日本が堕ちている日本がある。

大正・昭和の花街を舞台に、正子と蔦代という二人の芸者の対照的な生きざまを描いた『芝桜』（新潮文庫）という長編がある。筋を通す正子と勝手な嘘をつく蔦代の丁々発止がたまらない展開なのだが、そこに絡む置屋や人物像は、すべてが清濁あわせ呑《の》む。この両義的な日本像こそ、有吉が掬《すく》いつづけたものだった。

こんなことを思い出した。それは「朝日新聞」に有吉佐和子が連載していた『私は忘れない』（そういう題名だったとおもう）という小説を、母とぼくとが毎日読んでいたころのこと、母がふとこんなことを言ったことである。「セイゴオ、有吉さんっていう人な、これを書いて日本のことを書いているんやなあ」。

その小説は有吉佐和子がアフリカに行ったときのドキュメンタリータッチの物語だった。一九六〇年前後の連載だったとおもうが、アフリカ現代史の最大の激動に飛び込んでいったドキュメントを書くだなんて、誰一人として思いつけなかったことだった。

第三〇一夜　二〇〇一年五月二八日

参照千夜

一一九夜：永井路子『北条政子』　四四夜：幸田文『きもの』　八三九夜：宮尾登美子『鬼龍院花子の生涯』　六〇夜：谷崎潤一郎『陰翳礼讃』　二〇夜：佐藤春夫『晶子曼陀羅』　五一〇夜：安藤鶴夫『文楽　芸と人』　八二六夜：吉田簑助『頭巾かぶって五十年』　二三一夜：戸板康二『あの人この人』　九七三夜：老舎『駱駝祥子』

山城少掾《やましろのしょうじょう》から綱太夫へ
あのアンツル節が冴えまくる

安藤鶴夫

文楽　芸と人

朝日選書　一九八〇

アンツルさんは浅草向柳原町の生まれで、父親の鶴吉が義太夫語りの八代目竹本都太夫である。太棹《ふとざお》のオクリを子守唄に聞いて育った。しかし、芸人の子は当時の学校ではいやがらせの対象だったから、「やーい、義太夫語りの子」と囃《はや》されるのが嫌で嫌でしょうがなかった。

父親は最初こそ竹本朝太夫の弟子となってキリ三（三枚目）を語ったり、「都新聞」の芸能番付の上位に顔を出したりしていたようだが、悪辣《あくらつ》な興行師に騙《だま》されてどん底に落ちた。アンツルさんの青少年期は貧窮そのものの日々だったらしい。だからしばらく大学にも行けない。京都宇治のシャンピニョン農場で働くかたわら、やっとこさっとこ南座の出開帳《でかいちょう》などを見た。それが昭和二年くらいのことである。

それがよかった。昭和二年のころといえば、櫓下《やぐらした》に四代目竹本津太夫、庵に六代目竹本土佐太夫、三頭目に二代目豊竹古靱太夫《こうつぼだゆう》（のちの山城少掾《やましろのしょうじょう》）、三味線に六代目鶴沢友次郎、人形に初代吉田栄三《えいざ》や吉田文五郎がずらりと揃っていたころで、明治の絶世期の文楽の芳香を青年アンツルは夢中で貪《むさぼ》ることができた。

やがて法政大学フランス文学科に入る日がきても、文楽の節回しばかりがアタマをまわる。桐竹門造の部屋で一通りを習い、そこからはフランス文学はほったらかしに、いやフランス文学の香気を吸っては、一瀉《いっしゃ》千里で文楽批評に邁進《まいしん》しはじめた。その法政三年生のときに古靱太夫に出会うのである。

ぼくはいつも若い連中に勧めるのだが、ともかくできるだけ早い時期に〝名人〟クラスの芸に出会っておくことである。そのために学校を休もうと、親との約束を反故《ほご》にしようと、恋人にふられようとかまわない。

ナマの名人芸は見逃してしまえば、それで終わりだ。名人の語りや姿には、必ずや他のものから伝わらない何かが発揮されている。それに出会いたい。ビデオではわからない。なんとしてでもその機会をもつべきだ。名人たちには生きたオーラがあるし、味がある。その一挙手一投足に接するだけで何かがちがう。「芸」の上に羽織っている芸の羽衣のようなものが、エンゼルヘアのように、浜松図のように必ず見えてくる。これがのちのちモノを言う。

若いうちはこのような機会にはなかなか出会えないかもしれない。それはそれで仕方がないが、そのばあいでも名人を身近にさがすことである。板前名人でも錦鯉《にしきごい》名人でも植木名人でもよい。名人はつねに名人なのだから、とくに芸人とはかぎらずに会っておくべきなのである。

それでもなおどうしても芸の名人と出会えないときは、そのときはアンツルこと安藤鶴夫を読むことだ。安藤鶴夫でなくて伊原青々園《せいせいえん》や戸板康二でも、芸人たちによる芸談でも、また最近なら渡辺保や桂米朝でもよいけれど、また茶の湯の名人のことなら熊倉功夫でもいいけれど、しかし昭和の後半の文楽ならやはりアンツルなのだ。いや、アンツルさんは落語にも俗曲にも詳しい。

本書は読むだけで汗びっしょりになる。選書に入っているからといって侮れない。ページ二段組で分量も多いのだが、言葉のいちいちが芸談だから一言も逃せない。気を許せない。

気を許せないというのは、ちょっとした観劇の感想だとタカをくくっていると、そこに近松の序破急の本質的な意図の解説や、最初に三人づかいを始めた吉田文三郎が《ひらかな盛衰記》や《蘆屋道満大内鑑《あしやどうまんおおうちかがみ》》でどのような演出をしたかがことこまかに語られたりして、どんな文楽の歴史書にも説明されていないことが、まるでついでのように文章の欄間に彫り込まれていたりすることがあるからで、ぼくが最初に道頓堀の竹本座と豊竹座のシーソーゲームを知ったのも、淡交社の『文楽』か、この本だったとおもう。文楽というのは変遷の歴史なのである。

いやいや、そんな歴史の縁起話は序の口のことで、汗びっしょりになるというのは、そこに太夫や人形づかいや三味線の吐く息吸う息が伝わってくるからで、たとえば古靭太夫はアンツルさんが初めて度肝を抜かれた太夫なのだけれど、その古靭太夫が《双《ふた》蝶々曲輪日記《ちょうちょうくるわにっき》》の引窓を演じると、与兵衛、母、お早、長五郎、平岡丹平、三原伝蔵をまさに一人で語り分けて、そこはいくら歌舞伎の名優が揃って舞台に立ったとしてもかなわない、格段にすごいといった感想を綴るときは、アンツルさんのペンをぶるぶるふるわせて古靭太夫の唸《うな》りが聞こえてくるようなのだ。

古靭太夫はのちに山城少掾となって、昭和文楽の至宝とさえ言われることになる。ぼくの父はそのころ若手の竹本一朝太夫を贔屓《ひいき》にしていろいろ面倒を見ていたが、その一朝太夫さんと噂をするのはたいていが山城少掾のことだった。

山城少掾の弟子に綱太夫がいて、アンツルさんは綱太夫のこんなエピソードを伝えていた。戦後になって、松竹と三和会がやっと合同して三越劇場に《忠臣蔵》が出たときである。山科の段に綱太夫が出て、初日の出来ばえも悪くなかった。ところが楽屋に戻った綱太夫はどうも機嫌が悪い。そのことをあとでいろいろ尋ねると、山科は座元が櫓《やぐら》下《した》（座頭のこと）のところへ何度も語ってほしいと頼んで、これを儀礼的に断って、また頼まれてやるほどの重みのある一段なのに、それがない。また、そのくらい大きいものなのに、師匠の山城少掾は七十余年の芸歴のなかでその山科を語らないで床を降りた。だから、まるで自分は何かの代役にすぎないという気分だったと、そう綱太夫が明かしたというのである。

綱太夫はそのようにアンツルさんに話して、あとはしばらく泣いていたという。こんな話が次から次へと出てくるので、読んでいるだけで汗びっしょりなのだ。

本書はアンツルさんの芸談を集めた。なかではやはり「古靭芸談」が古靭太夫になりきって聞き語りを〝私語り〟にしてみせたもので、圧巻である。

これを読めば、古靭太夫が少年のころに大阪に行き、南地の阪町にいた片岡我当（のちの十一代目仁左衛門）の口ききで、法善寺に住んでいた竹本津太夫のところへ稽古に通ったころの大阪ミナミの風情から、当時の道頓堀五座の盛況と変遷、船場《せんば》や道修町《どしようまち》の旦那衆たちの義太夫への肩の入れかた、淀屋橋の呉服屋の山中安次郎（この子息がぼくの父に文楽を案内したらしい）の大盤振舞いなど、そのころの上方文楽文化とでもいうものの真骨頂と、随所に語られる古靭太夫の文楽指南とで、もう読んでいてありがたいというか、勿体《もつたい》ないというか、そんな途方もない贅沢《ぜいたく》を味わえる。

大袈裟《おおげさ》にこういうことを言っているのではない。生き死にかけた師匠の舞台芸を、若い古靭太夫が床の三本蠟燭《ろうそく》の芯《しん》切りと白湯汲《きゅう》みのために床脇に控えながら、必死にその芸をおぼえようとしているさまが、どうしてもそのまま伝わってくるのである。有吉佐和子が『一の糸』を書きたくなった気持ちがよくわかる。こういう場面は芸の好きな者にはとうてい見逃せない。

蠟燭の芯を切るにも、太夫の呼吸や三味線の間拍子の隙間を縫う必要がある。これが若い者たちにはとんでもない修業だったようだが、それをしないと文楽の稽古にならないと古靭太夫はそこを静かに強調する。そういうことが一行ずつ吐息のように押し寄せてくる文章なのである。その古靭太夫、七人もいた子供をすべて病死で亡くしてしまった人でもあった。

その「古靭芸談」に対して「桐竹紋十郎」はアンツルの好み論になっている。これは、いったん嫌いになった芸人など、その後も絶対に好きになることはないという頑固なアンツルが、どういうわけか中村勘三郎（十七代）と桐竹紋十郎だけは、ものすごく嫌いで文句ばかりを言っていたにもかかわらず、あるとき急に好きになったという顚末《てんまつ》を背景にした話になっていて、読ませた。ぼくのアルベール・カミュなのである。ぼくも若いころのカミュ嫌いが、ある時期にひっくり返ったのだ。

そもそもアンツルは「都新聞」に文楽評判記を書いたのがきっかけで演劇批評を書くようになるのだが、一貫して文楽と寄席ばかりを贔屓にした。文楽と寄席。この選択こそがアンツルだった。いまは落語に詳しいのに文楽はからっきしという連中が多く、また歌舞伎・文楽は晴着でいそいそ見ているのにいっこうに落語がわからない御婦人が多いのもおかしいが、アンツルはそのあたりにも厳しかったのである。

第五一〇夜　二〇〇二年四月三日

参照千夜

二三一夜：戸板康二『あの人この人』　一一夜：渡辺保『黙阿弥の明治維新』　一六九三夜：桂米朝『一芸一談』　九七四夜：近松門左衛門『近松浄瑠璃集』　一〇四六夜：熊倉功夫『後水尾院』　三〇一夜：有吉佐和子『一の糸』　五〇九夜：アルベール・カミュ『異邦人』

一秒一ミリの仕草に
万感の色気をこめた人形遣い

吉田簑助

頭巾かぶって五十年

淡交社 一九九一

世界のあらゆる芸能芸術のなかで最も高度なのが文楽（人形浄瑠璃）である。世界中の芸術芸能などむろん見てはいないけれど、映像などの視覚情報を含めて、だいたいこんなものがあるという感じはわかる。それらにくらべて、文楽はダントツなのだ。

そう思ってからは、文楽にかかわる人たちが船底や床《ゆか》の神様のように見えてきた。それとともに、ずっと昔、黙って白黒テレビを見ていた父が「セイゴオ、ちょっとここに来て、坐って見てみい」と言って、吉田文五郎や桐竹紋十郎の遣い、豊竹山城少掾《やましろのしょうじょう》や竹本越路太夫の語りの場面を、半ば強制的に見させてくれた理由の奥にひそんでいた正体不明だった意味も、だんだん納得できるようになってきた。

もともと「語る音楽」あるいは「聞く文芸」としての義太夫は、なぜか高校時代から好きだった。あのフシやノリやウナリやオクリを聞いているだけで、とても気分がよくなっていた。レコードやテープも買いこんでなんとなく流していた。中江兆民の『一年有半』(博文館→岩波文庫)の影響もある。けれども人形遣いについては、それほど見えてはいなかった。それがしだいに釘付けになっていったのである。変なことだが、おそらくは土方巽の舞踏を見てから文楽の動きに関心をもつようになったのだ。

ふつう、文楽の観客は太夫のカタリやクドキや三味線の手を〝見る〟わけではない。ぼくは「語りもの」が好きだったので、最初のうちは舞台よりも床(盆)の声と三味線のほうをしょっちゅう気にしていたのだが、そのうちやはり人形の動きに惹《ひ》きつけられていった。そのほうが太夫の語りの細部が見える。

人形の動きに惹き付けられはじめると不思議なもので、かえって人形遣いの動きが次々に立ち上がってきて、いろいろのことが目にも如実になってくる。そうか、喜多川歌麿はこのように遊女の指のように筆を使ったのかというように、人形遣いの筆さばきともいうべき遣い方がまるで芸術の秘密を証《あか》すかのように伝わってくるのだ。ここからが、たまらない。

文楽ファンのだれでも最初はそうだったろうが、観客席にいて一番厄介なのは、主遣《おもづか》いや左遣《ひだりづか》いや黒衣《くろご》たちの動きが、人形のなりふりを邪魔しているように見えてしまうことである。ところが、ある時期をすぎると、人形だけがちゃんと見えてくる。すべては阿弥陀来迎《あみだらいごう》の眷属《けんぞく》や雲中供養菩薩のオーケストレーションの協奏のごとくに美しい。それでいて人形遣いの技もちゃんと見えてくる。

ぼく自身もあらためてふりかえってみると、さていったいその一線をまたいでいろいろの細部が見えてきた臨界値がどこにあったのか定かではないのだが、ある日突然に人形と人形遣いの両方がすべてくっきりと見えてきた。これは譬《たと》えようのない感動で、人形と人形遣いが微妙に連鎖していることが、近松なら近松のドラマトゥルギーの本質的な骨格とさえ思えてくるものなのだ。

それを見ているうちに、耳だけで聞く太夫の義太夫や太棹の三味線が、そのすべての動きの連動の中に渾然《こんぜん》と溶けてきて、ひとつは異様なほどに恍惚となっていくのだが、もうひとつには、これこそは身体芸術の最高の総合化なのではないか、ここまで芸術芸能を極めているものはないのではないかと確信するようになっていく。文楽とはそういうものなのだ。

吉田簑助に釘付けになったのは、最初からではなかった。最初はちょっとキザかな、愈々《いよいよ》の入《はい》り口が見えすぎるかなと感じていたのだが、いつごろだったか、《封印切《ふういんきり》》（冥途の飛脚）の梅川や《酒屋》（艶容女舞衣《はですがたおんなまいぎぬ》）のお園をつづけさまに見たころだったか、これはとんでもない人形遣いが出現しているんだという気になって、それからはこの才能にすっかり参っている。

　本書はその簑助が初めて語りおろした芸談で、さすがに簑助だと感服させる箇所が随所に出てくる。

　しがない人形遣いだったお父さんとの複雑な関係ものべられて、簑助が尋常ではない斯《し》界《かい》の実情と立場と家庭を背負いながら、子供時代から必死に芸を磨いてきたことも切々と伝わってきた。文楽の世界が戦後の日本社会のなかでも格別に苦労をした業界であったことは、有吉佐和子『一の糸』（新潮文庫）でも安藤鶴夫『文楽　芸と人』（朝日選書）の千夜千冊でも書いてみたが、そうした文楽界の複雑な事情についてもなんらの批判がましいことなど一言も挟むことなく、つねに真摯《しんし》な目で語っている。

　しかしなんといっても目が洗われたのは、簑助ならではの女方の拵《こしら》えや遣いっぷりを語っていくくだりだ。とくに人形の色気をどう出すか。これはまさに独壇場だった。

　人形遣いは人形の着付けは全部自分でやる。簑助が大事にしているのは、まずは襟足《えりあし》で、ここで色気の大半の源泉が決まるのだという。次に胸づくりにとりかかる。娘だからといって大きくはできない。お染や八重垣姫も控え気味につくり、そうすることでかえって羞《は》じらいの色気を出していく。しかし、もともと色気があるところをぐっと抑えるから色気も出るのであって、たとえば《宿屋》の朝顔はそこがむずかしい。

それでも衣裳やその柄が何かを象徴しているばあいはまだ楽である。それが継《つ》ぎ接《は》ぎの《沼津》のお米や縦縞の《引窓》のお早のような、零落した身の上の女方をやるときは、その奥にある色気を絞って出していくことになる。そうなると腰の落とし方ひとつ、髪に手をやる仕草ひとつが勝負になっていく。

遣い方の最大の要《かなめ》は、首《かしら》を差しこんだ肩板の操作ぐあいにあるようで、ここにすべてがあらわれてくる。荒い呼吸から息を呑《の》む動作まで、いわば生きものの微細な表現を演じる。胴串《どぐし》も小指や薬指をゆるめ、トンと当たられたら首を落とすほどにぐらぐらなのである。だからこそ、伏し目から決断の意志までが演じ分けられていく。

けれども、その繊細きわまりない動かし方は、一番弟子にさえ教えられないという。教えたくないのではなく、とうてい言葉などにはできないらしい。弟子は師匠の指のタコにすら注目して、これを心得ていくしかないものらしい。

こうして世界中に文楽の女方しか表現できないクドキの「うしろぶり」、片手遣いでときには立て膝入りの「ねじ」、《合邦》が有名だが、玉手御前が「身を尽くしたる心根を」で三人の遣いが呼吸をあわせて両袖を左に振ると同時の左足の「踏み込み」、膝をつくって腰を折り、袖から袂《たもと》を見下ろすという「姿見」、左遣いが活躍する「三つ指し」などなど、まあ、それはそれは溜息が出るほどの至芸の数々が、次々に生まれていったわけである。

簑助は《心中宵庚申《しんじゅうよいごうしん》》上田村の千代をやったとき、苦しみ抜いたうえに、ある開眼をしたという。「上田村」というのはクドキも大落としも当て節もなく、他の義太夫とはかなり違った場面になっている。

その変化に乏しい曲を竹本綱太夫が引き締めて語っていた。竹澤弥七の三味線も手らしい手がないにもかかわらず、驚くほどに細かく弾いている。そこへ「駕籠《かご》の戸明くれば、打萎《うちしお》れ、目元しぼよる縮緬《ちりめん》の」と入って、「涙の色に染めかへて、泣く泣く出づれば」で、千代は駕籠を出る。ところがここには節があるのやらないのやら、動作や思い入れのあらわしようがない。それでいて、客には不憫《ふびん》な女と思わせたい。簑助はこのとき「情」というものの端緒を忽然《こつぜん》と発見したのだという。動作でない動作が表現する「情」である。それがパッと体についた。

ついで段切で、父に「灰になっても帰ってくるな」と言われるところは、この段のなかでは芝居ができるところだが、さあ、そうなると、ここも余情《よせい》であらわすしかなくなってくる。「というより、そうしないと玉男兄さん（吉田玉男）の半兵衛に寄り添ってはいけませんでした。これが私のリアルの出発点でした」なのである。

このほか、ここに書くのがもったいないくらいの話がいっぱい並ぶ。本書を読んで、またまたぼくは簑助明神様々だった。

簑助は、文楽というもの、一ミリか二ミリで勝負が決まり、一秒か二秒で仕損じる世界なのだと断言する。きっとそうなのだろう。それは一行ずつ読むうちにひしひし伝わってくる。こちらもその一秒や二ミリを見る。ただひたすらに、その至芸を固唾《かたず》をのんで堪能《たんのう》する。けれどもこちらはその一秒や二ミリを見逃してもすむのだが、簑助はそれがぶっ通しなのだ。そのうち、日本にこういうものが伝承され、それを一ミリずつ一秒ずつ命を延ばそうとしている神々がいるという、そのことだけに大泣きしてしまうにちがいない――。

第八二六夜　二〇〇三年七月二九日

参照千夜

四〇五夜：中江兆民『一年有半・続一年有半』　九七六夜：土方巽『病める舞姫』　九七四夜：近松門左衛門『近松浄瑠璃集』　三〇一夜：有吉佐和子『一の糸』　五一〇夜：安藤鶴夫『文楽　芸と人』

つめ字・つめ息・つめ詞《ことば》
芸風の本来を問いつづけた稀代の演出家

武智鉄二

伝統演劇の発想

芳賀書店　一九六七

先代の井上八千代が《蘆刈《あしかり》》で手に持った蘆の作り物をサシで前のほうへふっと出したとき、その手がついにどこから出てきたのかわからなかったという。先代坂東三津五郎の話では、九代目団十郎の《勧進帳》の六法（六方）で、やはり団十郎の手がどこから出たかわからなかったことがあるという。武智鉄二は、なるほど名人には「不可知なるもの」が秘められているのかと唸《うな》った。

喜多六平太が大阪で《隅田川》を演じた。「武蔵の国と下総の」のところで、目付柱《めつけばしら》から正先《しょうさき》へとサシワケ・サシマワシをした所作を追ったとたん、武智の目の前に緑色に輝く原野が見えた。それはほんの一瞬のことで、すぐ消えた。

しばらくして、その《隅田川》を金春光太郎（八条）が東京で舞った。駆けつけた武智は例の「草茫々として」のくだり、作り物の墓に植えられた草叢《くさむら》をシテが撫《な》でた瞬間に草の緑は真っ黒に見え、ついで脇正面へ出て手を止めたとたんに、その草が緑に戻っていたのが見えた。

名人芸とはよく言うが、本当の名人は怖いものを秘めていて、そこには「不可知なるもの」が動く。

人形浄瑠璃の《忠臣講釈》に、矢間重太郎が主君の敵討ちに行くのに足手まといになる子供を刺し殺す場面がある。人形遣いの吉田栄三がそこにさしかかったとき、武智はあっと声を上げそうになったらしい。人形の頬に涙がきらりと光ったからである。人形が泣いたのだ。楽屋に栄三をたずねた武智に、「こんな役はほんまに涙を流しながら遣《つか》うのやないと遣えまへん」と栄三は笑うだけだったのだが、のちにそのときの舞台写真を見て、また武智は驚いた。栄三が本当に泣いている。そればかりか、人形の頬も光っていた。

宝生新《ほうしようあらた》はワキであるが、《西行桜》の「あたら桜の咎《とが》にぞありける」では、紫色の空気の中に薄紅色の桜を散らせて見せた。梅若万三郎の《葵の上》の六条御息所《みやすどころ》はいったいどこから出てきたのかとおもうばかりの「梓の出」を見せ、野口兼資《かねすけ》の《求塚《もとめづか》》の少女は炎に包まれた柱になった。

こういうことはおこるのである。しかし、そこを見逃さない者がいなければ、それはおこっていないということになる。

武智鉄二は松岡呉服店で着物を仕立てたことがあった。そのせいか父は武智をかなり贔屓にしていただけでなく、武智歌舞伎の大胆な実験性についてもひとかたならぬ関心を寄せ、「武智はんは勇敢な人やなあ」と言っていた。おかげでわが家は一家揃って武智演出のストリップを見に行ったほどだった。

しかし武智が型破りの前衛的な演劇や芸能にばかり挑戦していたというのは、誤りである。むしろ本来の「型」を追い求め、本物の名人によってしか芸術芸能の再生は不可能であることを訴えていた。そのために当時の松緑・幸四郎・勘三郎にそうとうにきつい文句をつけ、日本人の体にひそむ「芸」のしくみを探索するために、あえて伝統の根元に革新の翼をつけて、民主主義な観客の平和ボケと家元官僚主義に陥る伝統芸能社会の傲慢《ごうまん》を横殴りした。どこか魯山人《ろさんじん》に通じるものがあった。

それならさぞかし傍若無人だったとおもわれそうだが、ぼくが「遊」六号のために原稿を依頼するときに会ったかぎりでは、「沈んだ鬼」のような印象だった。鋭利な冷血を感じた。その鬼の奥にちろちろと「紅い鬼」がいた。そういう人物の印象はともかくとして、その仕事と発言を見るかぎりは、やはり武智鉄二は魯山人に匹敵する危険な魅力の持ち主だったような気がする。少なくとも青山二郎ではない。

武智は恐ろしいほど目が利いていたばかりでなく、自分で狂言を習い、義太夫のチョボに長《た》け、数々の演出を試みた。木下順二の口語の《瓜子姫とあまんじゃく》では野沢喜左衛門の三味線を付け、芥川龍之介の《きりしとほろ上人伝《しょうにんでん》》では、結城孫三郎の糸繰り一座のために浪花節の節を付けた。

また、ナンバや摺《す》り足や六法の起源を調べ、三味線のウキとサワリのきわどい関係に深入りし、ときにモドリは「悖《もと》り」であろうとか、ワルミ（悪み）は「割り身」、「オカシ」は「岡師」であろうというような、国語学者や芸能史家が首をかしげるような仮説にも敢然ととりくんでいた。

そんなふうにつねに大胆な視線を貫こうとした武智鉄二が、その後はどのように業界で評価されているのかは、ぼくは寡聞にして知らないのだが、おそらくはどのように〝歴史的〟に扱っていいか、まだお手上げなのではないか。当分のあいだは誰も正確な手がつけられないのではないかとおもう。けれども魯山人の評価だってずいぶん時間がかかったのである。

とくに晩年、《白日夢》や《黒い雪》などの裸の女が走り回ったり、痛めつけられる場面ばかりが話題になった映画を撮って、猥褻《わいせつ》罪で起訴されたりしたため、それまでは多少の武智ファンだった者ですら眉をしかめたはずだった。この眉がゆるむにはけっこうな時を要することだろう。

そんな毀誉褒貶《きよほうへん》の激しいその後の武智について、父だったらどう言うだろうかとおもうけれど、父は《黒い雪》が猥褻罪に問われ、いよいよ裁判というときに死んだ。そこになんとなく妙な符合を感じるのだが、本書はその裁判の無罪判決が出た日に校了した一冊である。

本書に書かれた内容の多くは、今日の伝統芸能にかかわる者たちが逃げないで向き合うべき問題を含んでいる。

武智は一貫して、歌舞伎を「傾《かぶ》き」という言葉の由来だけで説明するのはかなりむりがあって、むしろ佐渡のゴールドラッシュと名古屋山三《さんざ》という「かぶきもの」の登場によって説明すべきだと考えていた。阿国《おくに》についても出雲の巫女《みこ》と結びつけるより、石見《いわみ》のシルバーラッシュを背景に見た。

その歌舞伎が今日のようなかたちになったことについても、島原の乱のころの〝島原もの〟の流行や元禄の坂田藤十郎の和事《わごと》がいったん崩壊したことに注目をしている。演劇としてのリアリズムが芽生えなかったのも、幕府の統制によるリアリズムが歌舞伎のリアリズムを駆逐したからだというのである。

だから、ここからはぼくもそこそこ同じだが、竹本義太夫と近松門左衛門が何をしたかということなのだ。人形ぶりと義太夫節と三味線の節付けとは何だったのかということだ。それは「風《ふう》」とか「様《よう》」とは何かということで、文楽本行のタテコトバ（なかでも世話言葉）がどうして際立ったのかということになる。

武智は、セリフは話し言葉に近いとみなし、呼吸による間《ま》の細部にどんどん介入していった。いま、このような視点で「つめ字・つめ息・つめ詞」を、「間づめ・仮名づめ」を語れる者はほとんどいなくなった。だいたい人形浄瑠璃から歌舞伎を見る者が、いまはいない。「生み字運び」や「二字目おこし」がわかっていて、役者のセリフをちゃんと批評できる者など、最近はとんと聞いたことがない。

ただ武智はその勢いで、そのころの役者たちの大半をその鋭い歯牙《しが》でズタズタにしていった。先代幸四郎のセリフを水調子だと断罪し、松緑の体の動きにはコミがないとばっさり切った。九朗右衛門の梅王丸などは史上最低の梅王とさえ言われた。いまの吉右衛門には腰が浮いている、体の回転ができていないとさんざんな文句をつけた（その後の吉右衛門がそうした欠陥を克服したことはよく知られていよう）。

さあ、武智鉄二をどう扱えるのか。もし武智なんて無用の長物だというのなら、いったいいま誰が名人で、誰が鳥居立ちができていて、誰が西行の桜をはらはらと散らしていると言えるというのだろうか。

（追記）長らく武智鉄二をめぐる評伝も評論もなかった。それが松井今朝子『師父の遺言』（NHK出版）で、その全貌だけではなく、武智の芸能哲学の細部や指導力の一部始終が明らかになった。松井は『仲蔵狂乱』（講談社文庫）で話題になり、『吉原手引草』（幻冬舎文庫）で直木賞をとった作家だが、もとは祇園の料亭「川上」の娘で、松竹に入社して歌舞伎の企画制作にかかわったのち、武智鉄二に師事すると、武智を扶《たす》け、その死後も芝居の脚色や演出なども手がけた。武智を語るにはうってつけの人だった。

第七六一夜　二〇〇三年四月二四日

参照千夜

一三〇六夜：観世寿夫『世阿弥を読む』　四七夜：北大路魯山人『魯山人書論』　二六二夜：青山二郎『眼の哲学・利休伝ノート』　九七四夜：近松門左衛門『近松浄瑠璃集』　七五三夜：西行『山家集』

精神ではありません、「精」を踊るのです
そのために「練り」を重ねます

中村雀右衛門

女形無限

白水社　一九九八

ぼくの時代は、なんといっても六代目歌右衛門が稀代《きたい》の女形として君臨しつづけていた。子供のころでも歌右衛門を両親は見まくっていたが、正直いって子供にはちょっと気味悪く、舞台に時蔵が出てくるとホッとしたものだ。四代目中村時蔵である。昭和二八年に芝雀を襲名し、玉三郎より綺麗だったが、早逝した。

そのころ雀右衛門は大谷友右衛門といった。ある夜、南座から帰ってきた父が「友右衛門に花が出てきたわ」と言ったことをよく憶《おぼ》えている。途中から女形を継承したにしては、こんなにも早く「花」が見えてきたという意味だったろうか。

ぼくにとっては雀右衛門の女形は何かを考えさせてくれる女形である。何かを克服しつづけている女形なのだ。歌右衛門や玉三郎とはそこが一味ちがっている。それゆえオ能の変遷もよく見える。兵士から役者へ、役者から人間へ、男から女形へ。そういう雀右衛門が初の自伝を本にした。自伝とはいっても、つねづね感じていることを語ったものので、とくに衒《てら》った意図はない。けれども、何の気はなしに読んでいるうちに引きこまれた。まるで舞台の雀右衛門の芸を見ているような気分だった。

こんな調子である。適当に言葉を補っていろいろの語りをつなげてみた。

古典は型です。それゆえ女形もその型をなぞればいいもので、私もそのようなことをひたすら守ってきたのですが、やはりなぞりだけでは芸になりません。「これでいい」と思ってしまうからです。そこで「練り」というものが必要です。この「練り」をしつづけるということは、とても孤独な作業です。

女形は、若いころはついつい体当たりでやろうとするのですが、それでは「女」になってしまいます。女形は女の真似をするものではないのだから、これではいけません。では、女形はどんなふうに「練り」をつくるかというと、これは「こころ」と「いのち」を丹念に練っていくしかありません。たとえば月を指でさすという所作があるとすると、ただ指を女っぽく上にあげているだけでは段取りにすぎません。そこに「こころ」を入れる必要がある。でもそれでも足りません。ひょっとしたら、その月を示すことが「いのち」にかかわることかもしれないのです。そういう「練り」が要求されるのです。

けれども、女形は立役《たちやく》があっての女形なのですから、「こころ」や「いのち」が前に出てしまってはお芝居になりません。たとえば《鳴神》の雲絶間姫《くものたえまのひめ》の所作は、白鸚《はくおう》(先代幸四郎)のお兄さんが教えてくださったものでしたが、そのとき最初に素足でやってみろと言われました。鳴神上人と色事になるまでは足先を見せるなということです。そうなると裾《すそ》で隠すだけではなく、脚の動きも控えます。大変なことなのですが、それをまずやってから足袋《たび》をつけますと、ちょっと控えるという感覚が表現できるのです。

そんなふうなのですから、いくら女形をやってきてもこれまで一度として満足するなどということはないのです。

歌舞伎の女形には三姫というものがあります。《金閣寺》の雪姫、《本朝廿四孝》の八重垣姫、《鎌倉三代記》の時姫です。この三姫を演じ分けるのは至難のことで、私なんぞはいまだに入口にとどまっています。

時姫は潤いがあります。情けを演じなければなりません。兜《かぶと》の中からお香の匂いがするので見てみたら兜の緒が切れていて、そこでハッとするのですが、これが崩れると時姫のすべてが崩れます。雪姫は雀右衛門襲名の披露で寿海のおじさまと演《や》ったものですが、姫様でありながら人妻であることを、どう見せるか。とくに爪先鼠のくだりは表向きは色香が漂うところを、その奥に祖父伝来の何か稟としたものを見せなければなりません。

一番むずかしいのが八重垣姫で、気持ちの負担がたいへんに大きい役柄です。振りや柱巻きなどの派手なところをうまく見せたところで、八重垣姫その人になるということがむずかしいのです。これは浄瑠璃の世界そのものの姫なのです。浄瑠璃の「仁《にん》」が見えないとできません。ということは姫でありながらその奥には町娘がいなければならないという、そういうむずかしさなのでしょう。


女形の体というものは、けっして抽象的に成立したり確立したりしているものではありません。あくまで役柄とともにあります。

たとえば《助六》の揚巻《あげまき》は衣裳が四〇キロはあるもので、体力がないと務まらないのですが、逆に体力があるうちはなかなか揚巻にはなれません。それこそ体力が衰えるころ、どうにかやっと揚巻になれるというところです。

その揚巻になるということだって、揚幕《あげまく》から出て花道で止まるところで、揚巻かどうかが決まってしまいます。だんだんにその役に入っていくというような方法では揚巻にはならない。そのうえで逆七三での酔狂です。けれどもその前に揚巻に成り切ってなければなりません。これはこのお芝居を見る人が、男はみんな助六に、女の方はみんな揚巻になって見るというものだからです。女形もそれを知って揚巻になるものです。

こういう役は、《妹背山《いもせやま》》の定高、《伽羅先代萩《めいぼくせんだいはぎ》》の政岡にもあてはまります。それぞれいままで演じてはきましたが、まだ「肚《はら》」というものができません。私にとってはまさに手が出ないという大役です。

女形はまた踊りがとても大事です。《京鹿子娘道成寺《きょうがのこむすめどうじょうじ》》はほんとうに大曲で、幕を開けて閉めさせるということ、そのことがとても大変なんです。

そもそも《道成寺》は稽古のときに自分で踊っていては摑《つか》めません。私は藤間勘祖先生に型を習ったのですが、先生の踊るのを見て、花子になっていく訓練をする必要がありました。うっかり踊って真似てしまうと、それだけで逃げていくのです。まず見ていて体に染みていくまでが、最初の《道成寺》です。

道行《みちゆき》と乱拍子の踊り分けもとても大変で、道行は心底、女形になっていないと踊れませんが、乱拍子では女形になるだけでは舞えません。そこに能がかかってきます。これには女形になったうえで、いわば能を頂戴《ちょうだい》するという「こころ」が加わるのです。その乱拍子から赤の衣裳でいるところがまた難行で、「言わず語らず」のあと、引き抜いて「まり唄」になってしまうと踊りも砕けます。ですから、そのあいだが精神的に一番の緊張をつくらねばならないのです。

けれども《道成寺》の花子には、なんといっても発散というものがあります。それが

《鷺娘《さぎむすめ》》になりますと、華やかに見えてもすべてが内側に籠《こも》ります。白の衣裳のときはほとんど息をつめていますし、鷺足は足の下ろしかたがむずかしい。その瞬間だけで鷺にならないと、間が抜けてしまいます。

しかも、この役は鷺であって娘なのですから、その渾然《こんぜん》一体をどこかでみんな引き受けなければならないのです。それはいってみれば精神ではありません。《道成寺》は精神が必要ですが、《鷺娘》は精神ではないのです。「精」そのものとなって踊ることになるのです。私もそういう気持ちはもっているのですが、さて、いつもこんなことでよかったのかと、楽屋に戻って心痛めてばかりです。

第六一四夜　二〇〇二年九月六日

参照千夜

三二五夜：郡司正勝『おどりの美学』　九七六夜：土方巽『病める舞姫』　一〇九九夜：ニジンスキー『ニジンスキーの手記』　二三一夜：戸板康二『あの人この人』　九〇六夜：武原はん『武原はん一代』

役者と舞台の闇が
黒衣だからこそ見えてくる

千谷道雄

秀十郎夜話

文藝春秋新社　一九五八　／　冨山房百科文庫　一九九四

早稲田のころからいろいろ歌舞伎めく本を通過してきたが、これを読んだときの驚きは、その後にはあまりない。扱った歌舞伎世界が、当時はごく一部の関係者以外は多くの者が知らなかった「三階《さんがい》さん」の舞台裏なのである。「三階」は梨園《りえん》の隠語で大部屋のことをいう。そこは一種の禁断の園であり、影の王国である。本書はそこをほぼあますところなく白日のもとに曝《さら》した。

こんな芸談を誰かができるなどと思われていなかった。期待すらなかった。看板役者にいくら聞いたって、影の王国のことはわからない。松竹や劇場の連中に聞いてもムダである。たとえ知っていても語りはしない。このあとざっと紹介するけれど、本書を成立させた希有《けう》な事情の重なりだけが、このような「口伝」によるドキュメントを奇蹟的に用意できたのだ。

本書で裏話を話しつづけているのは、中村秀十郎という「黒衣《くろご》さん」である。この人が半端じゃない達人なのだ。

本名を鶴岡金太郎という秀十郎は、明治三十年に神田多町の「かね万」という蜜柑《みかん》問屋に生まれ、問屋没落後は十四歳のときに市川新十郎の門に入って市川新太郎の芸名をもらった。当然ながら端役もなく〝馬の足〟程度の役しかもらえなかったが、新太郎がついた師匠の新十郎が江戸気質の黒衣の名人だった。

新十郎は、もともとは名優九代目団十郎の脇役上手で、次代を担うべき六代目菊五郎や初代吉右衛門の「お師匠番」でもあった。本書で知ったのだが、実は〝馬の足〟もなかなかむずかしいものらしく、新十郎は穂積重遠《ほづみしげとお》の『歌舞伎思出話』(大河内書店)で「日本一の馬の足」ともよばれているから、そちらも名人だった。

また〝隈取《くまど》りの新十郎〟ともよばれていて、たいていの役者が新十郎に隈取りを頼んだ。だからホマチ(臨時収入)も多かった。この腕前がそのまま消えるのはもったいないというので、これはのちに太田雅光の絵と組んで『歌舞伎隈取』(一星社)という立派な全十二輯《しゅう》になっている。ぼくも見ている。つまり新十郎は歌舞伎の一部始終を裏で動かせたのである。

その新十郎に新太郎（のちの秀十郎）がついた。最初のうちは男衆（役者一人に雇われる立場）として、ついでは下廻《したまわ》りとして働いた。下廻りのことをいまはひっくるめて名題下《なだいした》というが、この下に上分《かみぶん》・相中《あいちゅう》・相中見習いといった下っ端が分かれていた。この上下の立場は厳密で、絶対に崩せない。新太郎はこの仕事を下から順に、見よう見まねで腕につけていく。そしてついに黒衣としての地位を得る。正式には「後見《こうけん》」という。

後見とか黒衣といっても、いろいろ立場がある。紗《しゃ》の前垂れがついた頭巾《ずきん》に黒の筒っぽ、手甲脚絆《てっこうきゃはん》をつけまわした例のお馴染《なじ》み黒ずくめの衣裳をつけるとはかぎらない。いわゆる黒衣は丸本物では、《一谷《いちのたに》》や《ひらがな盛衰記》のように水色を着付ける「波後《なみこう》見《けん》」と、《奥州安達原》や《本朝廿四孝《ほんちょうにじゅうしこう》》に見られる白の着付の「雪後見《ゆきこうけん》」とがあるし、黒紋付と着付袴姿で所作事だけを後見する「着付後見」もある。

ぼくも最初に気がついたときはなるほどとおもったが、歌舞伎十八番などでは立派な柿渋の裃《かみしも》衣裳で鬘《かつら》をつけている。これは「裃後見」なのである。

それでも、黒衣は基本的にはなんでもする。役者の準備のいっさいを担当して、芝居が始まれば板木を打ったり、法螺貝《ほらがい》を吹いたり、鴉《からす》の鳴き声もする。これも本書で知ったが、鴉の鳴き声ひとつも夕鴉・夜鴉・明鴉《あけがらす》の三通りを演じ分けなければならない。四段目（忠臣蔵）の城明け渡しのときの鴉は明鴉である。

ある日、新太郎が体をこわして四段目の鴉の声をできなくなった。そこで七助（松田米蔵）という者に代わりを頼んだのだが、七助は夜っぴいて練習をしてみても、どうも明鴉にならない。「どうしてもお前さんのやるような、あの陰にこもった震え声が出せねえ」という。この七助は《忠臣蔵》のもうひとつの明鴉、有名なお軽勘平の道行幕切れで鳴く明鴉を担当しているのに、由良之助の城明け渡しのときの寂しい鴉はできなかったのである。同じ明鴉でさえ、声がちがうのだ。

こうして新太郎は歌舞伎の裏表にしだいに習熟していくのだが、ところが師匠の新十郎が新太郎三二歳のときに亡くなった。新太郎は兄弟子の新右衛門とともに初代中村吉右衛門にひきとられ、ここで名を中村秀十郎とあらためた。以来、吉右衛門に付きっきりの黒衣さんとなった。だから何でも知っている。

秀十郎の話を引き出した千谷《ちや》道雄の腕もただものではなくて、文章も構成も実にうまい。感服した。本書が昭和三三年度の読売文学賞をとったというのも頷《うなず》ける。

著者の千谷は昭和二四年に吉右衛門劇団に入って、そこで秀十郎に出会う。恐るべき封建主義に徹する梨園《りえん》の一部始終がしだいに見えてきた。信じがたいほどの階級や差別も知る。しかし千谷はそれこそがいままさに失われていく伝統そのものであると見る。禁欲的に描写しているが、その伝統や因習をいとおしんでいるのがよくわかる。

余談だが、ごく最近の週刊誌ネタによれば、玉三郎の付き人が玉三郎の〃暴挙〃をあれこれ〃告発〃しようとしているらしい。が、これは付き人がおかしい。いったん男衆となれば、何がなんでも師匠は絶対である。それが歌舞伎のしきたりというもので、芝居道というものは、一歩そこに足を踏みこんだら抜け出せないのだ。早々に抜け出して勝手なことを言ってもらうために歌舞伎の社会はあるのではない。せめて二十年を越える必要がある。それで半人前、それから三十年を越えてやっと一人前である。そこから先に競争があり、創意工夫があって、名人とか達人が待っている。

　そういうことを著者は、まことに抑制の効いた筆法で、かつ詳細に書きあげた。序文に志賀直哉が書いているように、歌舞伎のいいところだけでなく、「闇」も惧《おそ》れずに描いた。相当の腕である。こんなに達者な書き手がその後はどうしているのかと案じていたのだが、どうも吉右衛門亡きあとは八世松本幸四郎とともに東宝に移り、そのあとは演劇制作者となったようだ。『吉右衛門の回想』（木耳社）、『幸四郎三国志』（文藝春秋）などの著書もある。

　ひとつ、べつな感想を書いておく。歌舞伎のことではない。近頃はこの手の本が妙に思い出されることが多くなってきたということだ。

　この手の本というのは、だいたい察しがつくことだとはおもうが、目立たないのに目立っている本に惹《ひ》かれるという意味だ。千夜千冊も書き継いできてそろそろ三〇〇冊が近くなってきた。ときおりどんな本を選んできたかということを手元の一覧表を見ながら左見《とみ》右見《こうみ》してみるのだが、あれもこれもとりあげたいと思いながらも、そこに何かが動いていることを感じる。が、その動いているものが何かははっきりわからない。そう、ぼくのこの千日修行にも秀十郎の黒衣のようなものが動いているらしいのだ。

第二八八夜　二〇〇一年五月九日

参照千夜

一二三六夜：志賀直哉『暗夜行路』　一一九三夜：杵屋佐之忠『黒御簾談義』　七一五夜：中野純『日本人の鳴き声』　八二六夜：吉田簑助『頭巾かぶって五十年』　三七一夜：海音寺潮五郎『日本の名匠』

男装で通した琵琶の名人
鶴田錦史の想像を絶する半生記

佐宮圭

さわり

小学館　二〇一一

武満徹が小林正樹監督から《切腹》の音楽を頼まれたとき、初めて琵琶《びわ》を使いたいと思った。そのときの武満は弱冠二九歳で、すでにたいへんな映画好きではあったが(四十代のときに「一年に三〇〇本は観てるよ」と言っていた)、それまでは「日本趣味」を嫌っていた。理由がある。生まれてまもなく満州・大連に移り、七年後に東京に戻ってからは十五歳で陸軍食糧基地に勤労動員された。そうしたべっとりしたナマ煮えの戦争記憶のようなものが若い日々の武満を日本嫌いにさせたようだ。

が、音楽家となってからだんだん変わった。あるとき文楽の公演で義太夫の太棹《ふとざお》三味線を聴き、また別の機会に筑前琵琶を聴いて、震えるような感動をおぼえた。西洋音楽にはない「ざわついたもの」が動いている。一の糸だけが微妙に棹に触れて、独特のノイズを共鳴させている。それを「さわり」ということも知った。いつかあの音を自分の音楽にとりこみたい。

そんなことがあって《切腹》の映画音楽では琵琶の「さわり」をいかした音楽を入れようとした。筑前琵琶の平田旭舟《きよくしゆう》を訪ね、古田耕水に演奏を頼んだが、いまひとつ満足できない。武満は何度かテープ録音したものを加工して、「さわり」に富む音を作ることにした。《切腹》はカンヌ国際映画祭で審査員特別賞を、毎日映画コンクールでは作品賞と音楽賞・美術賞・録音賞をとった。

しばらくすると小林は次作《怪談》の音楽も武満に頼んできた。一話ずつが異なるオムニバスになっている。耳無芳一の話はまさに平家琵琶の世界だ。中村嘉葎雄《かつお》が演ずるらしい。ただ平田旭舟が癌で急逝していた。困った武満が吉川英史《きつかわえいし》（後出）に相談すると、それなら鶴田錦史《つるたきんし》がいいかもしれない、薩摩琵琶の人だが、いま女流では一番うまい、実験的かもしれないと言った。

一九六四年の春、武満が亀戸の鶴田の家を訪れると、幸子《ゆきこ》という美しい女性が「先生はいまパチンコに行ってます」と言って、呼びにいってくれた。帰ってきた鶴田を見て驚いた。女流と聞いていたのにスーツ姿の恰幅《かつぷく》のいい男だった。オールバックの髪もポマードで塗りかためている（そのころの錦史は五二歳）。

話をしているうちにやっぱり女性だろうと思えてきたのだが、だとしたらなぜこんな男装をしているのか、わからない。さきほどの美しい幸子さんはお弟子さんのようだけれど、ひょっとするとレズビアンの相手なのだろうか。いろいろ疑問が去来したが、鶴田には人を圧する霊気のようなものがあって、とてもそんな会話はできない。武満は鶴田に主旨を打ち明けた。

話してみると、反応が深い。鶴田は「さわり」は一の糸がつくっているが、一の糸は開放弦であって指でも押さえない。ご要望の音を出すには琵琶を改造するしかない、駒(柱)をずらし、弦も思い切って太くしましょうと言う。武満はすぐに「これは運命的な出会いだ」と感じた。鶴田はさっそく《壇の浦》の作曲にとりくんだ。

琵琶は東アジアに共通する有弦楽器の系譜に入る。おそらくインドのヴィーナを原型とするのだろう。西洋楽器ならリュートに、西アジアならウードにあたる。四弦系と五弦系(インド由来)があったが、日本では五弦はしだいに廃れた。

五弦琵琶が復活したのは明治以降のことで、筑前琵琶の初代橘旭翁《たちばなきょくおう》とその子の橘旭宗、また鶴田錦史の師匠にあたる永田錦心の弟子の水藤錦穣《すいとうきんじょう》がそれを試みた。錦心や錦穣についてはあとで紹介する。

琵琶は共鳴胴に棹が付き、糸倉(ヘッド)をほぼ直角にうしろに曲げて、そこに四本ないし五本の弦を張る。演奏には弓は使わず、弦を撥《ばち》や指で弾《はじ》く。その撥も主に帽子（とがった角）だけを使う。この撥が変遷して安土桃山期に三味線の撥にもなった。

琵琶の撥は流派によって形も大きさも異なる。鶴田が使っていた薩摩琵琶の撥は、平家琵琶・楽琵琶・筑前琵琶にくらべると極端に大きい。初期に武士たちが好んだからだろう。二つの帽子のあいだを「裾《すそ》」というのだが、この裾も薩摩琵琶の撥は長い。

鶴田は一の糸に「裾」を押し付けたらどうかと思った。押し付けながら左右にすばやく動かしてみると、武満が望む風の吹くような音が出た。うまいぐあいに「さわり」も唸《うな》る。四の糸、五の糸もそうしてみると、細い弦にも唸りが出る。この奏法はのちに「擦り撥」と命名された。

さらに五弦すべてに撥を押し付けて擦りおろすと、エレキギターで多用されているピックスクラッチに似た音も出た。手の力を抜いて撥の角を弦の下のほうに落とすと、その振動でトレモロになった。左手で弦を押さえ、張力を加えたまま撥の頭《かしら》で叩くと、水《すい》琴窟《きんくつ》のような澄んだ音が出る。ピアニッシモには撥をもったまま親指の腹で弾く。歌い方も変えることにした。芳一を演ずるのはしゃがれ声の中村嘉葎雄だから、鶴田は自分の声の高さを半分まで下げ、三度フラットの低さにしてみた（映画を見た者はてっきり嘉葎雄が唄っていると思えた）。

こうした前代未聞の改革をひっさげて、武満に《壇の浦》を聴かせた。武満は絶句するほどに感動した。このとき、鶴田も生まれ変わったのである。

ぼくの現代音楽のナマ体験は一九六六年の「オーケストラル・スペース」に始まっている。武満徹と一柳慧が企画したもので、三日間にわたって日生劇場で催された。ペンデレツキやクセナキスを初めて知った。このとき武満の《エクリプス（蝕）》が初演された。琵琶と尺八の二重奏曲だった。琵琶が鶴田錦史で、尺八が横山勝也である。そうとうに新しい音楽の誕生だということがすぐにわかった。琵琶と尺八は従来の伝統楽器とはまったく異なるアクティビティを見せていた。

のちに杉浦康平さんに当時のことを聞いたのだが、《エクリプス》は五線譜以外に琵琶のための記号表示と尺八のためのグラフィックスコアが添えられていたらしい。その二年後、渋谷の桑沢デザイン研究所に近い酒房バランドールで、イラストレーターの小島武から「どう、こんなものがあるんだけど」と第二回「オーケストラル・スペース」のチケットを見せられた。むろんすぐ飛びついた。杉浦デザインの音響数理パターンがきらきらするチケットだった。

こんなことがあったので、その後、世界を瞠目《どうもく》させたニューヨークフィルによる武満さんの話題作《ノヴェンバー・ステップス》（一九六七）が、鶴田錦史の琵琶と横山の尺八をカデンツァに使って、小澤征爾やレナード・バーンスタインの心を揺さぶったと聞いたときは、そりゃあ当然だろう、アメリカは驚いただろうと思った。ぼくも東京文化会館での日本初演を聴いた（一九六八）。

ところが、そのときも、それまでも、ぼくは薄めのサングラスをかけて紋付き袴姿の鶴田錦史のことを「男」だと思っていたのだ。武満さんですら最初は訝《いぶか》ったのだから、そう感じるのは仕方がないだろう。なんなら諸君も、ユーチューブで流れている一九六七年の小澤征爾指揮のもの、一九八四年のＮＨＫ交響楽団による演奏会などを見ていただきたい。非売品ながら、小澤指揮の録音映像（カジマビジョン）もある。

本書『さわり』は、後半生を「男」としておくった鶴田錦史の日々を初めて赤裸々にしたノンフィクションである。音楽論ではない。人物評伝だ。時代背景は書きこんである。佐宮圭はこの本で、小学館ノンフィクション大賞の優秀賞をとった。謳《うた》い文句は「女として愛に破れ、子らを捨て、男として運命を組み伏せた天才琵琶師・鶴田錦史。その数奇な人生」というものだ。初めていろいろな事情がわかった。

佐宮圭は、こう書いた。「鶴田錦史は、前半生で三つの生き方を捨てた」というふうに。一つは「母」としての人生だ。二三歳で初めて産んだ女の子を、生まれて六十日もたたないとき、子供をほしがっていた弟子の夫婦にあげてしまった。二つめは「音楽家」としての人生だ。十二歳で早くも弟子をかかえる師匠となり、十代半ばで高収入を得なが

武満徹と差し向かいでリサイタルのための打ち合わせをする鶴田錦史
(「文藝春秋」1973年9月号の掲載写真　写真提供：文藝春秋)

武満作曲の《ノヴェンバー・ステップス》は、錦史ほどの琵琶奏者にして、肉体的にも苛酷な奏法を要求される難曲だったようだ。錦史が「あんた、自分で弾いてみなさい、こんなの弾けるか」と武満に怒鳴ったというエピソードが本書に紹介されている。

ら、二十代後半で天才琵琶師としての人生を捨てて、実業界に身を投じた。三つめは「女」としての人生だ。四十歳のとき〝彼女〟は男として生きる道を選んだ。〝妻〟もいた。武満さんが亀戸の自宅で出会った美しいお弟子さんとは、銀座の高級クラブから引き抜いた幸子だった。以来、一九九五年に亡くなるまで男装を通した。

その後、鶴田はこのうちの一つだけを取り戻した。四四歳のときに「音楽家」としてカムバックしたことだった。奏法も変え、男装にもなったが、それからはモービル音楽賞、勲四等瑞宝章、芸術選奨文部大臣賞、フランス芸術文化勲章コマンドールなどを次々に受賞した。

鶴田錦史の本名は菊枝という。北海道の屯田村に生まれた。可愛げのない仏頂面の女の子だったらしい。歳が離れた姉にフサノ、長兄に諌美《いさみ》がいた。父が五十歳前後で他界すると、一家は諌美が暮らす東京千住に越した。

諌美は十九歳になっていたが、永田錦心の《橋弁慶》を聴いてぞっこんになり、小峰元水に琵琶を習った。錦心は当時人気絶頂の美男美声の持ち主で、明治四一年に一水会を結成し、大正四年に「錦心流琵琶」を創始すると、大正天皇に琵琶を献奏するほどだった。諌美は七歳の菊枝にも琵琶をやらせることにした。

何度も書いてきたことだが、伝統的な日本音楽（邦楽）は「歌いもの」と「語りもの」

に分かれる。近世では「歌いもの」には長唄・端唄・歌沢・小唄と民謡などが、「語りもの」は中世の平曲・謡曲・説経節をへて近世の浄瑠璃・義太夫節・清元・常磐津から近代の浪曲などに及んだ。多くは三味線音楽である。

かつての琵琶法師の系譜をべつにすると、近代以降の琵琶音楽は歌と弾奏に分かれる。三味線のような弾き語りはない。歌うときは琵琶を弾かないし、撥で弦を鳴らしているときは歌わない。琵琶は「語りもの」なのである。

兄の諫美は錦心流の免状をもらい、その名も厳水となって厳水会を主宰できるようになった。菊枝もたちまち琵琶歌をおぼえていった。小学校の先生から「鶴田、一曲やってみろ」と言われると、アカペラで語ってみせた。

そのうち菊枝はそのころ女流の最高と言われた速見是水に歌を、その兄の速見岳童に琵琶演奏を習うようになった。すぐさま是水から「弟子にほしい」と言われるほどの腕前を示したのだが、千住に市電が通ることで自宅を立ち退きすることになり、一家は長野の上田に越した。菊枝は上田の女学校（旧制中学）に入った。

兄と妹の名声はすぐに広まった。ただし菊枝にはちょっと変わったところがあって、女学校には兄の袴を着け、太くて黒い鼻緒の桐《きり》の下駄《げた》を履いた。女ものの海老茶《えびちゃ》の袴など、大嫌いだったのだ。それでも菊枝の腕前はたいしたもので、十三歳でSPレコードに吹き込んだ。

昭和二年、スーパースターだった永田錦心が亡くなった。それとともに琵琶ブームが後退し、錦心流の人気も衰えてきた。二年後、一家は東京に戻ってきた。このとき十七歳だった菊枝は、同い歳の美少女「中村冨美《ふみ》」と引き合わされた。菊枝の数奇な運命が動き始めた。

冨美は生粋の江戸っ子で、父も兄の清一も芸事《げいごと》大好きである。冨美も八歳のころから常磐津・生け花・茶の湯を習い、翌年からは自宅で琵琶の手ほどきをうけた。そこへ噂を聞いた錦心流の水藤安平（芸名・水藤枝水）が冨美を養女にもらいたいと言ってきた。サンフランシスコ生まれで永田錦心の懐《ふところ》刀《がたな》と言われた男だった。

両親は冨美を養女にやることにした。枝水は徹底して稽古《けいこ》をつけるとともに、十四、五歳の冨美の褥《しとね》に入ってきた。冨美はそういうものかとあきらめていた。やがて枝水は冨美に水藤《すいとう》玉水、さらに水藤錦穣の名をつけ、斯界《しかい》の美少女スターとして売り出した。ところが永田錦心が亡くなったのである。錦穣を目立たせるチャンスだった。昭和四年、この枝水・錦穣の門下に諫美と菊枝の兄妹が入ることになった。菊枝は錦穣のお古を着て舞台に上がるようになった。枝水と錦穣は五弦の琵琶を復活させた。菊枝は自分の番が外されていくことを知る。

昭和八年、二二歳になった菊枝（芸名が櫻玉になっていた）は同じ歳の弟子と結婚し、翌年に子を産んだ。夫は浮気をしていた。菊枝はいっさいに失望する。母として、女として生きる気力を失った。ちょうど弟子の夫婦が子供をほしがっていた。菊枝は自分の子を二人に託して夫と別れるつもりだったのだが、あいにく二人目を身ごもっていた。それでも昭和十一年、新たに生まれた男の子の哲夫を夫に残すと、さっさと独り立ちすることにした。雪の東京には二・二六事件がおこっていた。時代が激変していた。

日本が戦争に向かっていくと、琵琶どころではなくなってきた。菊枝は「新興喫茶」を始め、懸命に働いた。どうやら水商売の腕はいいらしい。それでも長谷川時雨《しぐれ》に戦地慰問の「輝ク部隊」への参加を頼まれると、菊枝（櫻玉）はお国のために上海や漢口や南京に赴いた。

敗戦後、菊枝は別府で水商売の手を広げる。別府は一流ホテル一一軒、民間住宅三〇軒がGHQに接収されていた。流川通りの二丁目や三丁目、駅前通りの一部は「パンパン通り」と言われてポン引きと娼婦がひしめいていた。みんな片言のパングリッシュを喋《しゃべ》っていた。パンパン英語のことだ。菊枝は借家をダンスができるサロン「メリーゴーランド」に改装し、GI相手の水商売を始めた。ついで旅館と中華料理屋を開店させ、「メリーゴーランド」のほうはパチンコ屋に変身させた。

それだけではない。駅前一等地にキャバレーをオープンさせると、ユーカリ興業株式会社を設立した。会社設立から四ヵ月後に朝鮮戦争が勃発した。菊枝はユーカリの東京営業所を亀戸六丁目につくり、池上線蓮沼にはバーを開いた。すさまじい事業力である。別府には夫に残してきた息子の哲夫がやってきた。菊枝は中学生になった哲夫をあえて一人前として扱い、わが子のようには接しなかったようだ。それでも大分駅前にダンスホールを開店させたときは、哲夫にダンスを教えた。

昭和二七年、母の鶴田ヤヘノが七九歳で亡くなった。菊枝は拠点を東京に移し、亀戸五丁目にキャバレー「ユーカリ」をオープンさせた。大映の永田雅一《まさいち》社長たちが支援してくれた。続いて亀戸四丁目には喫茶店「芭蕉」を開き、菊枝はその二階に住んだ。哲夫も住みこんだ。けれども菊枝は次から次へと「女」の恋人をつくってばかりいた。トップクラスの美貌の女が好きだったようだ。美女狩りである。マチコ、ユリコ、マリコがお相手をした。四人目がユキコで、銀座のクラブから引き抜いた、例の「幸子さん」(加藤幸子)である。

このころの菊枝は事業家としては最大の腕をふるっている。昭和三四年に赤坂「ニューラテンクォーター」ができたとき、これからはナイトクラブだなと察知すると、「芭蕉」の周囲の土地を買い取り、喫茶店・レストラン・パブ・ナイトクラブを併設した一大センターをつくりあげた。ナイトクラブ「芭蕉」では毎晩一〇〇人が酔いしれた。

こうなってくると、琵琶の社会は菊枝こと鶴田櫻玉をほうっておけない。なにしろもともとの腕は天才的で、しかも〝金持ち〟だ。抜け目のない水藤枝水は錦穣と並べて売り出したくなった。

あれこれの経緯のうえ、昭和三十年（一九五五）四月、菊枝は「錦琵琶三〇周年記念大演奏会」で復活することになる。錦穣が《靫猿《うつぼざる》》《曲垣平九郎《まがきへいくろう》》を、櫻玉が《扇の的》を演じた。しかし、その姿は壮年男子の風姿になっていた。

昭和三三年、枝水は菊枝の名を櫻玉から「錦史《きんし》」に変えた。四六歳だ。ここに鶴田錦史が誕生した。お披露目は黒門会館でおこなわれ、記念撮影には錦史を囲んで、中沢錦翠、輝錦凌、山口速水、辻靖剛（薩摩琵琶正派）らが並び、前列左端には輝くばかりの美人が控えた。「幸子」だった。

こうして昭和三六年、池上作三（岸信介・佐藤栄作の伯父）の主宰による「名曲鑑賞会」が開かれ、錦史は当代のトップスターにのぼりつめた。筑前琵琶の名手の山崎旭萃はこのときの錦史の《敦盛《あつもり》》に驚嘆した。もう一人、武蔵野音大・東京芸大教授を歴任し、日本琵琶楽協会会長となる邦楽研究者の吉川英史も、錦史の琵琶と声に大いに注目した。

この吉川が、武満徹の《怪談》音楽の琵琶に鶴田錦史を起用することを薦め、それが《ノヴェンバー・ステップス》につながったのである。

昭和三八年（一九六三）の銀座ガスホールで芸術祭参加の琵琶演奏会「源氏物語」が催された。ぼくの父は聴きに行っていたようだ。そのときのことは斯界ではいまも語り草である。林心水の《桐壺》、松田静水の《幻》、飴谷六水の《葵の上》、水藤錦穣の《御法》とともに、いよいよ錦史が登場したのだが、その組み立ては《春の宴》というもので、クラリネット一、ヴァイオリン六、チェロ二、ファゴット一、ホルン一、ボンゴ一、ビブラフォン一、ハープ一、コーラス三、指揮者一という構成だ。いま、この演奏会の噂を拾ってみると、「名人の水墨画のようだった」「光源氏の優雅なうつろひに酔いしれた」「匂いたつような演奏だった」というような言葉が見えてくる。

これ以上、鶴田錦史の「謎」を紹介することもないだろう。平成四年四月十七日、八十歳の鶴田錦史は七三年におよんだ琵琶人生の集大成のように「鶴田錦史　琵琶の会」を国立劇場で開いた。堂々たる「男ぶり」だったという。それから三年後、この天下の男装名人は息を引き取った。

ところで、一九八六年だったと憶《おも》うが、ぼくは五反田のゆうぽうと簡易保険ホールでキース・ジャレットと共演した鶴田錦史の"Tokyo Music Joy"を聴きにいったことがある。キースはなんとリコーダーから始めた。そこへ鶴田の琵琶がプリペアド演奏のごとくかぶさり、やがて鶴田が「色は匂へど　散りぬるを」と低い声で唄い始めると、キースはピアノを現代音楽のように弾き始め、そこへ弦をこすった琵琶の音がまじっていった。とおもうまもなく、やがて撥《ばち》の一閃《いっせん》とともに、両者は一挙にクライマックスに達し、その後はキース独特のジャズピアノに移っていったのだった。

いろは歌は終盤にさしかかっていた。錦史はそのキースのジャズに一撥、一撥の破裂音を叩きつけていった。忘れられない演奏会だった。その後、ゆうぽうとホールにぼくが行くのは、シルヴィ・ギエムの公演のときだけだった。

第一五五一夜　二〇一四年七月二五日

参照千夜

一〇三三夜：武満徹『音、沈黙と測りあえるほどに』　四一夜：柘植元一・植村幸生編『アジア音楽史』
九八一夜：杉浦康平『かたち誕生』　一〇五一夜：長谷川時雨『近代美人伝』

オキ・クドキ・チラシ
動かんやうにして「ほど」を舞ふ

郡司正勝

おどりの美学

演劇出版社　一九五九

日本舞踊はわかりにくいのだろう。あれっていったいどこがいいんですか、とよく訊《き》かれる。いい踊りもあるが、くだらない踊りも多い。そんなことはあたりまえである。「日本舞踊そのものがわからない」「どこを見ていいか」「ルールがないんじゃないですか」と言う者もいる。こういう問いに答える気はない。サッカーってどういうものですか、交響曲ってどういうものですか、あれってどこがおもしろいんですかと尋ねる者に縷々《るる》説明したところでしょうがない。

もっとも、日本舞踊という名称はつまらない。坪内逍遥と福地桜痴が「ダンス」に当てた翻訳語で、もともとは「舞《まひ》」か「踊《をどり》」だった。舞楽、神楽、田楽、白拍子《しらびようし》、延年《えんねん》、曲《くせ》舞《まい》、幸若舞《こうわかまい》、能楽、盆踊り、阿波踊り、剣舞、上方舞《かみがたまい》、みんな舞踊なのである。なんとか工夫したほうがいい。これらに共通するのは中世ならば「狂ふ」ということ、体の動きでいえば「振り」ということなのである。

そういう日本舞踊は何度も見るしかないし、仮に興味が出てきたとしても、踊りのどこがおもしろいなんてことは、都合よく外には取り出せない。


井上佐多は「動かんやうにして舞ふ」（『京舞名匠佐多女芸談』）と言った。日本の踊りはまず動かないということから始まるのである。世阿弥はそこを「動十分心、動七分身」と言った。大きな前提に「動かない」という否定がある。そこからちょっとだけ「程《ほど》」というものが出る。

その「程」を少しずつ「構え」というものにする。構えは体に言い聞かせるもので、これはまだ踊りでも舞でもない。ある観念が体の各部に降りたことをいう。それが構えである。その構えがフリ（振り）を生む。そこから舞踊になっていく。

日本の舞踊は声をもたない。そこにも否定がある。声は別の者が出す。三味線をはじめとする音も別の者が用意する。だから踊り手はそういうものからもともと抉《えぐ》られていて、その抉られた負の存在が声や音を得て、動く存在になっていく芸なのである。

声も音も出さないが、たまに楽器をもつことはある。が、それを鳴らすということはしない。《道成寺》《浅妻舟》《羽衣》《鏡獅子》などでは羯鼓《かっこ》をもつし、《女太夫》では四《よ》つ竹《だけ》をもつが、鳴らさない。だから本物の音が鳴る楽器をもつ必要はない。たしか六代目菊五郎だったとおもうが、本物の楽器をもって出て、やっぱり張り子にしておけばよかったと言った。

もうひとつ決定的で、最も特徴的なのは、顔の表情もないということである。ここにも否定がある。消去がある。日本舞踊の踊り手がジプシーダンスやエアロビクスのようにこちらを向いてニヤリと笑えば、それでおじゃんである。面《おもて》もつけない。そこは能仕舞とちがっている。しかし能を受け継ぐことは多いので、面をつけないのにまるで面があるかのようになっている。だから素面《すめん》(直面《ひためん》)なのに、あまり目を使わない。日本舞踊は目で踊るのではなく、目が舞うのでもない。

このような日本舞踊を、いったいどんなふうに思想的に見ればいいかというと、ひとつには主観と客観を分けていないということだ。もうひとつは、すべての象徴性が比喩《ひゆ》そのもので、暗示的であるということだ。そして否定と消去が当初にうずくまる。

日本舞踊については、坪内逍遥や正宗白鳥までのころはともかく、戦後にこれはという本はない。解説書や入門書のたぐい、ときに舞踊史のようなものはあるにはあるが、これらはほとんど思想していない。あとはいくつもの芸談があるだけなのだ。その芸談もコツが語られているばかりではないから、仰山《ぎょうさん》を読む必要がある。

そこで郡司正勝さんが『おどりの美学』を書いた。唯一ではないかもしれないが、少なくともぼくには本書を超えるものにはほとんどお目にかかったことがない。郡司さんには名著『かぶきの美学』（演劇出版社）も晩年の傑作『童子考』（白水社）もあるが、あえて本書を選んだ理由がそこにある。ここには郡司さんの原点も見える。

郡司さんは舞踊の専門家ではなく、歌舞伎の専門家である。けれども、歌舞伎がわからなければ踊りがわからないということが大きく、踊りがわからなければ歌舞伎もわからない。その視線が本書においても生きている。

そもそも出雲の阿国のかぶき踊りが、歌舞伎の母体と日本舞踊の母体になっていた。その後、歌舞伎界では踊りのことを「所作《しょさ》事《ごと》」とか「景《けい》事」とか「振《ふり》事」とよんでいた。長唄ものを所作事といい、浄瑠璃ものを「段物」ということもあった。

その構成はおおむねオキ・クドキ・チラシでできている。もう少し詳しくは、「オキ（置）↓出（出端）↓道行↓クドキ↓カタリ↓総踊り↓チラシ」というふうになる。たとえば《関《せき》の扉《と》》はだいたいこの順で進むが、チラシのところが立ち廻りになる。こういう構成がどこか歌舞伎的なのだ。

しかし、舞踊は歌舞伎ではない。セリフもないし、謡《うたい》もない。第一、人間の対立がない。ごく柔らかな対比はあるが、けっして対立を見せない。そこは能とちがっている。

いつかそのことも考えてみたいと惟《おも》っているが、いまのところその理由はつきとめていない。おそらく享保のころに舞踊の自立が兆《きざ》すのであるが、このときに振袖などの衣裳と身体との独得の二重奏とでもいうべき関係が生じ、そのあたりから一人の踊り手の内面の表現に舞踊の意図が芽生えたのだろう。

着物のついでにいうが、日本舞踊のことは着物のことが見えなければ何もかもがわからない。たとえば、手を上げるという所作ひとつが着物と関係がある。着物で手をまっすぐ上に、しかも急に上げれば着物の袖《そで》から二の腕がニョッと出る。これはまずい。そこで袖や袂《たもと》に手を添え、手もゆっくりと曲げて「かざす」というふうになる。そういうことは着物の形状の発達との関連なのである。

着物の文様や図柄も踊っている。桜か紅葉か桔梗《ききよう》なのか、その着物がどんな意匠になっているかということが、踊りを変える。そういうこともある。言いかえれば、衣裳と意匠が肉体を殺したのだ。そういうことがおこってきたのが舞踊の歴史だった。

舞踊には振付《ふりつけ》というものがある。

元禄期の志賀山万作が振付師の元祖といわれるのだが、そのあと息子の初代中村伝次郎、二代伝次郎の中村舞扇、藤間流をおこした藤間勘兵衛、中村座の中村弥八、明和の西川扇蔵、市山七十郎などが、次々に日本舞踊の「型」をつくっていった。最近のぼくは梅津貴昶《うめづたかあき》の振付の舞台を見ることが多い。

何に振付をするのかといえば、体ではなく、曲に振付ける。これは宝暦のころの豊後《ぶんご》節《ぶし》から常磐津《ときわづ》や一中節、富本節や河東節《かとうぶし》が派生していったことと関係があって、その節回しと歌詞の特徴が振付になっていった。

その振付による「型」がフリを生む。こうしてカタとフリとが稽古の中心になるのだが、それですうっと踊れるわけではない。カタとフリがつくるのは「曲」の拍子と形の関係までのこと、その次にはというか、その中間にはというか、絶妙の「間《ま》」というものがあり、さきほどのべた「程」がある。

こうして「型」の稽古を積んだうえで、また「間」や「程」に戻って稽古する。ここが難儀なところで、仕舞の真行草《しんぎょうそう》もあり、いろいろ芸の品が出るわけなのである。「拍子はおぼへやすく、程はつもりがたし」というのは、そこである。とくにウツリ（移り）がむずかしい。「曲」から「曲」へ、「間」から「間」へと移っていく。地唄舞などでは、手がとまるとおもううちから足がうごいて、足がうごくうちに手が引いていく。その間がはずれず、しかも間にのらないという絶妙のウツリなのである。見ていて夢中に引きこまれる。

このことを、「一声の匂ひより、舞へ移るさかひにて妙力あるべし」などという。「さかひ」がはっきり見えるようでは舞も踊りもなく、しかしそこにはやはり「さかひ」が見えるのだ。すでに世阿弥が『花鏡』に言っていた。
まあ、ともかくはあれこれの踊りを見てみることだ。できれば何が否定され、消去され、何を「引き算」したかを見ることだ。ただし、条件がある。名人の踊りを最初から見ることだ。そのうえでまたあれこれを見る。そしてまた、名人芸を見ることだ。ジダンやロナウドや中田のいるサッカーを見ることと変わりない。

第三二五夜　二〇〇一年六月二九日

参照千夜

一一〇〇夜：安田武『型の日本文化』　一五二六夜：藤原成一『かさねの作法』　九〇六夜：武原はん『武原はん一代』　九七六夜：土方巽『病める舞姫』　九三八夜：吉井勇『吉井勇歌集』

大和屋・芸妓・なだ万・青山二郎
そして天下逸品の地唄舞へ

武原はん

武原はん一代

求龍堂　一九九六

大佛次郎《おさらぎじろう》が京北の浄照光寺の桜を連れ立って見に行ったときのことだ。浄照光寺の桜は知る人ぞ知る、京都の一番北で咲く見事な桜である。その日は、みんなが引き上げてもまだ一人花の下に佇《たたず》んでいる婦人がいた。

連れ立ちの亭主役である大佛が近づいてみると、武原はんがはらはらと涙を流している。「あんまりきれいなもので……」ときまりわるそうにして、さっとみんなのほうへ戻っていったという。大佛ははんが「なだ万」の別荘を借りて鎌倉雪ノ下に両親を住まわせたときのお向かいさんで、はんの挨拶《あいさつ》文などを何度も代筆していた。武原はんが一番大事にしていた後見人だった。

昭和五七年、はんは数えの八十歳。国立劇場で長唄の《傘寿》を西川鯉三郎の振付で初演した。鯉三郎の振付はその前の浄瑠璃舞踊《雪の角田川《すみだがわ》》に次いだ。《傘寿》の丸髷《まるまげ》に黒紋付の舞は、典雅といったらこれほどの典雅はなかった。芯《しん》がしゃんとしている典雅。ぼうっと見ていた。そのあとに景色が変わって絶品《雪》を舞ったとき、ぼくはこの浄照光寺の桜の涙の話を思い出していた。桜と涙と地唄舞の雪……。

のちに句集のなかで知ったのだが、はん自身に「雪を舞ふ傘にかくるるとき涙」という句があった。花と雪と涙は日本舞踊では同じものなのだ。

毎年、五月になると国立劇場で「武原はん舞の会」が開かれたものである。二番か三番だけ地唄舞を披露するのを全員が固唾《かたず》をのんで見守るという催しで、かれこれ四十回も続いた。初期は春秋二回のときもあったが、晩年は年に一度の舞台だ。会場では、しばしば武満徹・勝新太郎・藤村志保・芝木好子・閑崎《かんざき》ひで女・大岡信《まこと》・高橋睦郎・堤清二・多田美波に会った。

舞台が国立劇場になる前のホールはいろいろで、日生劇場でも舞っていた。昭和四一年のことだったが、ぼくは父と日生劇場の舞台を見た。これが初めて武原はんを見たときだ。「武原はん一代おさらいの会」と銘打たれていた。ぼくが行ったのは調べてみると一日目だったようで、清元《山姥》のあと、《巴《ともえ》》を松本幸四郎（先代）と踊り、荻江節《おぎえぶし》の《深川八景》で粋にしめくくった。いまおもえば溜息《ためいき》が出るほどの舞台で、地方《じかた》が荻江露友・芳村伊十郎・都一中・富山清琴・清元延寿太夫・藤舎呂船と、たいへんな声と手と呼吸が揃っていた。

いま、武原はんの地唄舞はビデオでも見られる。たとえば米寿のときにNHKが『舞ひとすじ』全六巻を制作した。そういうビデオでもそこそこ堪能できるけれど、溜息が出るのはやはり実際の舞台を見ていないと、おこらない。こういう体験をできずに日本に育った諸君には申し訳ないが、武原はんは生きた舞台が奇蹟《きせき》なのである。

この本が出版されたとき、武原はんは九三歳だった。この年齢を聞いて時代がピンとくる必要はないけれど、生まれたのは日露戦争の前である。はんは徳島の花街の裏のブリキ職人の家に育った。

けれども、時代がわかったからといって、武原はんの一代記がおおざっぱに目に浮かぶ人はいまやそんなにはいないだろう。ぼくはそのへんの事情を父の言葉で扶《たす》けられてきた。父はクロニクルな話になると、それは花柳章太郎さんが明治座で初めて鶴八鶴次郎をやらはったころやな、そやそや、あのとき市川寿海さんが瀬戸内海に飛びこまはったんや、あれは三浦布美子が最初に三越名人会に出たときやったなというぐあいに、時代を芸能の出来事で語ることが多かった。

その手の話にときどき武原はんが出てきた。あれははんさんが「はん弥」の名前で新橋の芸者をしてたときやったな、ヘップバーンの《ローマの休日》見たあとに、みんなで赤坂の「はん居」（赤坂新町に武原はんが出した料亭）に行ったんや、その夜はヒラリーがエベレストのてっぺんまで行ったいうて、えらい大騒ぎやったといったふうに。

はんの生まれは徳島で、十一歳のときに両親と大阪に引っ越した。大正三年である。それだけならなんでもないが、すぐに宗右衛門町の大和屋の芸妓学校に通わされた。そのころの大和屋や富田屋は大きかった。二十歳までの芸妓がそれぞれざっと三〇人ほどいて、修業中の女の子なら四〇人、五〇人がいた。稽古場には三味線が何十挺《ちょう》もずらりとかけてあったという。

大和屋は芸妓学校もやっていて、生徒が五、六人ごとにお稽古をしていた。はんは長唄を安田フサに、清元を清元梅之助に、舞を山村千代に習った。山村千代はそのころは大和屋のご隠居さんの立場にあった。いまはなくなってしまった大阪ミナミの名物「蘆辺踊り」の雪洞《ぼんぼり》が宗右衛門町や戎橋《えびすばし》に華やぎを灯《とも》していたころのことである。

それでどうなったかというと、十四歳で芸者はんになり、二十歳で大和屋から離れた。商家のぼんぼんに夢中になって自前の芸者になろうとしたからだ。それが関東大震災の年で、大杉栄が虐殺され、朔太郎が『青猫』を問うた。

昭和五年の二七歳のときに、はんは東京の大地主の次男の後添えとして嫁入りした。

前年にニューヨークの株が大暴落して、世界恐慌が始まった年、日本はここから軍靴の音が大きくなっていって、翌年にはたちまち満州事変に突入する。そういうときにはんは東京で嫁になった。この大地主の次男というのが青山二郎である。

時代は柳宗悦の民芸への関心が高まってきたころだ。結婚したばかりのはんは青山の広い交友たちに囲まれ、小林秀雄、永井龍男、中原中也、宇野千代らとの談笑が賑《にぎ》やかになる。が、それは一刻一刻が美の真剣勝負のようなものでもあった。なにしろ青山二郎たちが相手なのである。これがどういう意味かは白洲正子の『いまなぜ青山二郎なのか』(新潮文庫)に詳しい。

ともかくも青山との出会いがなかったら、はんは武原はんにはならなかった。また、青山との「生活の日々」を結局は拒否したことが武原はんをつくった。たった四年で離婚してしまったのだ。べつだん喧嘩《けんか》して別れたのではない。みんながはんを応援してのことだ。

三一歳でふたたび独り身になると、一方で写経を始め、一方で「なだ万」の女将《おかみ》の妹分として働き、一方で踊りに打ちこみ、一方で俳句を始めた。写経は高野山の柴田全乗の指導、俳句は高浜虚子に師事した。俳号は「はん女」。

けれども、独り身でなにもかもに挑もうというのはさすがにむずかしい。時代も風雲急を告げていた。はんは「はん弥」を名のって新橋芸者となった。けれども片手間なんぞで芸者はできないとみて、かえって気合を入れた。そこがこの人の真骨頂だった。新橋芸者四十人を牽《ひ》きつれて御嶽山《おんたけさん》に登り、滝行をやってのけている。芸者一行の先頭に立って、高らかに「六根清浄《ろつこんしようじよう》」を唱えつづけたのは、はんさんである。

それが日独伊三国同盟を結んだ昭和十五年、紀元二六〇〇年の年で、日本が翌年にはアメリカに先制攻撃を仕掛けようとしていたことを知ってみれば、覚悟が知れる。学習院の大学学長だった安倍能成《よししげ》がその凜《りん》とした覚悟に舌を巻いたという話がのこっている。そういうはんだから、座敷では平気に飲み尽くしては、座が盛り上がるなら阿波踊りを一時間以上も踊ってみせた。これにはさすがの吉井勇がシャッポを脱いだ。

日本は負けた。東京は焼けた。昭和二一年、はんは木挽町《こびきちよう》に再建された「なだ万」を引き受けて女将《おかみ》となり、両親を徳島から呼ぶと築地会館の四階で糊口《ここう》をしのぐ。

弟子をとったらという勧めでそういうこともするのだが、あまりに稽古が厳しすぎて弟子が近寄れない。大和屋のころのオッショサン（お師匠さん）はえらかったと、そこは自分で謙虚に回顧している。このとき（昭和二五年）に三越名人会で舞った地唄舞《雪》がすでに評判になっていた。はんの《雪》はまさしく「もののあはれ」だった。浄照光寺の桜なのだ。

俳句の師匠である高浜虚子と談笑する武原はん
（1956年撮影　写真提供：文藝春秋）

はんは、虚子が主宰する芸者たちの俳句結社「二百二十会合」に入り、作句にも本腰を入れ始めた。初入選句は「小鼓の血にそまり行く寒稽古」。句会や吟行などで「不成績であったときはひそかに涙を拭いていた」と虚子が明かしている。

やがて両親を鎌倉の「なだ万」別荘に移し、そこで昵懇《じっこん》となった大佛次郎を頼り、両親があいついで亡くなると、ついに第一回のリサイタルに向かっていく。これがその後もずっと続いた「武原はん舞の会」のスタートである。

昭和二七年師走《しわす》に新橋演舞場で開かれたもので、鯉三郎、藤間勘十郎、尾上菊之丞がお祝いに踊って、はんは大和楽《師宣《もろのぶ》》と長唄《巴》を舞った。扇を横山大観と小林古径が描いた。文部省芸術祭奨励賞を受けた。それが四九歳のときで、美空ひばりが「リンゴ追分」を唄い、白井義男がダド・マリノを殴打して日本人が初めてボクシング世界チャンピオンになった年になる。

ここから先、はんさんが亡くなるまでのことは省略する。本書巻末の詳しい年表を見られるとよい。モノクロだが写真も多い。まさに地唄舞一筋であるけれど、生涯、写経や俳句や御嶽山参りはやめなかった。俳句は決して上手なものというわけではないけれど、その五七五の言葉の舞台に素面ですっと立つというような素直な風情を詠んでいる。「行く年の扇ひとつをたよりとも」。

地唄舞について一言、書いておく。最初に言っておかなくてはならないのは、武原はんの地唄舞は独自のものだったということだ。

そもそもの地唄舞は上方舞《かみがたまい》のことをいう。徳川後期に屏風《びょうぶ》を立てた座敷で着流しのまま踊っていた素踊りが流行し、伴奏に地唄をつかったので地唄舞（地歌舞）とも言うようになった。おそらくは御殿舞、能仕舞、人形浄瑠璃、歌舞伎の素踊りなどが習合して座敷芸になったのだと思う。だから上方の山村流、楳茂都《うめもと》流、京舞の井上流、吉村流の四流が源流なのである。

それぞれ文化年間の山村友五郎、天保の楳茂都扇性《せんしょう》、幕末の井上サト、京都の御所に出仕していた狂言師の御殿舞を明治初期にまとめた吉村ふじが、流祖にあたる。京舞の四世井上八千代、吉村流の四世吉村雄輝（ピーターの父君）が人間国宝になった。ほかに、篠塚流、小川流、神崎流、古澤流、扇崎流などがある。

地唄（地歌）は上方や西日本に育《はぐ》まれた三味線の「歌いもの」である。最初は江戸の当道座に生まれたのだったが、こちらは長唄に吸収され、それに対して「地」（地元＝上方）の唄だというので地唄（地歌）と言われるようになり、中棹の地歌三味線も登場した。大坂の峰崎勾当《こうとう》の「手事《てごと》もの」の《雪》や《残月》や《黒髪》、尾張の藤尾勾当の「謡いもの」の《屋島》《虫の音》、半太夫節をとりこんだ《紙治《かみじ》》《橋づくし》、やや滑稽味《こっけいみ》のある「作《さく》もの」の《たにし》《狸》などの名曲が次々につくられた。

地唄舞は屏風を立てて、燭台《しょくだい》を灯し、舞扇一本をもって舞う。ときに傘や手拭《てぬぐ》いなども所作とする。おおむね抑制が効いていて派手な動きをしないぶん、ふいに静寂《しじま》を破ってあらわれる「艶《えん》」に心が奪われる。そういう気にさせられる。

外に見せる踊りというより、内をあらわす舞なのだ。上方舞の向きがここにある。そこをさらに徹したのが武原はんだった。たいへんゆっくりと舞う。着物も工夫した。《雪》で真っ白な着物に白地絹貼りの傘にしたのは、武原はんの趣向だった。めざし、究めたのは「美」であるとともに、「品」だったろうと思う。

第九〇六夜　二〇〇三年十二月九日

参照千夜

四五八夜：大佛次郎『冬の紳士』　一〇三三夜：武満徹『音、沈黙と測りあえるほどに』　三四四夜：高橋睦郎『読みなおし日本文学史』　八〇四夜：辻井喬（堤清二）『伝統の創造力』　七三六夜：大杉栄『大杉栄自叙伝』　六六五夜：萩原朔太郎『青猫』　二六二夜：青山二郎『眼の哲学・利休伝ノート』　八九三夜：白洲正子『かくれ里』　四二七夜：柳宗悦『民藝四十年』　九九二夜：小林秀雄『本居宣長』　三五一夜：中原中也『山羊の歌』　六六夜：宇野千代『生きて行く私』　一五九七夜：高浜虚子『虚子五句集』　九三八夜：吉井勇『吉井勇歌集』　一四七〇夜：近藤啓太郎『大観伝』　一六九三夜：桂米朝『一芸一談』

こぼすな、ホラを吹くな、世辞を言うな、
反り返るな、馬鹿丁寧になるな、敬語を忘れるな

徳川夢声

話術

白揚社　一九四九・一九九六・二〇〇三／新潮文庫　二〇一八

ちょっと意外だった。「千夜千冊」五〇〇冊記念に講演とも書籍談話ともつかないトーク・パフォーマンスを、今年（二〇〇二）三月に銀座ソニービルのホールで御披露した。舞台に書棚と机と椅子をおいて、「千夜千冊」から選んだ三十冊ほどのぼくの文章をパソコン出力しながら適宜選びつつ、それをネタに勝手な話をするというものだったのだが、終わってのパーティで山口昌男・高橋睦郎・坂田明・浅葉克己さんらとともに〝お言葉〟を頂戴した井上ひさしさんが、「縦横無尽な松岡さんの話を聞いていると徳川夢声の再来を感じた」と言われたのである。

これは意外だった。ぼくはあんなに含蓄のある喋り方はできないし、飄々《ひょうひょう》ともしていない。それからあんなふうに「間」をもってニヤッと笑えないし、相手を誘うように一

拍ずらしてギョロリと睨《にら》めもしない。そんな話術はない。いつか井上さんに、あれは激励だったのか皮肉なのか、それとも何かぼくが気がつかない共通項があるのか、その真意を確かめなければいけないと思っている（追記→そう思っているうちに亡くなった）。ひとつだけ思い当たることがないわけではないのだが、そのことについては、遠慮がちにのちに少しふれることにする。

徳川夢声は四五歳以降のラジオ「宮本武蔵」で一世を風靡《ふうび》してからの夢声と、その前とはどうも違っている。その前といっても、それがまたいくつかの時期に分かれるが、最初の無声映画の活弁《かつべん》（活動弁士）をしていたころの赤坂葵館や新宿武蔵野館時代の夢声、昭和八年に古川緑波《ろっぱ》・大辻司郎らと浅草常盤座に「笑の王国」をつくり、その五年後には岸田國士《くにお》・杉村春子と文学座結成に乗り出したころの夢声、映画俳優としての夢声などがいた。

残念ながらこのあたりの夢声はぼくにとっては伝聞や伝説でしかなくて、夢声ならぬ有声が聞けないいまとなってはどうにも憶測のしようがない。夢声の活弁は当時流行だった美文調ではなくて、リアルで淡々としたニュースタイルなものだったというのだが、そのあたりの見当がつかない。どこかにレコードでも残っているのかもしれないが、寡聞にして知らない。なんとなく想像できることは、若き日の夢声はかなり斬新でラディカルな方法意識の持ち主だったろうということだ。ともかく新しいことばかりに着手していた。

そのようにラディカルで斬新な夢声が、ナヤマシ会やムラオ劇などに熱中しているうちにトーキーの出現とともに活弁の座を失い、代わってラジオを舞台に昭和十四年から吉川英治の『宮本武蔵』を読み始めて、その独特の口調と「間」によって天下一品の話芸と絶賛され、自身、変化していったのである。

とくに、戦後のラジオ「話の泉」「西遊記」やテレビ「こんにゃく問答」「私だけが知っている」で知られるような夢声は、つまりはぼくが知っている夢声は、まさに〝話の翁〟のような風情をもった洒脱と滑稽と含蓄に至っていた。しかし失礼ながら、その大半はよくいえば翁《おきな》語り、ぶっちゃけていえばオジン語りなのである。少なくとも青少年時代のぼくには、そのように聞こえていた。

ただし、ラジオでは夢声の真骨頂はまだ半分も伝わっていないということが、その後になってやっとわかってきた。

とりわけその真骨頂がいかんなく発揮されているのは「週刊朝日」に四〇〇回にわたって連載された『問答有用』（朝日文庫・ちくま文庫）である。最近、その『問答有用』の一部が斎藤慎爾さんによって三冊の『徳川夢声の世界』（深夜叢書社）として再構成されていたのでざっと読んでみたのだが、ともかくどんな文豪ともどんな芸人ともどんな学者とも、まことに自在に話し回している。

ラディカルというわけではないけれど、なんというのか、たえず対等であり、たいてい敬意が尽くされ、つねにユーモアと遊びを忘れていない。たしかにこんなふうにどんな相手とも同じような調子で話せる御仁《ごじん》はそうそういない。

その内容はいつも臨機応変で、話題が滞《とどこお》るということがない。川口松太郎は「その教養の広さと深さはべらぼうである」と書いていたが、それをひけらかすということもない。どんな話題もまるで偶発のごとく繰り出すのだ。あたかも道端で知り合いに出会って、そのまま床几《しょうぎ》に腰掛けてメーテルリンクから進化宇宙論に、サバの味噌煮からマッカーサーの政策におよぶという具合なのである。

しかも一つの話題を五分と続けない。めったに掘り下げない。それなら適当にあしらっているのかというと、そうではなく、短い言葉にしてちょんちょんと突っ込む。そうでないばあいはうまく相手にそれを言わせ、さっと引く。つまり相手のよさを巧みに引き出して、それが出たところでさっさと話題を次に振っていく。これはぼくが知らない達人だと思った。たとえば、以下の調子。

久保田万太郎と俳句について話している。万太郎が松岡洋右《ようすけ》はひどいが、大野伴睦《ばんぼく》は政治家にしてはいい句をつくると言う。夢声は野田大塊の句は綿入れのようだからいいと言う。

　万太郎が、このあいだ名人会で長唄の松永和風（四代か）の《越後獅子》を聞いたら淡々と唄っていたが、あれは横町の隠居めいてよくない。俳句もそのへんが見えないとよくならないと言うと、そういえば博多のお秀さんの《博多節》は絶品で、こういうものかと思って感心していたら、この前、京都で松本さた（四代井上八千代か）の踊りを見て、自分のしていることが恥ずかしくなった。こういう淡々はいいと切り返す。

　志賀直哉とは最初は窓の外から見えた犬の話、次に部屋にかかっている高田博厚から貰《もら》ったというルオーの《月夜の教会》の話。ルオーは買わずに貰うにかぎるなんてことを言い合っている。それからすぐに宮田重雄が古九谷《こくたに》に驚いたという話になって、「そういえば吉川英治がその前で思わず座りなおしましたな」という話から、そうそう、里見弴《とん》の『十年』に倪雲林《げいうんりん》が出てくるが、あの倪雲林の見方はねえという話になっていく。元《げん》の水墨山水画家の倪瓚《げいさん》のことである。高田博厚の彫刻から倪雲林の水墨山水まで、この守備範囲の広さは尋常じゃない。

　江戸川乱歩とは、おばあさんの乳を吸ったかどうかという話になる。おばあさんの乳を吸うからいじめられるんだよ、劣等感とおばあさんはつながっているねえという話になる。そしてさらに「で、同性愛はどうだったの？」と夢声がさらっと聞く。乱歩も「性欲以前だよ」と恬淡《ていたん》と答え、乱歩が照れて「文献的には研究しているよ、実行はあまりしないがね」と言うと、すかさず「あんまりしないってのは、多少はするということ?」と突っ込んで、二人で笑っている。こういうたぐいの対話のなかで、男色派の乱歩にこういう突っ込みをした人物は誰一人としていないのではあるまいか。

これはたしかに徳川夢声を根本的に見直さなければならないという気がしてくる。しかし、こうしたものを読んでも、ぼくとの共通性などとてもありそうではない。

そこで本書を読んだ。『話術』である。豊富な例がいろいろ繰り出されているのは、予想通りだが、案外に本格的な話術論が披露されていて、へえ、そうかと思った。たとえば座談と会談と業談を分けなさい。演説と説教と演芸を分けなさいというところから始まる。

経験をいかした「座談十五戒」もちゃんとまとめてある。①一人で喋るな、②黙り石となるな、③反り返るな、④馬鹿丁寧になるな、⑤世辞を言うな、⑥毒舌になるな、⑦こぼすな、⑧自慢するな、⑨法螺《ほら》を吹くな、⑩酢豆腐になるな、⑪賛成だけするな、⑫反対だけするな、⑬軽薄才子になるな、⑭愛想を欠かすな、⑮敬語を忘れるな、というものだ。

自戒すべきことがずらりあがっている。酢豆腐というのは、五分もそのことについて話せないことなら知ったかぶりをするなという意味だ。敬語を忘れず賛成もするが反対もするというところがいい。このほか、「話はそもそも人格である」ということ、いや「人格は話がつくっていくものだ」ということ、声の質を決めること、空間を測って話しなさいということ、いろいろ書いてある。

いずれも達人ならではの達意だが、最も感銘をうけたのは「日本語をたいせつにするために話すのだ」というところで、とくに話によって日本語をつくっていく、整備していく、いいものをふやしていくことを強調していることだった。ここが（ここだけが）ひょっとするとぼくと共通しているのかなと感じた点なのである。

いま、徳川夢声を思い出せる者がめっきり少なくなった。少なくとも昭和文化史のなかで注目が払われているとは言いがたい。昭和三十年に菊池寛賞をもらい、四十年に明治村の村長になったけれど、四十歳以下の日本人で夢声を知っている人すら少なくなっているだろう。話芸だから、よほどでないと文化史としても研究しにくい。

しかし、やはり夢声はすごかった。談論風発の「話」に芸を懸けたというのは、話べタの日本人にめずらしいだけでなく、笑いをとらないと喋れないテレビ芸人にはできない相談だ。これはあらためて議論されるべき傑物であって、新たな博識のあるべき姿を問うている大物なのである。こんな人材は、ぼくから見るとてつもない領域を占めた人なのだ。

ということはやはり井上ひさしさんはどこかで思い違いをしていたということだ。ぼくはとうてい夢声に及ばぬどころか、何かがずれてしまっている。ただ「日本語」についてだけ、ぼくも夢声の後塵《こうじん》を拝したい。

第六四二夜　二〇〇二年十月二一日

参照千夜

九〇七夜：山口昌男『「敗者」の精神史』　三四四夜：高橋睦郎『読みなおし日本文学史』　一二四夜：坂田明『クラゲの正体』　一一一〇夜：鈴木治雄『昭和という時代』　九七五夜：井上ひさし『東京セブンローズ』　六八夜：メーテルリンク『青い鳥』　一二三六夜：志賀直哉『暗夜行路』　三九夜：高田博厚『フランスから』　五九九夜：江戸川乱歩『パノラマ島奇談』　一六九三夜：桂米朝『一芸一談』

男芸者（幇間《ほうかん》）とは
いったいどんな間合いの芸をする者か

太鼓持あらい

「間」の極意

角川新書　二〇〇一

福井の男である。床屋の倅《せがれ》だった。それがあるときお座敷で男衆の芸を見て魅せられた。男衆がどういうものかはおいおいわかるだろうから、説明しないでおくが、一九七二年ごろに大阪や北陸でお座敷芸を披露しはじめ、二十年をへて東京浅草演芸ホールでその芸を舞台に上げた。その芸を太鼓持ちという。

かつて太鼓持ちは戦前の東京でも三〇〇人を超えていた。ぼくの父も悠玄亭玉介師匠とは若い日からの昵懇《じっこん》で、京都の家にも何度か出向いてくれたことがある。役者の声色《こわいろ》もうまかったし、優しい人だった。「そいじゃあ、今日の播磨屋《はりまや》さんをひとつ」などと言って、さきほどの南座の舞台の一節の声色をしてみせたことをいまでも憶えている。平成六年まで長生きした。その翌年に亡くなった三代目桜川善平のところには、玉介の芸を慕う相当数のプロの芸人がいたという。玉介については小田豊二が聞き書きをした『幇間の遺言』（集英社文庫）がある。

太鼓持ちといっても、こうした名人級が何人もまざっていたのだが、それがいまではすっかり廃れて、東京では松廼家《まつのや》喜久平・喜代作、富本半平ほか何人もいない。大阪では、本書の著者だけらしい。大和屋の閉店といい、吉本一点張りといい、このところの大阪はどうかしているが、太鼓持ちがいないのはとくにおかしい。

だいたい太鼓持ちがどういう仕事をするのかまったく知られなくなった。「太鼓餅《もち》」という名産の餅だと思われてもいるそうだ。客がお座敷で遊ぶときに、その酒や料理や話や遊びの「間」を助けるのが太鼓持ちなのである。

しかし、これがたいそう難儀なのである。むろん一人で「間」をとってはいけない。まず客と客との「間」があり、客と女将との、客と芸者衆との「間」もあって、それらの「間」をうまく捌《さば》いて出入りする。その間合いを何によって保証していくかというのが、太鼓持ちの芸と勝負手になっていく。

芸者と「拳《けん》」や「金毘羅ふねふね」「とらとら」「どんたくさん」などの浮いた遊びをしているときは、いい。みんなと交じってはしゃげばよろしい。芸者さんが芸をしているときもいい。これは邪魔をしてはいけない。太鼓持ち本人が「えびす大黒」や「三人ばあさん」をやっているときも、むろんいい。これは芸を見てもらうところだから「それじゃひとつ」とさっとやってみせるにかぎる。

大変なのは平場《ひらば》で酒を酌《く》みかわし、料理をつまみながら喋っているときである。ここはひたすら「間」だけが動いている。ここで太鼓持ちはどうするか。むろん法則なんてものはない。さまざまな場に当たって「間」を読んでいくしか修業の方法はない。ようするに太鼓持ちこそ「間の人」なのだ。本書がだいそれて『間の極意』などと「間」と「極意」というブンカ用語を二つも並べて大事を謳《うた》っているのも、あながち大袈裟《おおげさ》というものでもない。

名前を出すのはさしひかえるが、数年前に祇園の一力《いちりき》で太鼓持ちを呼んだ。本職ではないが自称太鼓持ちで、色街では名物男なのだが、まったくつまらなかった。出しゃばりすぎていて「間」がとれない。おかげで一力の座敷まで精彩がなくなった。そういうこともあるのだ。

太鼓持ちは正式には「幇間《ほうかん》」という。落語にも《鰻《うなぎ》の幇間《たいこ》》や《愛宕山《あたごやま》》がある。桂文楽が得意とした。もっともこの落語の幇間は本式の座敷に呼ばれる幇間でなく、俗に野太鼓《のだいこ》とよばれる出張型の幇間のことで、ちょっと筋がちがう。落語に出てくるのは野太鼓が多い。

そもそもの幇間は男芸者にあたるもので、これが男衆だ。もともとは戦国時代に登場して、男にしかできない芸をする御側衆《おそばしゅう》のことだった。つまりはときに男色も含んでいたということだ。時代が進んでそこに芸事やお咄《はなし》が加わっていく。これを御伽衆《おとぎしゅう》とか御咄衆《おはなししゅう》という。太閤秀吉に仕えた曾呂利新左衛門が名を知られた御伽衆だ（実在したかどうかはわからない）。

だから、かつては男だけが芸者だったのである。歌舞伎が女だけだったものが若衆歌舞伎や野郎歌舞伎に移っていったのと反対に、男がしていた芸者を女がするようになって、芸者といえば女をさすということになったので、わざわざ男芸者と断るだけのこと、本来は芸者は男であり、それが幇間だった。

幇間の「幇」は「助ける」という意味がある。「間を幇《たす》ける」から幇間という名がついた。『色道大鏡』には、祭りでは「鉦《かね》を持つ者は鉦を首から下げて踊り、鉦を持たない者は太鼓を持つ」とあり、その鉦が金に見立てられ、金がある者は遊び、金のない者が太鼓を持つというふうに変わっていった。それが太鼓持ちの語源かどうかはさだかではないが、まあ、そんなところだ。だから本来は咄上手《はなしじょうず》が幇間なのである。

その後、江戸や東京の太鼓持ちが有名になったが、これは遊郭や経済半径の大きさからきているもので、江戸のお大尽の遊びに合わせて太鼓持ちも派手になっていった。もとはやはり京・上方の咄上手が幇間の芸というものだった。ただ、そのころは芸者と呼ばれた。対して女性のほうは芸妓や芸子だった。

咄上手が芸だったというひとつの証拠は、京都誓願寺の五五代法主の安楽庵策伝がおもしろおかしな咄をこつこつと集めて『醒睡笑《すいせいしょう》』（平凡社東洋文庫）を著し、これが落語のスタートになったことである。幇間は『醒睡笑』をネタにずいぶんお座敷で落語の原型のようなものを撒きちらしたものだった。だからほんとうは上方落語と幇間の芸とは同じルーツのものだったということになる。

けれども、太鼓持ちは落語家とちがって芸ばかりを磨くわけではない。お座敷で人の心と向き合うことが仕事というものになる。人の心というものはナマである。これに付き合うには芸ばかりではうまくはならない。しかも相手に気に入ってもらわなければ何も始まらないし、幇間が客を贔屓にするのではなく、客が幇間を選んでくれなければならない。

だいたい遊びの場では頼みごとはご法度である。これでは商談になる。ついつい下手《したて》に出ると頼みごと・願いごとの調子が声にあらわれるものだが、まずそこから振り切っていかなければならない。

愚痴もいけない。愚痴を言えば甘えられるとおもいがちなのだが、これはかえってダメになる。自分を気に入ってほしいので、ついつい他人の悪口や欠点を言いがちになるが、これもご法度だ。では、どうするか。そこで本書の登場ということになる。

いろいろ「ふむふむ」「なるほど」「そうかな」「たいへんだなあ」「ほんとかな」というところがあった。気楽に読んだが、最初に強調してあることは「兜《かぶと》と鎧《よろい》を脱ぐ」ということだ。

カブトを脱ぐのは、ぼくにも多少は身についているもので、相手のいいところにはすぐにカブトが脱げる。尊敬できる。これがあるので編集も効く。ところがヨロイはなかなか脱げない。そこが太鼓持ちではまずヨロイを脱ぎ、ついでに相手のヨロイも脱がせてしまう。カブトもなければヨロイも着ない。相手も同じ恰好《かっこう》にしてしまう。これはそうとうの難題である。

しかも幇間は男だ。これが芸者やバーのホステスならまだしも女が男のカブトもヨロイも脱がせるのだから、男のほうも悪くない。それを男が男を脱がせる。これは怪しいというか、おかしいというか、危ないというか、いかにもむずかしい。この怪しさ、おかしさ、危なさ、むずかしさを取り除くのが「間」の取りかたというものになる。

たとえば、どこに坐るか。それだけで「間」の第一歩が始まる。次に「間」があくのを怖がらないようにする。いまや日本中があまりにも「間」があくのを怖がって、すぐに詰めようとするのだが（テレビのバラエティはこればかり）、そうではなくて、最初のうちは

「間」がそこにポーンと置いてあると思うほうが、いい。ああ、ここはこういう「間」なんだと思う。それからやおら「間」を自分のものにし、それをその場で、その客から貰った「間」だと思えるように自分を柔らげていく。

もうひとつの「間」の取り方では、メリハリをつける気になるほうがいい。「間」はのんべんだらりなものではないはずなのである。ただし、そのメリにもハリにも自分がかかわる。この自分を放っておいては、いつまでも「間」は取れない。

こんな調子で幇間が身につけた「間」の話は粛々と進んでいくのだが、どうも「間の極意」というよりも「コミュニケーションの極意」を幇助してくれるという内容になっている。この人、やはり昔の人じゃない。現代の幇間なのである。しかし、この「コミュニケーションの極意」には読者の参考になるものがある。ざっと三十項目を超えているが、なかでおもしろそうな項目だけにぼくの見方を加えてメモにした。

A◇ともかく笑顔で。◇相手の話になったら集中をする。◇失敗を先に取る（失敗を早くすませる）。◇その会話、その場で自信がつくものを早く見つける。◇いばらない。◇気をつかう（なんでもいいから察知する）。◇済んだことをおぼえておく。

B◇どんな予定についてもイメージトレーニングをすることを欠かさない。◇けれども予定通りには進まないと思うこと。

C◇感情は抑えない。◇ただし自分の気持ちの逃げ場をふだんから工夫しておく。

◇勝負や競争はその場で決めない（勝負はあきらめたときにつく）。

D◇信用を残してその場を去る。◇それ以外は付かず離れず。◇ただし嫌なことからは絶対に逃げない。◇もうひとつ、責任転嫁をしないこと。

E◇話のきっかけはその場にないことが多いのだから、いつも用意しておく。◇矛盾や逆説は話を進める（押してダメなら引いてみな）。◇繊細かつタフに。

何でもそうだが、幇間も想像する以上にたいへんな仕事だ。しかし、数少ないこういう職人がいまや新書をすらすら書くようになったことにも驚いた。

今夜は実は柳家小さんが亡くなったことに因《ちな》んで、何か一冊を選ぼうとしていて、この本になった。小さんは昭和の落語の最後の名人だった。ぼくが〝落語界のイチロー〟と名付けた柳家花緑《かろく》は小さんの孫で、兄の小林十市はモーリス・ベジャール舞踊団のダンサーである。才能あふれる孫をつくった小さん師匠の冥福《めいふく》を、こんなところでこっそり祈りたい。

もうひとつ。ぼくは幇間というと英一蝶《はなぶさいっちょう》を思い出す。江戸の絵師であるが吉原で幇間に身をやつし、三宅島に流され、それでも俗世の遊びに徹しきった。世の中で「あいつは太鼓持ちのような奴だ」という難クセ付けの言葉があるが、筋の通った太鼓持ちこそがもっと登場したほうがいい。

第五四三夜 二〇〇二年五月二三日

参照千夜

七九八夜：飯島吉晴『笑いと異装』 六四二夜：徳川夢声『話術』 一〇〇夜：澤田隆治『上方芸能列伝』 八六八夜：小野武雄『吉原と島原』 四九四夜：明田鉄男『日本花街史』 一一〇〇夜：安田武『型の日本文化』 九六四夜：村松梢風『本朝画人傳』

第四章　寄席や役者や

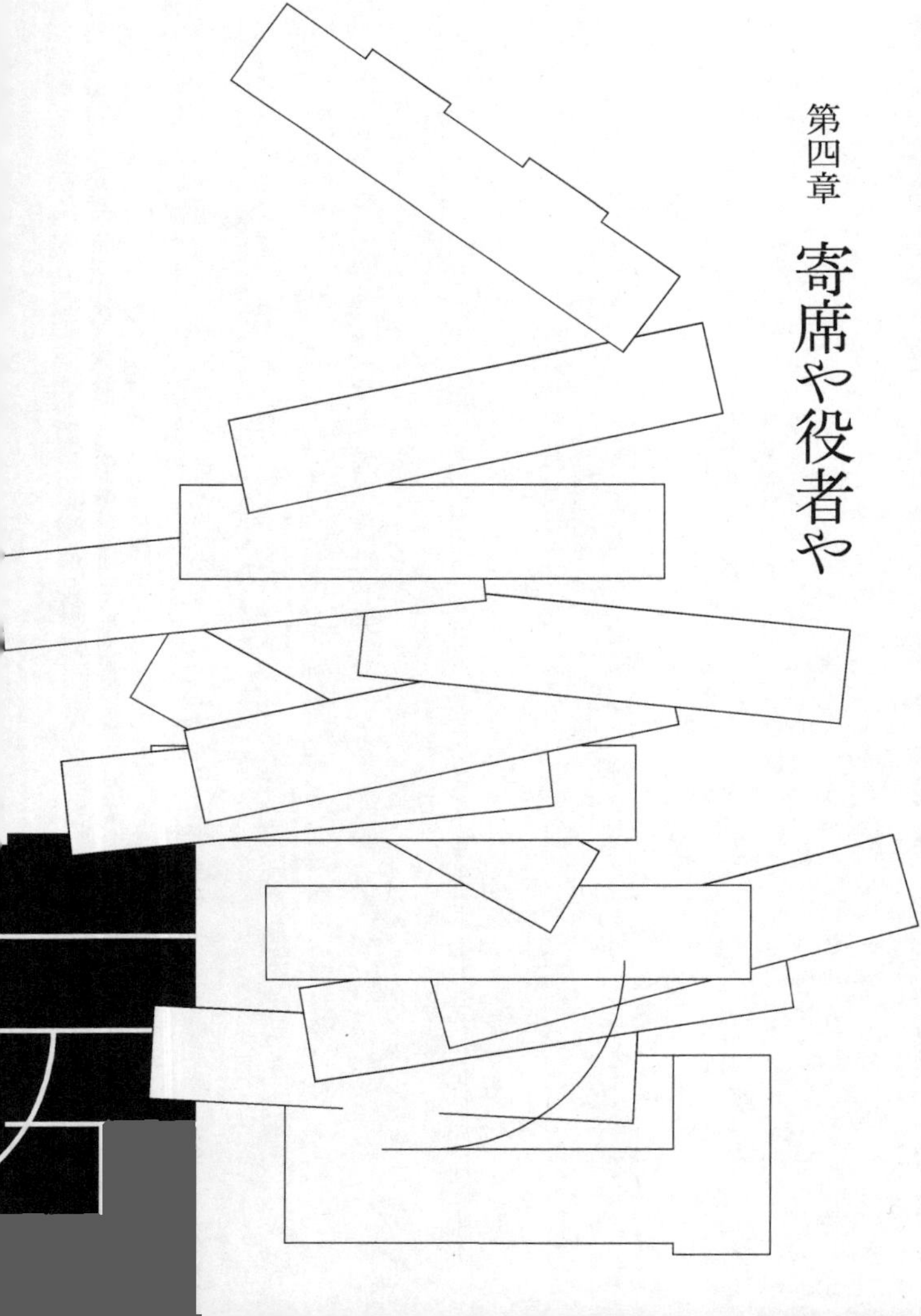

馬場孤蝶『明治の東京』
小島政二郎『円朝』
高野正雄『喜劇の殿様』
桂文楽『芸談あばらかべっそん』
冨田均『寄席末広亭』
小林信彦『名人』
桂米朝『一芸一談』
森繁久彌『品格と色気と哀愁と』
田山力哉『伴淳三郎 道化の涙』
三木のり平『のり平のパーッといきましょう』
山崎努『俳優のノート』

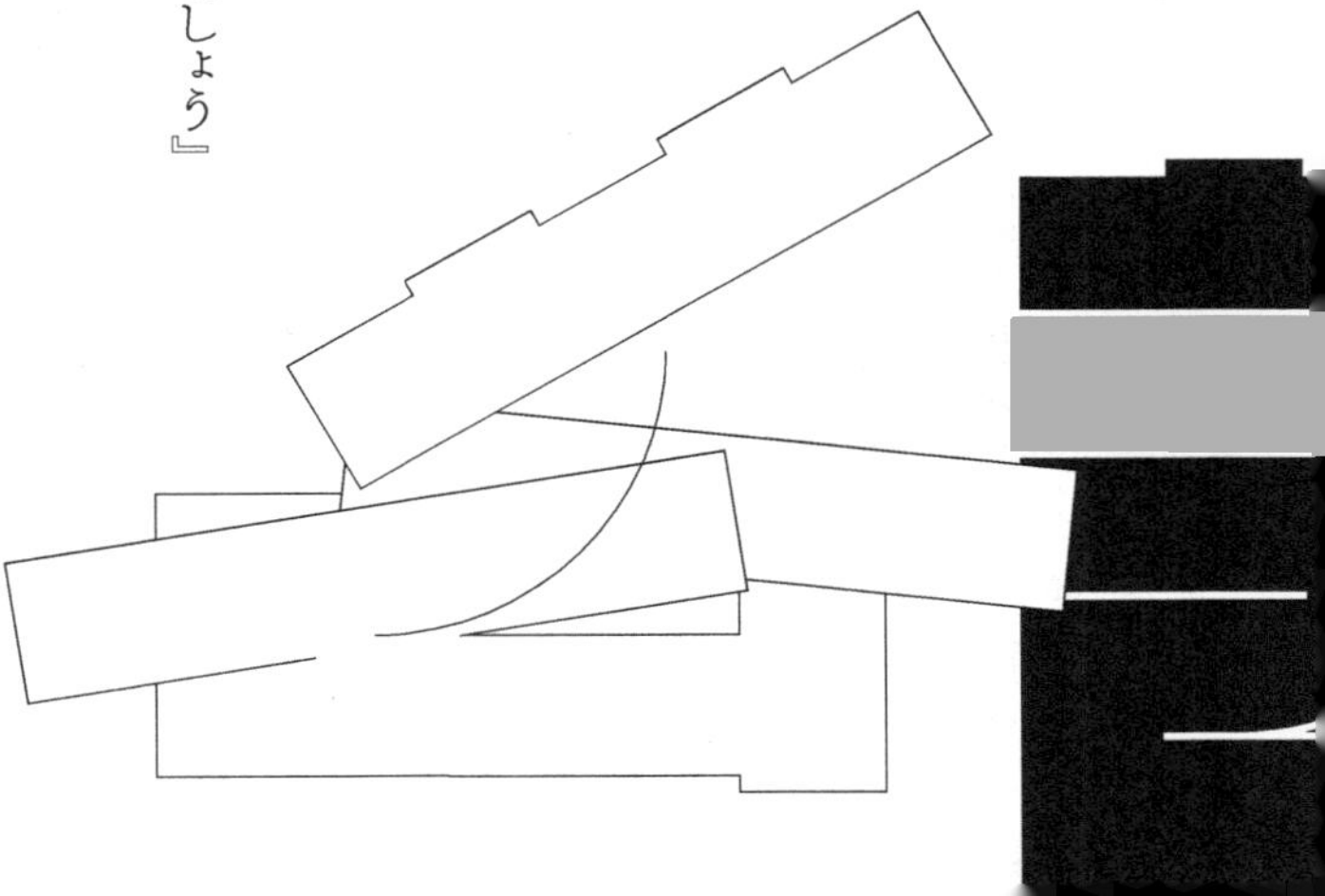

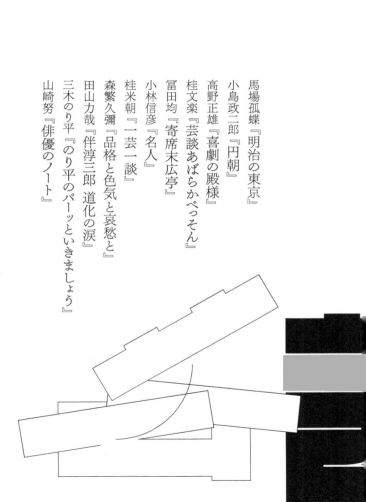

本郷菊坂亭から竹町の若竹へ
竹本越路大夫の美声に酔う此の世の贅沢《ぜいたく》

明治の東京

馬場孤蝶

中央公論社　一九四二／丸ノ内出版　一九七四／現代教養文庫（社会思想社）一九九二　ほか

この本を、いずれも岩波文庫に入った淡島寒月の『梵雲庵雑話《ぼんうんあんざつわ》』や鶯亭金升《おうていきんしょう》の『明治のおもかげ』、あるいは篠田鉱造の『明治百話』シリーズや谷崎精二らの『大東京繁昌記』のように読んだわけではない。古い東京を懐かしんで読んだのでもない。それなら永井荷風や葛西善蔵でも滝田ゆうや杉浦日向子の漫画ルポなどでもよい。そうではなくて、本書の後半に数珠つなぎに出てくる寄席話や義太夫話が読みたくて、読んだ。

馬場孤蝶は明治二年の高知生まれで、兄貴が自由民権家の馬場辰猪《たつい》である。東京には明治十一年に上京していて神田の共立学校（のちの開成中学）で英語を学んだ。兄貴がフィラデルフィアで客死して、孤蝶は明治学院に入り島崎藤村や戸川秋骨と同級になった。

このころすでに寄席通いをはじめている。卒業後は「文學界」の同人になって樋口一葉や斎藤緑雨と親しくした。

明治三九年からは慶應義塾で教えているから、ここで弟子筋にあたる西脇順三郎らが交じっていった。西脇は孤蝶を〝日本のアナトール・フランス〟と呼んだようだが、その意味はややわかりにくい。アナトールなんぞよりずっと洒落《しやれ》ていたのではなかったか。そういう勘は形而上学が好きな『あむばるわりあ』の西脇順三郎には見えなかったのだろうか。のちに飄然《ひようぜん》とした俳諧味に達した西脇だったら、どうか。

孤蝶の寄席通いは母親や姉の影響らしい。ぼくは父に連れられて人形町末広通いをしているので、ピンとこないが、女性に連れられるという趣向もあったのか。ともかく孤蝶はそのときは本郷近くの荒木亭に通っていた。

そのほか、日蔭町《やまちよう》の岩本、神田の白梅、本郷の伊豆本、本郷菊坂の菊坂亭、小石川の初音亭、麴町の山長、九段坂の富士本、下谷数寄屋町の吹抜《ふきぬけ》、両国横町の新柳《しんりゆう》亭、日本橋の木原亭、京橋の鶴仙、麻布十番の福槌、神楽坂の藁店《わらだな》亭など、ともかくまあよく出掛けている。泉鏡花が『三味線堀』で綴《つづ》ったような寄席ばかりだ。しかし寄席の本命はやはりのこと、若竹だったようだ。

竹町の若竹に孤蝶が行きはじめたのは、円遊がステテコや茶番仕掛けをはじめた明治十四年くらいのことだ。当時の真打《しんうち》たちは続話《つづきばなし》をしたはずである。ところが孤蝶は真打よりも中家《ちゅうか》あたりの、たとえば立川談志や五明楼玉輔の素咄《すばなし》、桂文治の芝居咄などをおもしろがった。それも噺《はなし》の筋をよく憶《おぼ》えていて、本書にはその筋まで紹介されている。こういうところはなるほどアナトール・フランスである。

落語ばかり歓《よろこ》んだのではない。ぼくもそうだったのだが、寄席でおもしろいのは期待もしていない色物が予想外の出来だったときで、孤蝶もしきりに手品師の思い出に耽っている。柳川一蝶斎《やながわいっちょうさい》、帰天斎正一《きてんさいしょういち》、ジャグラー操一などの芸人がおもしろかったらしい。十人芸と銘打って、西国坊明学《さいこくぼうめいがく》という盲僧が義太夫や琵琶《びわ》をたのしませながら客に謎をかけさせて三味線ひきひき、これを解いていったという芸など、見てみたかった。「縁かいな」（俗曲「四季の縁」のヴァージョン芸）の徳永里朝も見てみたかった。

このころは中世・近世同様に、盲人の芸人がまだまだ大活躍をしていた時期なのである。本書にも新内《しんない》語りの鶴賀若辰《わかたつ》という盲目の女芸人の、思い切って声を殺す風情がふれられている。

孤蝶の時代には寄席とともに、いまなら小劇場にあたる小屋がたくさんあった。芝の森元座、向柳原の開盛座、本郷の春木座、すこし大きくなって中洲の真砂座、赤坂演伎座などである。ここでは小芝居あるいは中芝居というものがかかっている。なぜこういう芝居が流行《はや》っていたかというと、孤蝶の観察では当時の民衆の知識や趣味がいくぶんまとまりつつあったせいだろうという。

そんな風潮のなかで女《むすめ》義太夫が大当たりをしていった。明治の大衆芸能を語るには女義太夫は欠かせない。最初は竹本京枝《きょうし》である。東の大関の京枝には西の大関の東玉《とうぎょく》が張り合った。そこへ明治二二年ごろにチョンマゲ姿の竹本綾之助が登場して、連日連夜を満員にする。昇菊・昇之助という姉妹も人気になった。昇菊は足袋《たび》をはくのも書生たちにさせると噂がたった。これで男たちをどぎまぎさせた。ついで竹本小清《こせい》が出て、孤蝶はこの人の《岡崎》や《鰻谷《うなぎだに》》にぞっこんだった。贔屓《ひいき》たちものりまくって、女義太夫のファンクラブ「どうする連」が結成された。寄席から「どうする、どうする」という声をかけたのに因《ちな》んだ連中だ。「堂摺連」とも綴った。

女義太夫の大流行は、当時の浄瑠璃が今日のポップスやロックに近い感覚のものだったということがわからないと、その気分がわからない。そのころの浄瑠璃はとうてい古いものではなく、いまならCDが売れまくるベストヒット・ポップスに近かった。そこを孤蝶はこう書いている、「浄瑠璃そのものにも女義太夫その人にも、何だか新しい生命が篭っているような気がしたのである」と。

本書の白眉《はくび》は二代目竹本越路大夫（のちの摂津大掾《せっつだいじょう》）についての思い出の個所にある。孤蝶は越路を、明治二三年五月三日の若竹で初めて聞いた。いまでは信じられないが、午後一時から始まって夜の八時半まで、木戸銭は二十銭か三十銭だったらしい。ほとんど男とは思えないほどの美声だったという。《酒屋》を語った。「あとには園が」というところで、越路はふいに見台《けんだい》に手をかけて、膝《ひざ》でまっすぐに立ち、それから「繰り返したるひとりごと」まで悠揚せまらぬ調子を聞かせたらしい。

孤蝶はなんと一日おいた五月五日にもまたまた若竹に出掛け、そこでは今度は路大夫の《紙治の茶屋場》と越路大夫の《御殿》などを堪能した。このときの越路の「お末のわざをしらがきや」と「心も清き洗いよね」の清くて細かい節回しを、その後ずうっと忘れられないまま耳に響かせていたという。

どうも孤蝶はこの年だけで越路大夫を五、六回にわたって聞きに行っている。なんということか。うらやましいというより、ここまでくるとフェチである。芝の玉の井で聞いた《堀川》《鳥辺山》はこの世のものともつかぬほど気持ちのよい天上感覚だったらしい。同じころ、夏目漱石が越路大夫にぞっこんで、学校の講義を休んでまで聞きにきていたものだった。

寄席と義太夫。せめて今日の寄席で義太夫か新内か、あるいは荻江でも歌沢でもいいが、復活してくれないものか。

近頃の東京の寄席はどうも平ったい。テレビはもっとつまらない。ヨシモト芸人が多すぎる。笑いだけをとりたがる。落語を復活させたいなら、まずは「色物」と「粋」の復活なのである。ビートたけしの祖母の北野うしも、竹本八重子という女義太夫だったと聞く。

第一一二〇夜　二〇〇〇年八月三一日

参照千夜

一一七〇夜：冨田均『寄席末広亭』　四五〇夜：永井荷風『断腸亭日乗』　一一二一夜：杉浦日向子『百物語』　一九六夜：島崎藤村『夜明け前』　六三八夜：樋口一葉『たけくらべ』　七八四夜：西脇順三郎『雑談の夜明け』　九一七夜：泉鏡花『日本橋』　五八三夜：夏目漱石『草枕』　七七一夜：平岡正明『新内的』

柳橋《やなぎばし》芸者を嫁にして
若林玵蔵《かんぞう》の速記を相手に怪談を語る

小島政二郎

円朝

旺文社文庫　一九七八

円朝は鉄舟に「おまえの話は活《い》きてはおらん」と言われた。山岡鉄舟にそこまで言われれば、これは剣の切っ先を突き付けられたか、禅問答に巻きこまれたようなもので、かないっこない。実際にもいつも叱られたようだが、ついにある日、やっと「今日の桃太郎は活きていた」と言われた。これが円朝に無舌居士の号がついた顚末《てんまつ》らしい。

この顚末は円朝を変えた。鉄舟から渋沢栄一・井上馨・山県有朋らを紹介されて、たちまち富国強兵・殖産興業のさなか、お歴々相手に噺家《はなしか》渡世を演じることになった。鉄舟の剣禅稽古に付き合ったおかげだったろう。

だいたい円朝は落語家というよりも総合的な芸人作家ともいうべき人物で、書は松花堂ふうで、俳諧も和歌もうまかったし、茶は裏千家を点《た》てていたくらい、花も活けた。

鉄舟の剣禅稽古にへこたれるような男ではなかったのである。それでも鉄舟にはなにがなんでも脱帽していたところも事実だったようで、だからというのではないが、円朝の墓はいまでも鉄舟の墓のそばにある。谷中《やなか》の全生庵である。その全生庵の入口には石碑があるが、その書は世外井上馨の手になっている。

三遊亭円朝のたっぷりした生涯は本書で知った。小島政二郎は永井荷風と菊池寛の弟子にあたる達者な作家で、ぼくの父が贔屓《ひいき》にしていた。生家が呉服の柳河屋なのだ。一、二度は高倉の家にぶらりと寄ってくれたのではないかと憶《おも》う。子供の目にもめったにお目にかかれないダンディな爺さんだった。

だからわが家には何冊もの小島政二郎がいた。北斎の生涯も魯山人のことも小島政二郎で読んだ。だいぶんのちになって、魯山人についての小説は『北落師門』（中央公論社）というシャレたものだった。だいぶんのちになって、『鷗外荷風万太郎』（文藝春秋新社）という一冊を読んだが、これなど小島にしか書けない文芸芸談になっていた。

小島政二郎の円朝は、いまおもえば全部が史実通りの筋立てというのではなく、芸人円朝の魂魄《こんぱく》にふれるための山椒《さんしょう》や柚子《ゆず》や七味など、多分の加飾が軽妙に振り撒《ま》かれていた。円朝については以前から永井啓夫《ひろお》や窪田孝司や藤浦富太郎の研究や探訪が知られていたのだが、きっと小島はこれらを駆使し、さらに円朝が「同じ噺をいつも違って話していた」というところに焦点をもってきて、芸談小説のようなものを書いたのだろうとおもう。

だからここには、最近になって注目されている円朝と仏教の関係などは、ふれられていない。円朝は《怪談牡丹灯籠》でも、また落語《鰍沢《かじかざわ》》の話での日蓮宗とのかかわりでも知られるように、たえず仏教思想を意識していたようだが、そういうことがしだいにはっきり議論されるようになったのは、やっと関山和夫の研究（『落語名人伝』白水社など）が知られるようになってからなのだ。

そこで以下は、本書のなかの史実に近いところだけをかいつまむ円朝ラプソディ、ということにする。ともかく円朝が見えないでは、幕末維新も明治文化も落語も語れない。新体詩だ、口語文化だ、明治のリアリズムだ、中江兆民の常磐津《ときわず》だといっても、これらはすべて円朝の速記とともに奏でられていたからだ。

三遊亭円朝が生まれたのは天保十年（一八三九）である。福澤諭吉の五歳下で、伊藤博文よりは二歳、新島襄より四歳の年上だ。明治になって「天保の老人」という悪口が流行したのだが、これはこの天保生まれの連中が、新しい文明開化に乗り遅れている様子を揄《からか》ったものだ。ところが、おおかたにはそういう御仁も多かったのだろうが、福澤、五代友厚、井上馨、伊藤、香雪藤田伝三郎らの「天保の老人」は根性や骨格が違っていた。

円朝もそういう傑出型だった。

生まれたのが湯島の切通坂でその名も根性院という寺の門前、父親が背中にラクダの彫り物をしていた音曲師の橘屋円太郎というのだから、これでは講釈か都々逸《どどいつ》か落語をやるっきゃないような生い立ちだ。

円朝はまっしぐらに落語家のレールに乗せられた。六歳三月三日で小円太を名のらされ、日本橋土手倉の寄席に初の高座を踏んでいる。そのまま四谷の円生のところへ内弟子に入って、十歳で二ツ目になった。これでとんとん拍子かというと、教育熱心な母親の説得でいったん奉公に出たり、絵を習いに行ったりしている。ところがこの絵習いというのが玄治店《げんやだな》の一勇斎国芳《くによし》のところで、同門に月岡芳年や歌川芳藤らの、のちにときめく浮世絵師がいたというのだから、これはかえって粋すぎる。母親も母親だ。

そこへもってきて〝ラクダの円太郎〟は放蕩三昧《ほうとうざんまい》で家などにはついぞ寄り付かない。さすがに母親はこれではまずいと思ったか、禅寺の長安寺に引っ越した。ここは義兄が住持する寺で、子の円朝はすっかり坐禅に励むのだが、それがのちの話では落語修業のためだったという。日本はここで黒船来航である。

十六歳、今度は安政の大地震が日本を襲った。長安寺もペシャンコに潰《つぶ》れた。なにしろ江戸の三分の二ほどが焼けたのである。この年に円朝は決意する。そのころだいぶん衰微しつつあった三遊亭一派の再興を誓った。明治の少年には根性があるとはいえたいしたもんである。二十歳で師匠の円生に中入りを頼んで、自身で真を打った。《かさね》というもので、これがのちに名作《真景累ヶ淵《しんけいかさねがふち》》になった怪談の原型となる。二年後には《怪談牡丹灯籠》の初演さえ敢行した。

早熟といえばまさに早熟だが、小島政二郎はそこには円朝が他人の作った噺はどうもうまく口に乗らなかったこと、父親が三味線弾きだったので、他人にあわせる職芸にいささか限界を感じていたことなど、そういう事情もあったことを申し添えている。

文久三年（一八六三）、円朝二四歳。前年、円生が亡くなった。世は勤王佐幕の横議横行だから、芸人もじっとしていられない。ここで円朝は思い切って「連《れん》」に身を投じた。自作自演を愉《たの》しむ同好連で、その名を「粋狂連」「興笑連」などといった。おかしみを誘いはするが、これがまさに芸人流儀の列藩同盟のようなものなのである。

円朝はこうして他流試合を何度か重ね、これで創作とは何か、話すとはどういうことかを会得する。夜は柳橋の榎本のトリ席に出た。円朝は客筋によって演目を変え、寄席が荒れているときは端唄《はうた》の《夜桜》ひとつ唄って下がってしまうなどという芸当も身につけていく。それにそのころは円朝の芸を狙ったり、対抗してきたりの連中がいくらもいて、幕末の寄席はそうとうに熾烈《しれつ》だったのである。まあ新撰組なみの笑いの人斬りが流行していたとおもえばいいだろう。

とくに三遊派と柳派が競いあっていて、円朝のライバルの燕枝《えんし》などは、円朝が《かさね》を出せば燕枝は自作の《沖津白波》をぶつけてくるというふうだった。そこへ講釈の神田京伝、都々《どど》逸《いつ》の都々逸坊扇歌などというニューウェイブが目白押しになっていた。世はしだいに「ええじゃないか」ムーブメントの狂うなか、円朝、いよいよ正念場にさしかかる。正念場は「御一新」である。落語家だって新機一新の飛躍を考えた。

ともかくも、こんなふうにして明治維新を迎えた青年がいたのである。円朝、ちょうど三十歳、さっそく柳橋芸者のお幸を嫁にとった。

明治の円朝は実験の連続である。ニュースをとりこみ、寄席芸人の団体「睦連《むつみれん》」の結成に力を貸し、落語や怪談の出版化の先端を開いた。とくに口語文化に耳をすまして、それを筆記できるようにしたことは明治の言語文化とメディア文化に大きな影響をもたらした。

こんな話がある。二葉亭四迷が坪内逍遥のところを訪れて、いったいどうやって文章を書いたらいいかを相談したところ、逍遥はちょっと考えて「円朝の落語のように書いてみたらどうか」と言ったというのだ。それで書かれたのが『浮雲』だったという説もある。そのくらい、円朝は時代の先頭を走っていた。

円朝はその後も速記技術にすこぶる関心を寄せ、速記名人の若林玵蔵《かんぞう》をして自分の噺《はなし》を文字に写させた。こうしてわれわれがいま読める『怪談牡丹灯籠』が残った。そんな円朝に漢学者の信夫《しのぶ》恕軒《じょけん》が興味をもった。明治九年「朝野《ちょうや》新聞」の漢文による『三遊亭円朝論』は、おそらく明治文芸論の最初のブレイクだ。坪内逍遥や二葉亭四迷の前に、われわれはさしずめ〝円朝文学論〟をもったというべきなのである。

　これほどに新社会の先頭を突っ走っていても、円朝には慢心というものがなかったらしい。いつも何かを求めて、探した。山岡鉄舟や高橋泥舟《でいしゅう》らと知り合って、交際範囲が政界官界財界にどんどん広まっていったときも、やたらに人の話を聞いてばかりで、そこに何かおもしろいネタでもあれば、すぐにその取材にとりくむ。幽霊絵師の柴田是真《ぜしん》から本所《ほんじょ》炭商の怪談を聞くと、ただちにこれを取材構成して《塩原多助一代記》をつくり、飯島光峨夫人に上州の侠客《きょうかく》「榛名の梅吉」の話を聞くと、すぐに上州を二週間も旅行して、たちまち《後開榛名梅ヶ香《おくれざきはるなのうめがか》》をまとめてしまった。

　こうして小島政二郎『円朝』はしだいに円熟の円朝に向かっていくのだが、まあ、ここからは本を開いてのおたのしみということにしておく。ただ、ひとつ強調しておきたいことがある。円朝は弟子を育て損ねたということだ。それについては、こんな話を小島は書いている。

　帝国憲法が発布され、日清戦争も近づいてくると、日本はしだいに帝国調というものが偉そうに足音をたててくる。そうなると何がおこるかというと、官僚や軍人がハバを利かして、本物の文化などわからぬくせに「改良」「改新」などを口にする。こうすれば経済はよくなる、こうすれば教育がよくなると言う奴がやたらに目立つ。いまの経済改革を叫ぶ奴、教育改革を唸《うな》る奴と同じであると、小島は昭和三十年代に書いている。

こういう輩《やから》にかぎって小説も芝居も芸能も味がわからない。だからすぐ化けの皮が剝《は》がれるのだが、ところが意外にもこういう輩にばかりモテるような変な芸人も出てくるのである。円朝の弟子の円遊がそれだった。円遊は松本順の夫人が亡くなったときの通夜の席で、お悔やみが一番ヘタクソだと言われたほどの芸なしだったのだが、あるとき芝居噺だけの席で燕枝が団十郎などをみごとに噺にとりこんだのに、円遊は何も語れず、ついつい立ち上がって踊ってしまったのである。これがウケたのだ。

当時、どんな芸人も高座で立って本格的に踊るということはなかったはずである。座布団からちょっと腰を浮かせて、それだけで踊り名人を見せていた。それを思わず立って踊った。よせばいいのに円遊はこれをその後も連発し、大いにウケる。ステテコになって踊った。

この場違いが風靡《ふうび》するのを見て、四代目立川談志が羽織をうしろ前に着て「この子があっては孝行できない、テケレッツノパア」で、当てた。次に万橘《まんきつ》が懐から赤い手拭《てぬぐ》いを出して頰被《ほおかむ》りし、緋縮緬《ひぢりめん》の長襦袢《ながじゆばん》をまくって「太鼓が鳴ったら賑《にぎ》やかだ、大根煮えたら風呂吹《ふろふ》きだんべえ、ヘラヘラヘッタラ、ヘラヘラヘ」とやって、当てた。松林伯円は講釈だからさすがに高座で踊るわけにはいかなかったが、そのかわりに何の調子もない喋《しゃべ》りで時事漫談をして、当てた。

ようするに、つまらぬ芸がすべて当たり、本物の芸を理解する者が少数者になったのだ。今日のお笑いテレビ芸や吉本ブームと変らない。兆民・四迷・露伴・紅葉・子規・漱石らが本物の芸能に熱中したのは、まさにこの時期からなのであるが、さあ、悩んだのは円朝である。なんといっても自分の弟子が馬鹿をやって当てている。円朝は苦悩した。伯円などは若い芸人に「なあ、客が呼びたかったらうまくなるなよ」とさえ言っていた。

円朝は五三歳で引退をした。明治二五年(一八九二)だ。この世界で五三歳はあまりに早すぎる。たしかに円朝の仕事はこのころは脚本台本が大当たりして、その作品がのべつ歌舞伎や芝居になっていた。だから落語がお留守になったともいえなくもないが、調べてみると、このころ円朝系の本格高座はなるほど、かなりの不入りになっている。落語の質が変わってしまっていたのである。小島はこの謎を解きたくて、小説『円朝』を書きたかったようだった。そして、円朝でさえ後継者を育てきれなかったことを悔やんで小説のラストを描こうとした。

この小説は昭和三二年（一九五七）三月から「週刊朝日」に連載されたものである。ちょうどテレビが落語を放映していた時期で、月の家円鏡門下の林家三平が突然に売れ出していた。

円朝のほうは、明治三三年、一九〇〇年ちょうどに二十世紀を見ないで死んだ。前年、意を決して最後の高座で孫弟子遊之助のスケとして、一世一代の《怪談牡丹灯籠》を演じたばかりだった。ぼくは二一世紀の《牡丹燈籠》を聞いてみたい。談志一門がいいかもしれない。

第七八七夜　二〇〇三年六月三日

参照千夜

三八五夜：山岡鉄舟『剣禅話』　四五〇夜：永井荷風『断腸亭日乗』　一二八七夜：菊池寛『真珠夫人』　四七夜：北大路魯山人『魯山人書論』　四一二夜：福澤諭吉『文明論之概略』　二〇六夜：二葉亭四迷『浮雲』　四〇五夜：中江兆民『一年有半・続一年有半』　九八三夜：幸田露伴『連環記』　八九一夜：尾崎紅葉『金色夜叉』　四九九夜：正岡子規『墨汁一滴』　五八三夜：夏目漱石『草枕』

帝劇女優を育てて「お笑い」へ
益田太郎冠者という天下の大富豪

高野正雄

喜劇の殿様

角川叢書　二〇〇二

益田太郎冠者《たろうかじゃ》。この風変わりで愛すべき傑物を紹介したくて、本書をとりあげる。その前に著者について一言。

著者の高野正雄は毎日新聞の学芸担当記者だった。そのころ晩年にさしかかっていた獅子文六（岩田豊雄）に益田太郎冠者についての小説を連載してもらうつもりが、構想のまま連載開始以前に獅子文六が亡くなってしまった。そこで遺志を引き継いだかっこうで、「益田太郎冠者伝」としての本書をまとめた。その著者もいまはいない。で、益田太郎冠者である。きっとこの名前がピンとくる読者はほとんどいないのではないかとおもう。それくらい知られていない。この人は鈍翁《どんのう》益田孝の次男で、慶應幼稚舎、東京府尋常中学校を出てケンブリッジ、ベルギーに留学したのち、いくつかの会社役員をへて、台湾製糖の社長となった。昭和十七年までが社長、そのあと会長をしながら、さらにペニシリン製造のための新日本興業を設立した。だから日本を代表するれっきとした実業家としての顔が、表向きの〝本職〟である。

本名は益田太郎という。ところが、この表向きの〝本職〟よりも、そのほかの仕事が途方もなくユニークだった。それがペンネームに太郎冠者などというふざけた名前がついている理由になるのだが、実は劇作家だったのである。それも明治末年の帝国劇場とともに登場した劇作家だ。

いや、あとで説明するように、劇作家というのもちょっと当たらない。その戯曲のすべては喜劇や笑劇であって、落語も作ったし、小唄や都々逸《どどいつ》も作った。それだけでなく、日本のボードビル・コントの原型や宝塚歌劇につながるレビューの原型も作った。

つまりは近代あるいは現代日本の「お笑い」の基礎工事をほとんど一人でなしとげた傑物なのだ。それなのに、いまはまったく忘れられている。ぼくはこういう事情がどうにも許せないタチなので、むりやりでも紹介したいのだ。

粗略に生い立ちをいっておくと、益田太郎は明治八年（一八七五）に三井物産をつくった男爵益田孝（のちの鈍翁《どんのう》）が構えた品川御殿山に生まれた。敷地一万二〇〇〇坪、ジョサイア・コンドル設計の「碧雲台」である。住み込みの使用人だけでも三〇人はいた。

近代の大数寄者《すきしゃ》の鈍翁の子だというだけで、なにやらただならないが、実際には屈託なくというのか野放図というのか、べらぼうなスケールで育ったことは想像通りで、中学生のときに両親不在の折をみはからって品川芸者数十人を集めて騒いだ。両親はこれは放っておいては何をするかわからないので、ケンブリッジ・スクールに留学させた。日清戦争勃発直前のことで、南方熊楠がロンドン在住の日本人に祖国への献金をよびかけていた。漱石がロンドンを訪れた十年も前にあたる。

八年にわたるヨーロッパ留学をへて、太郎冠者は横浜正金銀行へ入行、結婚後に日本精糖の常務となり、明治三九年に台湾製糖の取締役になった。このころから益田太郎太郎冠者のペンネームで戯曲に手を染めはじめている。

何を書いたのか。最初から喜劇ばかりを書いていた。本郷座の高田実一座がそのうちの《高襟《ハイカラ》》を上演した。これが舞台デビュー作である。ついで川上音二郎のための《玉手箱》や《新オセロ》(おおいに話題になった)を書き、さらに伊井《いい》蓉峰《ようほう》・河合武雄らのために《思案の外》や《女天下》などを発表したところ、次々に上演された。ここからは一《いっ》瀉千里《しゃせんり》で、太郎冠者は一気に劇作家としての〝顔〟をもつようになった。

そこへ大きなエポックメーキングな事態が出現する。明治四四年の帝国劇場の開場である。日清日露に戦勝して列強に仲間入りしつつあった日本は、世界にグローバリズムの成果を示す必要に迫られていた。鹿鳴館のようなとってつけたものではまにあわない。そこで、伊藤博文・西園寺公望・渋沢栄一・益田孝・林薫以下のお歴々が挙《こぞ》って動いて、フランス・ルネサンス様式の地下一階地上四階の白煉瓦造りの堂々たる劇場を用意することになった。

設計は横河民輔で、日本に鉄骨構造を導入した建築家だが、帝劇では和洋折衷も試みた。定員一七〇〇名はすべて椅子席、芝居茶屋も出方制度はやめた。これを準備から五年をかけて完成させた。

この「帝劇開場」の顚末については、ぼくは以前から関心があっていくつも資料をあたってきたが、まことにおもしろい。

が、ここではそのへんの事情を話すことは遠慮して先に進むと、ともかく帝劇づくりは国策ともいうべきもので、錚々《そうそう》たる人士がかかわった。重役には西野恵之助・大倉喜八郎・福沢桃介・日比翁助・田中常徳・手塚猛昌《たけまさ》、そして益田太郎冠者が選ばれた。さっそく歌舞伎界からの引き抜きが始まり六代目梅幸《ばいこう》を座頭に、七代目宗十郎・七代目幸四郎以下の一座が組まれ、長唄お囃連中も揃えた。これはいわゆる「旧劇」を支えた。しかし、「新劇」はどうするか。

なにしろ女優がいなかった。そのころ女優といえる女優は川上貞奴ただ一人である。島村抱月が立ち上がってトルストイやイプセンに挑戦し、芸術座を組んで松井須磨子を育てたが、それでは足りない（それに二人は若くして倒れた）。なんであれ本格的な女優を何人も育てる必要があった。

こうして、貞奴の指導のもとに帝国女優養成所が開設される。この開設は貞奴の果敢と川上音二郎の侠気《きょうき》によるところが大きかったが、二人は忙しすぎた。十ヵ月で貞奴の手を離れて、養成所は帝劇の管轄に移された。ここで大役を任されたのが太郎冠者なのである。

太郎冠者はさっそく女優のための演劇を手掛け、《渡辺》《出来ない相談》《心機一転》《珍竹林》《啞旅行》《ふた面》《ラブ哲学》など、喜劇を連打する。かくて日本に最初の洋風女優が生まれていった。森律子・村田嘉久子・河村菊江・佐藤ちゑ子などの帝劇女優である。太郎冠者が育てたようなものだ。とくに森律子は知る人ぞ知る、太郎冠者の終生の〝恋人〟だった。弁護士森肇の娘で、のちに新派の女優となり、大正八年に『妾の自白』（日本評論社）を、昭和五年に『女優生活廿年』（実業之日本社）を書いた。

勢いをえた太郎冠者は企業重役のかたわら、猛烈豊饒な劇作活動に入っていく。会社のほうは夕方出社が多く、そのあとも接待担当重役のようなもの、人を驚かす趣向による宴会演出に余念がなかった。

たとえば、柳橋の「亀清《かめせい》」では二階の座敷をぶっ通して畳をあげて隅田川の土手に見立て、本物の桜の枝に造花をちりばめて一夜の春爛漫《らんまん》を演出し、日本橋の「蜂龍《はちりゅう》」では招待状に「会場は大阪新町の松月楼」と偽って客を東京駅に集合させ、そこから新橋で降ろして「蜂龍」へ。着いてみると、看板が「松月楼」となっていて、しかも出迎えたのが大阪新町の芸者衆と幇間《たいこもち》たちだ。一同唖然《あぜん》としていると松月楼の団扇《うちわ》が配られ、座敷では自作の芸者劇が始まるというどんでん返しな案配なのである。

こんな調子だったから、太郎冠者の企業人としての評判も演劇人としての評判もめちゃくちゃなもので、まだ若かった小山内薫などは太郎冠者の舞台を「国辱ものだ」といきまいていた。しかし、台本の梗概《こうがい》を読んでみるかぎり、それなりのアイロニーに富んでいてけっこうおもしろい。コントとしては戦後の浅草喜劇を完全に先取りしていたし、のちの新喜劇の先駆けにもなっている。

こういう冒険主義から、また落語にも真っ先に創作をもちこんだところから（円左・円橘・円馬・柳橋を贔屓にし、かれらが太郎冠者の創作落語を得意にした）、ついつい益田太郎冠者を近代日本の「笑い」の確立者とみなしたくなるのだが、太郎冠者のほとばしる才能はお笑いだけにとどまってはいなかった。

宴会の趣向を凝るのは江戸吉原の宴《うたげ》の原型をつくった英《はなぶさ》一蝶《いっちょう》をおもわせるし、ナマの管弦楽付きのレビューをも創始したのは、小林一三の宝塚はむろん、戦後の菊田一夫さえ凌駕《りょうが》した。八年にわたるヨーロッパ体験がフルに生かされたのだ。しかし、ぼくがさらに感心しているのは、やっぱりその徹底した「遊び心」というものだ。

邦楽も並みではない。三味線は十三世杵屋六左衛門にたっぷり手ほどきをうけ、常磐津は当時名人とうたわれた二世常磐津三蔵に師事した。太郎冠者の腕を疑った者がお座敷で三味線を所望したところ、《春雨》を披露したのちそれをなんなく逆譜で弾いてみせ、その場の女将《おかみ》や芸者衆をびっくりさせた。

だから俗曲百般、なんでもできた。小唄もいろいろ作っている。いやいや作っているどころか、太郎冠者の専属歌手がいて、「俗曲・朝居丸留子秘曲集」というレコードにもなった。芸者の丸子である。

邦楽と洋楽を〃合体〃させて遊んだのも、太郎冠者が初めてではなかったか。「ワイフもらって嬉しかったが、いつも出てくるおかずはコロッケ、今日もコロッケ、明日もコロッケ」で有名な洋式小唄《コロッケの唄》の作詞をはじめ(作曲者不明)、本書を読んでおどろいたのだが、ずいぶん多くの実験作を試みている。たったひとつしか紹介しないけれど、「女の一生」と題したこんな和洋編集小唄のようなものがある。パスティーシュのようでミメロギアふうで、本歌取りそのものをパロっている。

おぎゃあ　ねんねこ　おころりよ　①いつしか年も　すぎのとを　②見染めて染めて　はずかしの　③高砂や　この浦舟に帆をあげて　④仲人を入れて祝言も⑤三千世界に　子をもった　親の心は　みなひとつ　老となるまで末広を　なんまいだなんまいだ　⑥欲ばらしゃんすな　夢の世の中

最初は子守歌ふうで、①は「仰げば尊し」のメロディ、そこから一転、②常磐津の《将門》となり、③で謡曲、④は端唄、⑤は義太夫《先代萩》のフリ、そして⑥では小唄がつづくというふうになっている。あまりにも絶妙だ。井上ひさしと宇野誠一郎の天才コンビもこれは参っただろう。

ともかく太郎冠者はどんなものにも戯作三昧に徹して、かつ遊びきっている。それを自分にもあてはめていた。自宅では和服白足袋《しろたび》で、外出するときは毎日洋服をとりかえた。誂《あつら》えは丸ビルの中の丸山洋服店。ネクタイもそのころすでに軽く一〇〇本を用意していた。眼鏡は松島眼鏡店で二十個、ゾーリンゲンの剃刀《かみそり》も二十本を揃え、銀座の理髪店米倉にいつも研ぎをさせていた。ヘアローションは英国製のパンドラ、香水がホワイトローズだったことも記録にのこっている。しかも太郎冠者は酒をほとんど嗜《たしな》まない。

一口だけ口にする程度で、あとはシラフで遊びきる。酒の勢いをかりるのが大嫌いだったのだ。そこがものすごい。だから家やカフェでは静かに紅茶をたのしんだ。
こういう男がいたのである。昭和二八年(一九五三)まで小田原で悠々自適の日々をおくり、近くに森律子を住まわせて、家族ともども好きな女とも存分に遊びきった。七七歳の大往生である。

第六九六夜　二〇〇三年一月二一日

参照千夜

一六二四夜：南方熊楠『南方熊楠全集』　五八三夜：夏目漱石『草枕』　一一三一夜：磯田光一『鹿鳴館の系譜』　九五四夜：寺島珠雄『南天堂』　一〇一七夜：津金澤聰廣編著『近代日本のメディア・イベント』　一一三四夜：加来耕三『日本創業者列伝』　九七五夜：井上ひさし『東京セブンローズ』　五八〇夜：トルストイ『アンナ・カレーニナ』　一一二三夜：木村政雄『笑いの経済学』

ぼくには文楽の声と仕草が
昭和のシャレた「落語の棟梁」だった

桂文楽

芸談あばらかべっそん

青蛙房　一九五七／朝日ソノラマ　一九六七／ちくま文庫　一九九二　ほか

八代目などとは言わない。桂文楽といえば黒門町の文楽だ。長らく西黒門町（台東区）に住んでいたので、そう呼ばれた。出囃子《でばやし》はあの「野崎参り」だ。

本当の名人だった。いや、達人の域だった。子供のころ、というのは小学校の二年までのことであるが、人形町末広亭で文楽を聞いたときは怖かった。《愛宕山《あたごやま》》だった。何を憶《おぼ》えているかというと、幇間《たいこもち》の一八が帯をしごき、竹を弓のように撓《しな》らせて谷底からカワラケ投げの中腹まで飛び上がる準備をしている場面の描写が、真に迫って怖かったのだ。このときはこの場面しか憶えていない。

次に《富久《とみきゅう》》を聞いた。いや、見たともいえる。文楽は高座の挙動や仕草を見なければあの迫真の芸はわからない。それも末広亭の桟敷の前のほうに坐《すわ》ってのことである。

これは興奮した。上気しきった。小学校の二年生で落語の口舌《くぜつ》に興奮して、その口調が耳から離れなかったのだ。

それからいったい何度、文楽にほれぼれしたか。ただし京都ではナマの文楽の高座にほとんど出会えなかった。大半がラジオであり、その後、何度かモノクロのテレビで味わった。それでもいつ聞いても、いつ見ても感服した。

高みの声もよく、弓のように撓《しな》った。和紙や絹の布が語っているようなところがあって、ときどき扱《しご》くようなキュッキュッとした魅声に酔わされた。ぼくはあの顔も好きだった。だいたい落語家の顔はあらゆる芸人のなかでも一、二を誇るほどのものなのだが、なかでも文楽は随一だ。職人の棟梁をおもわせた。

世間では文楽か、志ん生か、二人のうちのどちらが好きかで呑み屋の議論が終始していた。文楽好きは「玄人の芸」だと主張して、志ん生派を「てやんで、べらぼうめ」と攻めた。志ん生好きは「間の芸」がたまらないと言って、文楽派を「律儀にすぎる」と詰《なじ》った。落語の好みを嬉しそうに話す時代だったのである。

しかし、志ん生に比較して文楽を語ってしまっては元も子もなくなる。文楽は「楷書《かいしょ》の芸」で、志ん生は「草書の芸」だというような、そういうありきたりな比較はつまらない。文楽にだって張旭《ちょうきょく》やら懐素《かいそ》の草書が走るときがあるし、志ん生に良寛の細楷《さいかい》が区切られることもある。文楽は文楽をもって語るべきなのだ。
たとえば噺家には「ポーズフィラー」が付きものだ。「えー」とか「うーん」とか「なんて申しましてな」という隙間冗語のことである。志ん生はこのポーズフィラーを舌でちょっと唇を湿らしながらそのまま生かしたが、実は初期の文楽もこのクセがひどかったのだ。それを師匠の円馬（三代目）がそのたびにおはじきを投げて矯正していったらしい。噺がおわると、おはじきが七〇を超えていたらしい。こういうこともあったのだ。文楽と志ん生はウラオモテでもあったのだ。

本書は正岡容《いるる》が文楽に聞き書きしたものをまとめた名著である。正岡は荷風や綺堂に師事して黄表紙ふうのものを得意とした作家だが、玉川勝太郎の浪花節《天保水滸伝》の台本を書くような器用人で、自身が大酒呑みの奇人だった。

書名となった「あばらかべっそん」は意味不明だが、文楽が困って窮したときに洒落で言う相槌《あいづち》で、たとえば小股《こまた》の切れ上がったシャダレ（芸者さん）なんぞをお座敷の客に急に押し付けられたとき、「いや、もう、なんとも、あばらかべっそん」というふうに飛ばしたらしい。

文楽の得意にはもうひとつ「べけんや」があって、これも困って興奮し、それでも適当にその場をはずして横にスルリと泳ぐときに、「いやいや、べけんや、べけんやですな」というふうになる。のちに新内の岡本文弥がさかんに傾倒した常套句《じょうとうく》であった。

だから、本書は芸談とはいってもあばらかべっそんで、切れ味のよい語り口の文楽がふと踏みはずして語るに落ちるところを正岡容があばらかべっそんしてみせた記録なので、どこがどうという話の展開はない。色っぽい話もあれば、落語の真骨頂をサラリとのべるくだりもあれば、昔日の席亭の風情を髣髴《ほうふつ》とさせるところもありで、うんふん頷《うなず》き、感心して読むようになっているべけんや。

ぼくを落語に導いたのは父である。ものすごい落語好きだった。落語家の何人かを贔屓にもしたし、祝儀もはずんでいた。桂三木助のタニマチだった。「旦那《だんな》、そいつは困りましたね」とか、「大将、そいつはうれしゅうござんすね」と落語家たちが父に言っているのを聞いて、ぼくもその口調をまねた。

父は落語だけが好きなのではなく、歌舞伎も新派も相撲も大好きで、それぞれ贔屓をもって散財をした。だからわが家にはお金はたまらない。しかし、ひとつ筋が通っていた。それは玄人中の玄人にベタ惚《ぼ》れするということで、こうなるとキリがない応援ぶりなのである。もうひとつの父のクセのような趣味は、そういう玄人の芸をぼくに見せたがること、その芸の説明をしたがることである。詳しい説明などではない。タイミングでつつく。「ええか、セイゴオ、ほれ、このあと見得を切るさかいな」「ここや、この両《もろ》差《ざ》しや」「あれが花柳章太郎の値打ちなセリフやな」。両差しというのは相撲のリャンコの信夫山《しのぶやま》のことをいう。

それで桂文楽についてはどうだったかというと、「さあ、ここで手に唾《つば》をつけるとこや、威勢を見ることや」「セイゴオ、目を、目を見なさい。ええか、ピューーッって走るで」。こういうことは高座を見ている最中に囁《ささや》いた。気が気じゃなかったものだ。寄席へ行く途中にも手を引きながら説明がある。「今日は文楽やな。ええか、文楽は甲高い声になったら、ハリを聞かなあかん。そのハリがなんぼほど今日は続くかやな」「文楽はな、タッタッタッタッ・タ・タ・タ！がすごいなあ。だんだん速《はよ》うなるし、だんだん気合で迫る。まあ、剣術みたいなもんや」。

その父がいっとき「あばらかやん、えっせんらん」を連発していたことがある。鵠沼《くげぬま》と日本橋芳町にいた三、四歳のころのことで、きっとそう言ってニッと笑い、喜ばせようとしたのだろうが、それをときどき小学校時代も言ってみせた。

いったいどういう意味だったか、何かの本歌を真似したものなのか、いまとなっては見当もつかないが、当然に文楽の「あばらかべっそん」に肖《あやか》っている。父はちょっと節をつけていた。「あばらかやん」と上がって、ちょっと間をあけて「えっせんらん」と落とすのだ。そういうところはキリなく変な父だった。体のなかの半分に初代吉右衛門やら章太郎やら文楽が生きていたのである。ああ、今晩のぼくは文楽の面影を思い出すばかりだ。至芸ともいうべき《船徳》や《つるつる》のことも忘れられないが、あの声、あの口調、あの面貌《おもざし》、あの所作である。思い出せば出すほどに、それは「昭和のシャレた父」なのである。

それにしても文楽の顔はいい。職人が何かに応《こた》えようとしているような、そんな一徹と一切を含みこんでいるような顔だった。柔かい品がある。

父親は徳川家の御典医の息子で、維新後は大蔵省に勤め、明治二五年に次男の文楽が生まれたときは、青森の五所川原の税務署長だった。母親は武家の並河家の息女で、維新後も松平頼安に奉公していた。

八代目桂文楽はこの両親の顔を継いでいる。ただ父は台湾に赴任したときにマラリアで死亡した。家計が苦しくなった文楽は横浜のハッカ問屋に奉公に出るのだが、夜遊びがすぎて東京に戻り、あとはいろんな仕事を転々とするうちにヤクザの所に出入りした。そこでその家の娘とあばらかべっそん、案の定、袋叩《ふくろだた》きにあって家に舞い戻ってみると母親が旗本の次男で巡査をしていた本多忠勝と再婚していた。

この本多が二代目の三遊亭小円朝と仲がよく、その誼《よし》みで桂小南を紹介されて入門した。ここに文楽の前座修業が始まった。小南が上方の落語家だったので、渋い三遊亭円馬（三代目）が稽古《けいこ》をつけたのが、よかった。所作にリアリズムがあったのだ。豆を食べるのも、枝豆・そら豆・甘納豆を演じ分けたのである。この、豆をそぼそぼ手指でつまむ食い方に、のちの文楽の母型があったとおぼしい。

第一七〇夜　二〇〇〇年十一月十四日

参照千夜

四五〇夜：永井荷風『断腸亭日乗』　九六三夜：岡本綺堂『半七捕物帳』　六四二夜：徳川夢声『話術』　七七一夜：平岡正明『新内的』　一一七〇夜：冨田均『寄席末広亭』　一六九二夜：小林信彦『名人』

九十歳の北村銀太郎が
寄席の芸の浸り方を指南する

冨田均

寄席末広亭

少年社 一九八〇 平凡社ライブラリー 二〇〇一

本書は、新宿末広亭の席主（席亭）を長らくやっていた北村銀太郎が、べらんめえ口調で好きに語ったものを、映画畑の冨田均《とみたひとし》がまとめた一冊で、寄席というものが何をもたらしたか、寄席芸人がどういうものであったのかを、味よく告げている。

収録当時の北村銀太郎は九十歳近かった。当時といっても、この本が少年社から出たのが一九八〇年だから、もう二五年以上前になる。志ん朝が日の出の勢いで高座をやっていて、それまでダントツだった談志が悔しがっていたころだ。明治二三年の生まれだから、志ん生と同い歳である。家業が建築工務で、五代目柳亭左楽と出会って関東大震災後の空地に六三亭を開いた。三代目歌六改め六代目助六と一緒に営んだので六三亭だった。敗戦直後に新宿で旗揚げした関東尾津組の「光は新宿より」に共感して、末広亭を建てた。

以来、銀太郎爺《じい》さんは寄席業界の〝大旦那〟なのである。口癖のように、こう言っていたという。「タレント芸人は喧《やかま》しい。あんたたち、笑いの前に芸をとりなさい」。

寄席は芸を育てる会所である。定席《じょうせき》である。農園であって、ファクトリーだ。屋根のついたお座敷だ。そこでは落語家は一人でのこのこ高座に上がって、一人で話を下げてくる。テレビのような大写しはないし、仲間ぼめもない。自分ですべてを演じる。銀太郎は「寄席の芸人てのは、もともとてめえの家じゃ糞《くそ》もできないもんたちの寄せ集まりなんだよ」と言っている。だから、そこで名をなすにはたいていの試練じゃ頭角をあらわせない。

その寄席がすっかり少なくなってしまった。いま（二〇〇七年現在）東京で残っているのは新宿末広亭、上野の鈴本演芸場、浅草演芸ホール、池袋演芸場の四つが年中無休の寄席としてあるばかり。ほかに国立劇場演芸場、お江戸日本橋亭、浅草の浪曲木馬亭、上野の黒門亭、三越落語会、蕎麦屋の越後屋寄席、根岸の三平堂落語会、紀伊國屋寄席などが、年に数回か十数回の臨時寄席を開いている程度、からっきしなのだ。

ちなみに大阪はもっとひどい。定席の寄席がない。ワッハ上方と茶臼山舞台が申し訳ばかりに寄席に場を貸しているというていたらく。むしろ地域寄席とよばれる川越や川崎や船橋ががんばっている（追記↓その後少しずつふえた）。

寄席がいいのは、まずその佇まいに風情があるということだ。墨痕《ぼっこん》鮮やかな太字の寄席文字の招きがあって、テケツ（切符売場）で切符を買ってモギってもらう。席内に入ると、まるで昔の遊郭のように、正面の高座と左右に提灯《ちょうちん》がずらりとぶらさがっている。いまは椅子席が多いけれど、以前はたいていが畳敷きの桟敷だった。その真ん中にワタリという板張り通路があった。現在の新宿末広亭では両脇が桟敷席になっている。ここから高座を眺めると、そこには「めくり」が出ていて、いまなら橘右近やその弟子の左近が書いた芸人の名が垂れている。寄席文字はいいものだ。夜には行灯《あんどん》ふうに芸人の名が浮かぶ。基本は「書き出し」（売りだし中の花形）、「中軸」（助演の真打）、「トメ」（トリの真打）の三人だ。

が、風情だけが寄席なのではない。寄席でとくに大事なことは、本来、寄席の出し物があらかじめ決まってはいないということにある。楽屋に出物帳（半紙二つ折り）があって、そこに「浅い出番」から「深い出番」の順に、その日の予定演目を前座が書きつける。それだけだ。席入りした出番の者はこれを見て、趣向が重ならないような工夫をする（寄席に行ったことがない者は知らないかもしれないが、寄席ではホール落語やテレビ落語とちがって、その日の演目は発表されていない）。

高座に出ても、どのくらいで持ち時間を終えるかは決まっていない。落語家のばあいは噺《はなし》がすすむとたいてい羽織を脱ぐが、これを前座が楽屋に引かないかぎりは、終われない。次の出番の芸人が到着していないからだ（かってはそんなことザラだった）。そういうときは、いつまでもやってなきゃいけない。だから、ホール落語やテレビ落語で羽織を脱ぐのは意味がないことなのである（近頃は落語家が自分で脱いだ羽織を持って下がっていく）。

寄席には音曲もある。なかでも落語家のための出囃子《でばやし》がたのしい。これは大正期に大阪から流れてきたのが定着したもので、もともと江戸や東京にはなかった。けれども、これがいい。いまでは出囃子のない高座など、ありえない。黒門町の文楽は《野崎参り》、なめくじ長屋の志ん生は《一挺入り》だった。

出囃子は寄席に何度も通っているうちに、なくてはならないものになる。テーマソングなのではない。イントロダクションなのだ。あまりに早く死んだ古今亭志ん朝の出囃子は《老松》で、これが鳴ってちょっと前かがみに出てきた志ん朝が座布団にゆっくり坐って、「ええーっ」とやりはじめるまでの間《ま》は、すでに親父を凌《しの》ぐパッサージュの芸になっていた。

昭和の出囃子を定着させたのが誰だか知らないが、ありがたいものになった。こういうところは大阪の感覚なのだろう（上方には鳴り物を体にくっつけるという伝統ともいうべき感覚が横溢《おういつ》する)。かつて初めて米朝と枝雀を聞いたとき(国立劇場だった)、出囃子が《三下《さんさが》りかっこ》《ひるまま》であったことにいたく感動したものだった。立川談志の《木賊刈《とくさがり》》なんてのもぴったりだ。ちなみに、ぼくが親しくしている柳家花緑は《お兼ざらし》、お祖父《じい》さんの小さんは《序の舞》だった。

出囃子よりもっと好ましいのが「追出し」である。真打が高座でサゲを言ったとたん深々とお辞儀して、そこにかぶって「どろどろ・どろどろ・どろどろ」と打たれていく太鼓の打ち出しだ。この太鼓と「ありがとうございました、ありがとうございました」の連呼の声に送られ、冬の席亭を襟を立てながら背にするときほど、気分のいいものはない。

追い出しの太鼓がおくる夜寒かな(玄月)

ふりかえって、ぼくの笑いは人形町末広(正確には末広亭ではない)とラジオの演芸番組で育まれた。京都で生まれながらも、三歳から小学校二年までを東京日本橋芳町におくったぼくは、父に手を引かれてそこから二分とかからない人形町末広によく連れていかれた。文楽・志ん生が、三木助・柳橋・金馬が、一龍斎貞丈《いちりゅうさいていじょう》・アダチ竜光・春本助治郎が、柳家三亀松・都家かつ江・紙切り正楽が、いた。

第一七〇夜の桂文楽『芸談あばらかべっそん』のところにも書いたけれど、父が贔屓をしていたのは桂三木助だった。三木助の《芝浜》なんてまさに「粋《いき》」のきわみ、さすがの文楽もしばらくは及ばない絶品だった（文楽は《芝浜》で魚勝が芝浜に行って財布をたぐりよせる芸がなかなかできないので苦労していたらしい）。三木助は酒のほうは一滴もやらなかったが、そのかわり博打《ばくち》がめっぽう好きで、すぐに羽織・着物を鉄火場にとられていた。それを父が提供するのである。

当時のラジオの演芸番組では、そういう芸人とともに花菱アチャコ、ダイマル・ラケット、蝶々・雄二、光晴・夢若らがそれぞれたっぷりの芸を聞かせていて、たとえば痴楽、円歌、金語楼、三平、漫才のいとし・こいし、獅子てんや・瀬戸わんや、かしまし娘、リーガル千太・万吉あたりの中途半端な芸が、そういう中に入って、ぐらぐら笑わせるか、お茶を濁した。

笑いというもの、子供ごころにもわかるものだ。ちなみにぼくは笑うのは好きだが、自分でジョークを言ったり、聴衆を笑わせるのはからっきしだ。試したこともない。だからぼくのスピーチはパーティでは絶対にウケない。ウケたくもない（でも、おかしな話にはいつでも笑います）。

いまや、そうした寄席の芸もしだいにふつうになってきた。落語以外は漫才と色物が、とくによくない。もっともこれはいまに始まったことではない。参考のために書いておくが、ぼくの青少年期の超売れっ子だった林家三平も三遊亭歌奴（のちの円歌）も月の家円鏡も、ぼくは大嫌いだった。笑いのウケ狙いを連発して大当たりはしたけれど、そのころにしてすでにつまらなかった。なぜか。磨《みが》きがないのだ。

中学に行くころに亡くなったのだと思うが、古今亭今輔や柳亭痴楽も嫌いだった。客に媚《こ》びていた。実は名人といわれていた円生にも乗れなかった。こちらは自分に媚びていた。その円生の弟子が円楽で、深川に自力で寄席「若竹」をつくったりしたけれど、あの芸風はとうてい見ていられなかった。銀太郎は「あれは万事、自分に都合のいいような話しっぷりだよ」と言っていた。

寄席には香盤《こうばん》、ワリ、五厘がある。香盤は芸人の序列のことで、これは寄席の席亭たちが決める。ワリは給金の配分のこと、これも席亭が決めた。いずれもすこぶる専意的なもので、売れっ子だからといって容赦はしない。ほかに五厘とよばれるスタッフがいて、この香盤、ワリ、五厘で楽屋のしくみの基礎ができている。

ふりかえって、そもそもの寄席の発祥は、天明年間に初代の立川焉馬《えんば》が向島《むこうじま》の武蔵屋で「落とし噺の会」を開いたのがはじまりで、ついで三笑亭可楽が寛政期に浅草稲荷前で寄席興行にした。その可楽から可楽十哲が出た。そこに鳴り物をもちこみ、定席にしていったのが大坂の初代桂文治だった。それを岡本万作が江戸に移して、神田豊島町の藁店《わらだな》で「頓作軽口噺《とんさくかるくちばなし》」の看板をあげた。こうしてみると、近世落語の原型は「頓作」と「軽口噺」だったのである。

けれども、この「頓作」と「軽口噺」は最初から禁欲的なルールを自身に課した。高座に坐ること、着物で演じること、扮装《ふんそう》はせず、扇と手拭いだけを道具にするということだ。この禁欲的なルールをもって芸に縛りをかけ、そのうえで噺をつくった。

噺の基本構成は「マクラ」「本文」「オチ」（サゲ）である。マクラには自己紹介もあれば、世間話もあるし、小咄《こばなし》が加わることもある。さっきも言ったようにその日の調子で演目を変えていいのだから、マクラはそれを客の反応でさぐるためにあった。

こうして文化文政には江戸に一二五軒の寄席が出現し、これが明治になっても続いた。それがいまやたった四軒だ。あとはテレビ芸能のオンパレード……。

売れっ子の落語芸人がつまらないわけではない。かなりの質が揃っている。柳家小三治も（最近は力が落ちてきたが）、春風亭小朝も（髪を染めたのは失敗だ）、立川志の輔も（司会はしなくともいいが）、それぞれ聞かせる。三遊亭円丈や春風亭昇太の創作落語に感心することもある（そろそろ飽きた）。

ぼくに多少の縁がある者もいる。柳家花緑には以前からイチロー並の期待を寄せて応

援している し、上方の桂南光（元べかこ）は「遊」の愛読者で、いまは出ずっぱりの笑福亭鶴瓶は《比叡おろし》が愛唱歌だ。

そういうことはあるのだが、寄席の文化がそれで安泰かといえば、おそらくそんなことはない。銀太郎の大旦那は、こう言っていた。「テレビのせいだね。昔は田舎に行ったら落語家なんて見たこともないっていうのがザラだった。ハナシ家をカモシカと同じようなもんだと思ってたくらいだからね。だって、初めて寄席に行ったもんが、なんだ〝ひとりごと〟かって言ったっていうんだからね」。

第一一七〇夜　二〇〇七年一月九日

参照千夜

二三一夜：戸板康二『あの人この人』　一七〇夜：桂文楽『あばらかべっそん』　一六九三夜：桂米朝『一芸一談』

志ん生の絶妙な「加減」の至芸
「綺麗キッパ」の志ん朝の粋芸

小林信彦

名人

志ん生、そして志ん朝

朝日選書　二〇〇三　文春文庫　二〇〇七

志ん生と志ん朝を並べて一緒くたに語るのはけっこう難しい。二人は落語界を代表する親子で、かつ、それぞれ名人だったのだから、何かのミーム（意伝子）のつながりで語りたくなるのはやまやまなのだが、「芸の道」では親子だからといって重ならないところ、反りがちがうところは少なくない。

笑いの芸人は一子相伝とはかぎらない。だいたいは「親の心、子知らず」だ。そういう落語家一族は少なくない。ところが志ん生と志ん朝にかぎっては、両者が極上、とんでもない親子の落語家だった。長男の馬生《ばしょう》も味があり（次男が志ん朝）、親子三人ともにいい。芸風は似ているとも、「ひそみ」や「ふくみ」でいろいろ違っていたとも言える。とくに志ん朝は若い時期からさまざまに精進し、深みも軽妙も爛熟《らんじゅく》もおこしていったから、そのどこを見るかで「志ん朝の中の志ん生」があれこれ彩れる。

そのあたりの案配のこと、志ん生の長女の美濃部美津子の『三人噺—志ん生・馬生・志ん朝』（扶桑社↓文春文庫）がうまく書いている。

当たり前だが、志ん生と志ん朝の時代と人生は別だ。

志ん生（五代目）は明治二三年に生まれて、日中戦争時代に噺家として各地を行ったり来たりしたのち、ラジオ文化の中で飄々《ひょうひょう》とした名人ぶりにファンが酔った。昭和四三年一月の七八歳まで高座に上がり、いつか再起してくるだろうとファンに気を揉《も》ませての、八三歳での、まあ大往生だった。

志ん朝は昭和十三年の生まれで、獨協高校ではドイツ語も好き、役者も好きという青年だったが、親父に説得されて昭和三二年に噺家になったところ、五年で真打に昇進して、たちまち評判が立った。桂文楽は志ん生に「円朝を継げるのは、あなたの息子だナ」と言ったほどで、談志も「金を払って聞く価値があるのは志ん朝だけだ」と言っていた。高級外車（アルファロメオ）を乗りまわしたり、いわゆる豪邸を建てたり、テレビに出ずっぱりのときもあったのだが（「サンデー志ん朝」など）、やがて芸の道にとっぷり浸《つ》かっていった。

けれども病魔に冒され、平成十三年（二〇〇一）十月一日に六三歳でぷっつりと遮断機が降りてしまった。あと二十年、いやせめて十年でも高座をしていたら、志ん生から想像できないもの、「蕩《とろ》けた化け物」や「名状しがたい神技」のようなものが出てくるだろうと、みんな、そう思ったのである。

志ん生はつねに桂文楽にくらべられた。文楽が楷書なら志ん生は草書だとか、文楽が文学なら志ん生は俳諧だとか、文楽がスクウェアなら志ん生はヒップだとか言われてきた。徳川夢声は文楽がクラシック音楽なら、志ん生はジャズだと言った。ビートたけしは文楽をマティスに、志ん生をピカソに準《なぞら》えた。これはぼくの言い草だが、文楽が「折り目」なら、志ん生は「しわ」なのである。

志ん朝にはそういうふうに並べて比較するライバルがいない。ライバルに談志や枝雀をあげる者もいたが、とうてい同断には語れない。志ん生は誰かの芸風に打ち込んだということがなくて、独自の語りで周囲をケムに巻いたが、志ん朝は意外なことに父親のライバルともくされた文楽の芸に学んだ。それなのにいつのまにか親父の芸風をも醸しだしていた。

こんな親子はいなかった。昭和平成の演芸史に奇蹟をおこした。それなら、そういう二人をつなげて語るにはどうしたらいいか。志ん生から志ん朝に進むのか（それがふつうだろうが)、志ん朝から志ん生に戻るのか(案外この手かもしれない)。そうとうに二人の落語を聞き込んでいなければならず、二人に惚《ほ》れ込んでいなければならない。

容易ではあるまい、いったい誰がこの難問に挑むのだろうかと思っていたら、小林信彦が名のりを上げた。小林は二ツ目のころからの志ん朝にぞっこんで、きっと不世出の名人になるだろうとみなしていたし(夫人は前座デビューの朝太のころからのファン)、やや前半期の志ん生に出会えていなかったので、本書を綴るにあたっては志ん生を聞きまくったという。用意も万端なのである。

とはいえ、こういう思いだけでは落語の本は書けない。そのことはこれまでの落語についての評論が証《あ》かしている。

落語についての本はピンからキリまでかなり多い。へらへらなもの、ネタばらしだけのもの、笑いに片寄ったものも目立つ。けれども昔からの定番となると、長らくのあいだ正岡容《いるる》、安藤鶴夫、関山和夫、小島貞二、江國滋《えくにしげる》だった。本書の小林信彦もこの系譜につらなると見ていい。そこで、ざっとながらこの五匠を案内しておく。

正岡容は酒呑みで激しい気性の持ち主だ。もっぱらの演芸数寄者で、江戸戯作《げさく》から落語・浪曲まで通じた。大正十四年に三代目三遊亭円馬の媒酌で石橋幸子と所帯をもって大阪に居住したせいで、上方落語にも詳しい。そういう正岡の晩年に桂米朝が私淑した。

米朝が正岡に私淑したことは、のちに上方落語の復興につながった。

若い日の正岡は小島政二郎に入門して小説を書き、快作『圓太郎馬車』（現在は河出文庫で刊行）で評判をとった。古川緑波《ろっぱ》の主演で映画化もされた。それなのにその創作意欲はそのまま文学に向かうのではなく、あくまで演芸に戻っていった。そんななか吉井勇の「粋」も学んだ。落語も漫才も、また浪曲も愛した。二代目玉川勝太郎のための浪曲《天保水滸伝》、初代相模太郎のための《灰神楽三太郎》はいまなお傑作だ。


この正岡容と名人評価をめぐって激しい舌戦を交えたのが、アンツルこと安藤鶴夫である。アンツルが『落語鑑賞』（苦楽社）をまとめたのは都新聞文化部記者時代のことで、戦後まもない昭和二四年のことだから、かなり早い。

大阪の中山太陽堂がつくったプラトン社に「苦楽」という雑誌があった。ぼくが大いに評価している雑誌で、昭和メディア史を飾る。その編集長をしていた大佛次郎《おさらぎじろう》が、この雑誌で「落語を文化として扱いたい」と久保田万太郎に相談したところ、万太郎が記者のアンツルを推薦したのがきっかけだ。

若きアンツルは八代目桂文楽の高座をノートにとってみっちりまとめた。この仕事はその後の落語テキストのバイブルともいうべきものとなり、補塡された『わが落語鑑賞』（ちくま文庫）も評判が高い。直木賞をとった『巷談本牧亭』（桃源社→各文庫）のほか、『落語国・紳士録』（青蛙房→ちくま文庫）、『寄席紳士録』（文藝春秋新社→平凡社ライブラリー）、『わたしの寄席』（雪華社→河出文庫）などもある。

アンツルは正岡容とは犬猿の仲で口も悪く、三代目金馬を「乞食芸だ」とあしらい、《野ざらし》が定評の三代目柳好は「軽いポンチ絵」と唾棄《だき》し、頭角をあらわしつつあった立川談志については二ツ目時代を絶賛したが、そのあとは「調子にのりすぎている」「リクツじゃ落語はよくならない」と文句をつけた。談志は談志で三木助の《芝浜》がいやらしくなっているのは、アンツルの助言を聞いたからだと反論した。

三人目の**関山和夫**は民俗学出身で「話芸」という言葉をつくった。最初は安楽庵策伝《あんらくあんさくでん》の生涯を研究し、笑話集『醒睡笑《せいすいしょう》』に収録されたジャパニーズ・コントを吟味した。策伝は落語の祖というより遊芸のエキスパートで、茶道にも狂歌にも椿《つばき》にも詳しかった。やがて『説教と話芸』（青蛙房）、『話芸の系譜』（創元社）、それに『落語名人伝』（白水社）を書いた。これはぼくもいろいろ参考にさせてもらった。仏教芸能にも詳しく、『仏教と民間芸能』（白水社）や『庶民芸能と仏教』（大蔵出版）や『庶民仏教文化論』（法蔵館）はいまもって貴重だ。

四人目の**小島貞二**は変わり種だ。昭和十三年に大相撲の初土俵を踏んでいる。出羽海部屋で、双葉山の七〇連勝を阻止した安芸《あき》ノ海《うみ》の付け人だった。身長が一八二センチあった。その後は博文館で相撲や野球の評論を書き、戦後になって演芸記者になった。猫背でベレー帽がトレードマークだ。いろいろ監修した。『落語三百年』シリーズ（毎日新聞社）、『落語名作全集』全六巻（立風書房）がある。ぼくが「遊」を編集していたころは、次々に『志ん生長屋ばなし』『志ん生廓ばなし』『志ん生江戸ばなし』『志ん生滑稽ばなし』（いずれも立風書房→ちくま文庫）が連打され、このシリーズで志ん生の話に親しんだ者も多かったろうと思う。

江國滋はぼくが大好きな作家・江國香織の御父君である。演芸批評、俳諧、アマチュア・マジシャンとして鳴らした。なんといっても『落語手帖』（普通社→旺文社文庫→ちくま文庫）が先駆的で、続いて『落語美学』『落語無学』（ともに東京書房社）で唸《うな》らせ、これらをブリコラージュした『落語への招待』（朝日選書）が大いに読まれた。

本書の小林信彦は、これら先達の系譜でいえばあきらかにアンツル派だ。よくよく見聞しているし、手厳しいところもある。言いたいことは遠慮しない。ぼくはそういう小林の落語語りには信頼を寄せてきた。落語だけではなく、大衆芸能について鮮明な目利きができた。

子供のころから講談社の『落語全集』に没入していたらしく、志ん朝を感じるためには何でもしてきた。とくに名古屋の大須演芸場での「志ん朝三夜独演会」にはできるだけ通った。本書はその小林が志ん朝を褒めたくて、その背後の志ん生を温かくゆさぶった一冊だった。

もともとは日本橋に九代続いた和菓子屋「立花屋」の御曹司《おんぞうし》である。満州国が成立した昭和七年の生まれ。父親は菓子屋を没落させるのだが、小林はその父に連れられて歌舞伎や寄席に親しんだ。将来は動物園の園長か落語家になりたいと思った。中学生のとき徳川夢声の本を万引しようとしたら、店員に捕まって絞られた。このエピソードがいい。

高校では映画研究会をつくり、早稲田では英文科でサッカレーとピカレスク（悪漢小説）をやった。それからはいろいろの職業をへて、昭和三四年に宝石社の推理小説誌「ヒッチコック・マガジン」の編集長になった。江戸川乱歩の推薦だったようだ。星新一・筒井康隆・山川方夫《まさお》をサポートした。

フリーになってからはテレビの構成台本を書くかたわら、中原弓彦のペンネームでコミックノベルに挑み『虚栄の市』（河出書房新社↓角川文庫）を問うと、そこから『オヨヨ島の冒険』（朝日ソノラマ↓晶文社↓角川文庫）のシリーズ化、『唐獅子株式会社』（文藝春秋↓新潮文庫）のシリーズを発表しまくった。

文章はお手のものとなり、作家の才能やテレビ番組の構成力を見るのにも長じたのだ。『日本の喜劇人』（晶文社↓新潮文庫）では森繁久彌を巧みに評価して、ぼくを悦《よろこ》ばせた。こうして満を持するかのように本書『名人』を書いた。なるほど、こういうふうにまとめるのかと感心した。

それでは、古今亭志ん生について。「えー」「まあ」「そいで」「うーん」「～てな」といったポーズフィラーがたまらない調子だが、あれは晩年からのことだった。

本名は美濃部孝蔵。高座名を十六回も変えていて、五代目志ん生になったのは昭和十四年の四九歳だ。貧乏時代が長く、博打や酒に耽《ふけ》りすぎていたせいだとは言わないが（そのせいも大きかったが）、不遇時代が続いた。三升屋《みますや》小勝に楯《たて》ついて干されたこともあった。

性格は「ずぼら」を絵に描いたようなものだが、一徹なところ、頑固なところもあって、昭和二二年に大陸から引き揚げるとすぐに高座に上がって、そこからは自分の落語しかしなかった。夢声の『いろは交友録』(鱒書房)に、大阪の寄席に襲名したばかりの志ん生が初出演したときは、聴衆が気にいらなかったのか五分か七分でぷいっと高座を降りたという話が紹介されている。

志ん生が得意なのは、志ん生自身がそう言っているのだが、「ついでに生きている人たち」を演じているときだ。この「ついでに」や「つもり」がよかった。そこに得体のしれない「融通無碍《むげ》」と「天衣無縫」が横溢する。噺の仕方では「くすぐり」も得意だったが、アイディアに富んでいたというより、これはアンツルも小林も証していることだが、柳家三語楼のネタをかなり借りていた。

小林は志ん生の芸は「明るく、荒涼としたユーモアがニヒリズムに裏付けられている」と書いて、それを否応《いやおう》なしに感じたのは《お直し》だったと書いている。昭和三一年の三越落語会での高座で芸術祭賞をとった。「廓《くるわ》もの」の江戸落語だが、花魁《おいらん》が客引だった牛太郎と一緒になるというめずらしい話で、ちょっと痺《しび》れさせる。

志ん生は意外にもネタが多い。同時代では六代目の円生に匹敵する数だった（文楽はネタを絞っていた）。そのたくさんのネタをよくよく練っていた。ぼくが好きなのは《火焔太鼓》《品川心中》《井戸の茶碗》《居残り佐平次》など、なんとも絶妙な風合に揺蕩《たゆた》わせてくれる。

志ん生は一つの噺にも自分が好きな場面がいろいろあって、そこへさしかかるとうきうきすると言っていた。話していてうきうきするとは、まさに志ん生らしい。たとえば《火焔太鼓》なら次のようなところだ。

「あれはとても好きな噺でね、マクラの苗売りのところ、物売りの言い立てから天道干しのとこ、大名屋敷のお納戸口で用人との値段の駆け引きねェ。そぃから金を受け取っての帰《け》ィり道でェひとりごと言う、あすこね。女房を柱につかまらせるところなんぞァ、とてもむつかしいけども、あたしゃ大好きで」。

落語には八っつぁん、熊さん、横町のご隠居、大家さん、女房、与太郎、大旦那、若旦那、お侍(お武家)、家来たち、三太夫、花魁《おいらん》、遊女、駕籠かき、物売り、泥棒、子供たち等々、江戸の町を往来する者たちが登場する。落語家はそうした人物の造形に勝手な工夫をするのだが、志ん生はあまりそういうことをしなかった。はっきりした演じ分けをしない。

だいたい江戸っ子であろうとする必要もなく(ヒガシになる江戸弁だった)、貧乏を演じる必要もない(ずっと貧乏だった)。もともとの暮らしぶりが、落語の身過ぎ世過ぎの日々に居たようなものだったのだ。とくに侍の描写など、まったく侍っぽくしていない。だからヘタなのだ。侍なんてバカにしていたのかとさえ思わせる。

ところが、《らくだ》の遊び人、《黄金餅《こがねもち》》の破戒坊主、《三軒長屋》の鉄火な姐御《あねご》などになると、これは志ん生しかあらわせない人物になる。「ついでに生きている」という風情が染み出してくる。こうなると「いいかげん」の案配がたまらない。

この「いいかげん」が志ん生の噺のすべてを名人芸にしていったのである。彫琢《ちょうたく》ではない。磨き上げたというのでもない。鋤《す》いていった。あるいは梳《す》いていった。紙々にしたのだ。どう鋤いて、どこを梳いたかは噺ごとにちがっているが、楮《こうぞ》の濃さも変えていた。これが志ん生なのである。そういう志ん生に馬生と志ん朝という子ができた。

志ん朝は親父が絶頂を迎えていた昭和三一年に高校を卒業して、東京外語大を受けたときは外交官志望だった。さいわい大学は不合格で、翌年、古今亭朝太として落語修業を始めた。落語が好きでもなく、ジャズのドラマーになりたかったようだが（だからシンコペーションがいいのかもしれない）、親孝行だったらしく、父親の勧めに従った。

親父は《子ほめ》《道具屋》などの前座噺をみっちり仕込んだが、本気の落語は自分が教えるのではなく、稲荷町の林家正蔵（のちの彦六）に稽古をつけてもらうようにした。《やかん》《巌流島》《こんにゃく問答》などは正蔵から仕込まれた。その後も円生や三木助に稽古を付けてもらい、このときはテープではなくノートに書き取ったという。

昭和三四年の春に二ツ目に、昭和三七年（一九六二）に志ん朝（三代目）を襲名して真打になった。文楽が推薦したらしい。このとき柳家小ゑんが先を越された。のちの談志だ。そうとう悔しかったようだ。当時の若手四天王といえば志ん朝、柳朝、円楽、談志だったのである。

正蔵らに稽古を付けてもらったのが、よかった。実際の噺の数は親父から教えてもらったのが三分の一くらいだったそうだが、噺のカマエやハコビやホドを口写しで先達たちから受けたのが大きい。おまけに志ん朝は文楽の芸に学ぶことにした。これがもっと大きい。親父のライバルともいうべき文楽を研究する気になったというのは、並大抵ではない。だから折り目の落語を身につけた。そこに生まれながらの志ん生の春風駘蕩《たいとう》の地がまざった。《船徳》という文楽の十八番があるのだが、これなど文楽でなく志ん生でもなく、まさに志ん朝だった。

　こうして昭和四六年に《今戸の狐》と《宮戸川》で文部省の芸術選奨新人賞をもらうころは、いよいよ志ん朝になっていた。ただ「遊び」がなかった。


　志ん朝はいつのまに名人芸を身につけたのか。むろん年を経るにつれて味わいが出てきたのだろうけれど、それだけでは何か秘密を解いた気になれない。あまり知られていないかもしれないが、二つほどのきっかけがある。

　ひとつは三木のり平の劇団に出るようになったことだ。新宿コマ劇場である。若旦那の役が多かった。何度か出たようだが、ここで揉まれた。のり平を尊敬していたのだ。ここで笑いのコツを摑《つか》んだのではないかと、小林は見ている。もうひとつは大阪に行くたびに笑福亭松鶴（六代目）の高座を聞き、松鶴のところに通ったことだ。上方落語を復興させた話を聞き、深く感動した。

「志ん朝の若旦那ネ、あれは天下逸品だなァ」と言われるようになったこと、志ん朝の人情噺は江戸前だけではなく「日本人を感じるねェ」というふうになった経緯にも、こんなことが手伝っていたのだろうと思う。そんなわけで若旦那が絶品だった《唐茄子屋政談》《船徳》など、いまの落語家にはマネできない。

もう一言、加えておく。志ん朝はドイツ語、車、カメラが好きだった。とくにカメラだ。「芸」も撮っていたのだと思う。「芸」が撮れたのだと思う。もっともこれだけなら勉強家だということで、芸のアルバムがふえていったというだけなのだが、志ん朝はそれをどこかで身につけていく。まぜまぜにする。文楽、親父、正蔵、のり平、松鶴、テレビ出演、馬生、一門たちの芸がまぜまぜになり、そのうち別なものになっていった。志ん朝の志ん朝たるゆえんだ。

こういう志ん朝を正統派の中の正統派とか、最後の本格的な落語家だというふうに片付ける向きがある。小林もぼくもそういうふうには片付けたくない。

志ん朝には「品」が動いていた。品格や品性が通っていた。噺の具合やそれを語る気分がごちゃごちゃしなかった。そう言っていいなら、高座が汚れなかった。これは世阿弥が重視した「却来《きゃくらい》」だ。非風に巻きこまれることを拒絶したのである。つまり志ん朝は「綺麗キッパ」だったのだ。

高貴だとか、貴紳的な「品」なのではない。洒落た品格なのである。ハンサムな綺麗さというものでもない。粋に綺麗だ。そこは文楽に通じた。

言いかえれば「花」があった。談志すら「志ん朝の落語は華麗だった」と偲《しの》んだ。この「花」は世阿弥の「花」とはかぎらない。初代吉右衛門や芸者や職人や、花柳章太郎や山田五十鈴や銀座のママに通じる「花」で、何かが華やぐ。志ん朝本人にそれがあったというより、そういう落語家であろうとしたところの「花」だ。

では、あらためて志ん生と志ん朝をくらべるとどうなるかといえば、志ん生は屈託がなく、屈託を消した。志ん朝は屈託を入れこみ、屈託を粋にした。志ん生の芸は曖昧《あいまい》の極みに遊んだものだったが、志ん朝は遊んだというより、「遊んだ者たち」をネタとして話すことを極めた。志ん生は「よどみ」を好んだけれど、志ん朝はその「よどみ」が折りたためた。こういう親子が二人ながらにして名人だったのである。驚くべきことだ。

第一六九二夜　二〇一八年十二月二一日

参照千夜

八三七夜：立川談志『童謡咄』　六四二夜：徳川夢声『話術』　一七〇夜：桂文楽『芸談あばらかべっそん』　五一〇夜：安藤鶴夫『文楽　芸と人』　九三八夜：吉井勇『吉井勇歌集』　四五八夜：大佛次郎『冬の紳士』　七八七夜：小島政二郎『円朝』　七四七夜：江國香織『落下する夕方』　九三二夜：埴谷雄高『不合理ゆえに吾信ず』　二三四夜：星新一『ボッコちゃん』　五九九夜：江戸川乱歩『パノラマ島奇談』　五九〇夜：森繁久彌『品格と色気と哀愁と』　一一七〇夜：冨田均『寄席末広亭』　七六夜：三木のり平

『のり平のパーッといきましょう』　一一八夜：世阿弥『風姿花伝』　四三九夜：榧野八束『近代日本のデザイン文化史』

上方芸能に話芸を見いだし
上方芸人に惚れつづけた噺家

桂米朝

一芸一談

淡交社　一九九一　ちくま文庫　二〇〇七

以前は米朝落語について書こうかな、それとも『私の履歴書』（日本経済新聞社）にしようかなと予定していたのだが、それよりも米朝がさまざまな「昭和な相手」と交わしている興味深い談話のほうを採り上げたくなったので、本書を案内することにした。

大阪朝日放送の「ここだけの話」の記録から、小佐田定雄が巧みに活字にして『一芸一談』としたものだ。二〇一五年に亡くなったのち、続編『一芸一談・米朝置土産』（淡交社）を息子（長男）の五代目米團治《よねだんじ》がまとめたので、そこからも補う。その前に米朝の昭和について、一言、二言。

一つ、桂米朝は昭和そのものだった。二つ、師の正岡容と四代目桂米團治の教えを実直に守る生涯をおくった。三つ、上方落語の復興のために自らの芸を磨きつつ、ひたすら上方演芸文化を愛した。その姿勢は研究者に近い。

元号が昭和にかわる直前の大正十四年十一月の生まれだから、まさに昭和とともに生きた。最初は大連だ。そのころの大連は大日本帝国関東州の都市だった（ぼくの父もよく行き来していた）。四歳に奉天（いまの瀋陽）に引っ越し、そのあと実家の姫路で学校に通った。祖父も父親も九所御霊天《くしょごりょうてん》神社の宮司さんで、米朝も神職の資格をもっている。

昭和十八年に上京して、池袋の大東文化学院（いまの大東文化大学）に入るのだが（男子校、漢学主義の学校）、新聞で見た寄席文化向上会が寄席相撲を開催するというのを見て、大塚の鈴本に見に行った。このとき検査役として桂文楽の隣りにこの会の主宰者がいた。正岡容だ。売店で『円朝』を買って、帰って読んだ。扉に「路地の奥寄席の灯見ゆる深雪かな」という句がサインしてあった。感動した。病膏肓《こうこう》に入ったはじまりである。すぐさま風変わりな演芸研究家でもあった正岡に入門した（落語家で研究者に〝入門〟したのは米朝が初めてだ）。

友人が三代目桂米之助になったので、それにつられて四代目桂米團治の内弟子になった。その師匠から「芸人は好きな芸をやって一生を送るもんやさかいに、むさぼってはあかん。値打ちは世間がきめてくれるんや」「芸人になった以上、末路の哀れは覚悟のうちやで」と言われた。

内弟子の時期は短い。だったら「外」の風に当たることにして、まもなく三代目桂米朝を名のり、千土地興行（のちの日本ドリーム観光）に所属すると、千日劇場、角座、梅田花月などの高座で修業しつづけた。こういうキャリアは落語家としては半ちらけなのだが、米朝は気にしない。夢中で、熱心で、かつ上方落語の取材や収集や研究に余念がなかったようだ。そのあたりの経緯は『私の履歴書』に詳しい。

高度成長をなしとげた昭和四三年にフリーになった。大阪が二年後の万博開催に向けて沸騰しつつあった時期だ。東京はアンダーグラウンドな動向が沸々と噴煙を上げていたが、大阪はどこか文化を引っ提げていた。

松下電器、タカラヅカ、梅棹忠夫、フェスティバルホール、林屋辰三郎、サントリー、小松左京、阪神タイガース、武田薬品、ワコール、筒井康隆、京大西部講堂、お笑い芸人、京都信用金庫、ABC朝日放送などなどに彩られた当時の関西は、どこかあけっ広げで、それでいて虎視眈々《たんたん》としていた。

米朝は大阪の寄席、小屋、ホール、どこにでも上がり、ラジオにもテレビにも出演した。まもなく六代目笑福亭松鶴、三代目桂小文枝（のちの桂文枝）、三代目桂春団治とともに上方落語四天王と評判になった。

一方で一門を結成する努力を開始した。桂米朝落語研究会はその後もずうっと休みなく続いている。昭和四九年に株式会社米朝事務所を設立すると、月亭可朝、桂枝雀、桂ざこば、五代目米團治ほか、月亭八方、桂南光、桂吉弥らを育てた。吉本全盛時代が到来しつつあったなか、このプロダクション・システムの立ち上げは早かった。枝雀は爆発した。一門は一人の破門もつくらなかった。

こういう桂米朝とその周辺だが、厖大《ぼうだい》な実績をのこし、数多くの落語を高座にかけ、著書もかなり多かった。最後は落語家として演芸人として初めて文化勲章を受けるに至ったが（人間国宝は五代目柳家小さんについで二人目）、ぼくが見るに残念ながら落語は名人とはいえない。代表作の《地獄八景亡者戯》も、ぼくは感心しない。

しかし、あの語り口こそは「上方落語の言葉」で、話芸の達人だったのだと思う。生涯をかけて名作を残そうとしたという深いミッションを感じる。これには脱帽する。

平成二七年、早春に亡くなった。八九歳だった。西の巨星墜《お》つ、である。その年、すぐにETVが《洒落が生命《いのち》――桂米朝「上方落語」復活の軌跡》を放映し（よくできていた）、詩の雑誌のユリイカが「特集・桂米朝」を組んだのが、印象的だった。

過日、米朝の真骨頂の一端をかいま見たことがある。祇園南の「波木井《はぎい》」のカウンターで遊び仲間の友人とともに、波木井おとうさんの三味線と都々逸《どどいつ》に聞き惚れていたときだ。ふと後ろのほうの席にただならない気配を感じた。振り返ってみると、米朝師匠が若い弟子数人と、おとうさんの唄と喋りと三味線に耳を傾けている。米朝が小声で弟子たちに「ほれ、あれが都々逸いうもんや、あの間《ま》やで」と言うのが聞こえた。それを見たとき、胸が詰まった。いまは懐かしい。

もうひとつ。大阪きっての老舗の南地（ミナミ）の大和屋が店仕舞いした。女将《おかみ》の阪口純久《きく》さんがさぞ悔しかろうと、最後に「ようけの客」を連れて大盤振舞いをしたのは米朝だった。これも胸が詰まる話だ。そういう人なのである。

こんなふうな米朝が、さまざまな先達たちと話を交わしているのが、本書だ。とても柔らかな対談だが、飄々というのではない。「おもろい」ところが深い。こういう人は東京の落語家にも関西の芸人にも、また評論家にも大学にもメディアにももういない。やっぱり「昭和」を相手にしたときの一芸一談は只事《ただごと》ではないのである。米朝、一世一代の「芸」の聞き役だった。

ということで、以下には何人かの話を適宜、見繕ってみた。歳の順にしておいた。みなさん、そうとうのお歳である。

四代目岡本文弥《ぶんや》（一八九五～一九九六）

このとき九四歳。小学校で日露戦争を体験した。母上が新内流しの鶴賀若吉で、幼いころから浄瑠璃節を仕込まれた。「明治大正は流しをするのが修業でした。七代目の富士松加賀太夫さんでもやっぱり流しをされた」。当時は町を流してると、お屋敷で旦那や奥様が来るのを待っていて、奥座敷でしんみり聴いてもらうものだった。「ですから、なまじっかな芸では通用しない」「それが花柳界専門になって、ただ聞こえてくればいいというふうになって堕落した。今の新内で売れている女の人も、ただ声高く唄えばいいというふうになって」しまった。

文弥は「新内が一番豊後節の空気を伝えている。豊後節の心中なんかの本当の気持ちは新内でしょう」と言う。米朝はそこまで聞きこんでいないようだが、平岡正明の『新内的』でも案内したように、岡本文弥の新内は哀歓が尋常ではなかった。一葉の『にごりえ』や『十三夜』は永六輔がぞっこんだった。

七十歳になって中国に通うようになった。徐雲志の蛇皮線による《評弾《ひょうだん》》を聞いたら「私はやみつきですわ」。「先代の柳家紫朝の新内に実に共通するものがありました」。

菊原初子（一八九九〜二〇〇一）

このとき九十歳。「父の生まれました家が堀江の碇《いかり》問屋やった。父の父という人はお茶屋の行灯《あんどん》を見な寝られへんほどの極道でした」。お父さんは菊原琴治、おじいさんは菊植明琴である。初子さんはその地歌名人の家のお嬢さんだ。女ばかり四人の長女。お嬢さんも地歌箏曲《そうきょく》の人間国宝になった。

米朝は菊筋、富筋について尋ねる。菊筋にも生田流《いくたりゅう》や古生田があって「私らのほうは組歌の生田どす」。三味線の「本手《ほんて》」の組歌を三二曲揃えて守ってきたのがお父さんだった。そこにも表組、裏組、中組、奥組、秘曲があった。「これをどう守るかですな」「もう、ほんまにやかましう言うて、私も寝しなにちょっとお布団の上ででも、さらえました」「譜面などあらしまへんでっしゃろ」。米朝も「私らでもテープレコーダーができてから、あんなんでは噺をおぼえても腹に入らんようになりました」と告白する。

十三世片岡仁左衛門《にざえもん》（一九〇三〜一九九四）

松島屋、このとき八六歳。話の入口で米朝は義太夫のことを聞く。「どなたにお稽古なさいましたか」。「子供の時分に野澤吉十郎さん。（三世）越路大夫《こしじだゆう》さんを弾いていた吉兵衛さんの兄弟子ですな。そのあとこれは古靭《こうつぼ》はん（豊竹古靭太夫）、これは土佐はん（六世竹本土佐太夫）と父に言われて、方々に行きました」。米朝がお父さんの十一代目仁左衛門の義太夫のことを聞くと、「お父っつぁんは先々代の津大夫さんの兄弟子ですねん」。芸の世界ではこれであらかた芸筋がわかるのだ。

次に歌舞伎の話。「私ら芝居いうたら道頓堀の芝居というふうに思ってましたな。江戸のほうは江戸歌舞伎、大阪は芝居です」。仁左衛門が上方に戻ってきたのは昭和十四年である。いろいろ感じた。「大阪は贔屓《ひいき》の強いとこでんな。東京は役者全体が好きやけど、大阪は誰々さんが好きというふうになる」。米朝「成駒屋《なりこまや》贔屓になったら、松島屋の芝居が見たいんやけれども、ちょっと行きにくいんですわ」。

仁左衛門は当時をこんなふうに説明する。「寿美蔵《すみぞう》さん（三世市川寿海）、蓑助さん（八代目坂東三津五郎）、富十郎さん（四世中村富十郎）、鶴之助さん（五世富十郎）、もしほさん（十七世中村勘三郎）、それに私でしょう。みんな東京から大阪に来た。大阪のお客さんは気に入りまへんわな」。米朝「コクが違うんでしょうな」。《梅忠》（梅川忠兵衛）で「急がにゃらん。道が遠ぉ〜いィ」と言うところで、昔ならお客さんが「やあー大当たり」と言っていたのが、「なんや頼りないなあ」となったんとちゃいますか。

ここで女形の話へ。「うちのお父っつぁんは、片岡家は女形をしたらいかんと言わはった。けど、やっぱりいろいろせんとね」。米朝「女形もお軽は本役やけど、おかやも一文字屋も心得ていただく必要がありますわな」。「男かてみんなが勘平でも、みんなが由良助でも困りますわ」。

橘右近《たちばなうこん》（一九〇三〜一九九五）

寄席文字は提灯《ちょうちん》文字と勘亭流を工夫した独特の文字である。江戸後期に紺屋の栄次郎とそれを真似た下駄屋の孫次郎が始め、孫次郎の倅《せがれ》の兄がビラ清に、弟がビラ辰になった。右近は最初は落語家だったが、それをやめてビラ屋になった。ビラとは高座の「めくり」のことだ。
米朝「はじめは天狗連ですか」。右近「日本橋とか月島で十人くらいが集まりまして、小ネタで遊びました。弁士の井口静波さんなんかも入っていた」。落語家をやめてビラを書くうちに、昭和四十年に桂文楽に勧められて橘流の寄席文字家元になった。米朝はこういう職人芸を愛していたし、ほったらかしにしなかった。正岡容が生きつづけていたのだ。

松鶴家千代若（一九〇八〜二〇〇〇）
当時の最高齢漫才師だ。二代吉田奈良丸に憧れて浪花節をやりたかったのだが、初代松鶴家千代八に入門すると、千代菊と夫婦《めおと》漫才を始めた。初高座は大正十一年。「あのころは漫才だけの小屋もありましたな。法善寺の花月、小宝席、南陽館、三友倶楽部とか」「神戸の千代之座とか九条の正宗館とか」「正宗館にはラッパ・日佐丸がいた。兄弟分になりました」「手品が一本くらいで、あとは漫才」「それで一座が組めたんですな」「数え歌、しゃべくり、芝居の真似とか、芸の色取りがみんな変わってたから、それができた」「いまは、ほとんどしゃべくりばかり」。色味がなくなったのである。
「怖い人はいやはりましたか」「うちの親父(千代八)、若松屋正右衛門、それから荒川千成さん」「漫才を東京へ持っていかはったんは?」「私が一人で持っていった。串本節がはやりました」「三曲萬歳とか御殿萬歳とかは?」「受けるとこだけを抜いて、ちょっとやりましたけど、長く続かなかった」「柱立とか神力とか」「何々演芸社といった漫才の周旋屋みたいなところも何軒もありましたな」「五厘屋(ブローカー)みたいなね」。

松鶴家千代八の一番弟子が松鶴家日の丸である。朝日日出夫・日出丸もいた。誰も彼もがおもしろかった。「エンタツ・アチャコは突如あらわれたんですか」「東京で喜劇をやってた。俺も漫才に転向するからめんどう見てくれよと言ってきてね、そしたらポーンと売れた」。《早慶戦》がラジオに流れて爆発的に当たったのだ。「ちょうどツェッペリンが空を飛んでる時でした」。

河原崎国太郎(一九〇九〜一九九〇)

二世市川猿之助の門で初舞台を踏んだのち、昭和六年に前進座の旗揚げに参加した立《たち》女形《おやま》の名人である。沢瀉屋《おもだかや》の喜熨斗《きのし》に頼んで女形になった。喜熨斗というのは猿之助の本名である。河原崎家の実家は銀座のカフェ・プランタンだった。多くの文化人や芸人が交差する昭和を代表するカフェだった。

「ずっと老《ふ》けはおやりにならなかった?」「やってません」「背の高いほうでしたね」

「そうでございました。梅朝《ばいちょう》さん(四世尾上梅朝)が女形としては大きい人でした。梅幸《ばいこう》旦那

（六世尾上梅幸）が三千歳《みちとせ》をなさる時にね、新造は梅朝さんと羽三郎さん（坂東羽三郎）が出ていました。梅幸旦那を小さく見せたんでしょうね」。

「女形はいろいろな役をしておぼえていくものですか」「女形はね、少しじっとしてなきゃね。そうせんと、やまいづかされ（悪口を言われ）ますから。それで、なかでおとなしい人が教えてくれたりするのです。でも着物の着方は歌舞伎役者もわかりません。見た目でおぼえるんです」。自分で工夫をしなければ役者修業はできなかったのだ。「両袖がありますね。下手《しもて》と上手《かみて》のツケ打つとこ。あそこで舞台の大先輩のお芝居を見るのがせめてもの勉強なんです」「見てもかまわないんですか」「拝見いたしますと言って、黒衣にすっかり着替えて正座して見るんざんす」「はあ、はあ」「歩き方とか裾の払い方とか、じっと見ます」。

「やってみたいお役はありますか」「もうほとんどございませんなあ。芸者の役が一番でした」「それから後家おまさとかお染の七役とか？　絶品でした」「男だからやれるんでしょうな」。国太郎は今後の歌舞伎を心配していた。見当違いが多くなっているというのだ。

吉田玉五郎（一九一〇〜一九九六）

このとき文楽人形遣いの最高年齢だった。徳島出身である。父親が藍《あい》の仲買人だったが暴落で失敗し、貧窮の中で育った。吉田簑助(二代目桐竹紋十郎)に入門して、昭和二四年に吉田文五郎の弟子になった。

米朝「初めて役らしい役がついたのは、おいくつぐらいの時でした?」。玉五郎「すぐにつきました。《菅原伝授》の菅秀才ね。阿波に源之丞《げんのじょう》座がありまして、そこで見てましたので、この悲しみはさせまいに、かわいなものやと御袖を絞りたまえばと言うて泣いて、ちょっと首を振りもってやってました」「目のとこにちょっと手をやる」「ええ、そしたら座頭の吉田辰五郎さんが、うまいやないかと言わはりました」「やっぱり情が出たんですな」。

一人でやる落語と違って文楽は三人で遣《つか》う。「おたくはよろしいな、一人で」「扇子持ってれば、それでやれまんのや」「結構な商売ですなあ」「三人ずつでは大変ですな」「ええかげんなやつは左だけかけといてもよろしいのや。動かんやつで。ほんで動くような場面になったらちょっと出てきよる」「そういうやりくりでやれるもんですか」「やれますな。かえって人数が足りんほうが、お客さんから見ると迫力があって面白い時もあるらしい」。

こうしていよいよ肝心の質問へ。「偉いなあと思うた先輩は誰を一番にあげはりますか」「太夫さんでは(豊竹)山城 少掾《やましろのしょうじょう》ね」「やっぱり」「三味線では(四世)鶴澤清六やな」「人形では文五郎師匠ですか」「そうですすな。これは誰にも真似できませんわ。左手の指にたこが五つおまんね」「はあ」「たいがい一つですわ。私らは三つあって、まだましやけど、師匠は五つやった」。なんとも驚くべき話だった。

二世茂山千之丞（一九二三～二〇一〇）

京都の大蔵流の狂言方能楽師、三代茂山千作の次男である。若くして武智鉄二の演出作品に何度か出ていて、新機軸には勇敢な狂言者だった。クセもあった。武智の映画《紅閨夢《こうけいむ》》では谷崎潤一郎の役をやって、能楽協会から退会を勧告されたりもした。『狂言役者―ひねくれ半代記』（岩波新書）は読ませた。

「狂言を外国へ持っていくと大変よくわかるようですね。やっぱり物まねのせいですか」「それと狂言は比較的筋が簡単でしょう。人間の欲望とか弱点がストレートに出ている。向こうにもたいてい同じような話がある」「嫁はんが旦那より強いというのは世界共通や」「言葉はわかりにくいだろうけど、これはいまの日本人でも同じです」。では英語でやればいいかというと、そこが微妙だ。英語になるとどうしてもスピードが速くなる。「野村万作さんのところには外国人のお弟子が多いんですが、あの人たちが《附子《ぶす》》をやると一二、三分で上がる。ぼくらがやると二〇分から二五分かかるんです」。

夢幻能の幽玄もいいが、現在能のリアリズムも面白いという見方をとる。《安宅《あたか》》《望月》《現在鵺《ぬえ》》《現在巴《ともえ》》などだ。大阪の大槻文蔵がそういう能の復曲活動をしている。そもそも「型」はそういうリアリズムから生まれた。「型そのものの中にリアリティがちゃんとあるんです」「野上豊一郎さんが櫻間金太郎さんの《野宮《ののみや》》を見て、源氏物語を感じたということを書かれているんですが、弓川《きゆうせん》さんは型のうまい人でした」。

四代目吉村雄輝《ゆうき》（一九二三〜一九九八）

大阪の宗右衛門町《そえもんちよう》で育った上方舞《かみがたまい》の吉村流の家元である。ピーター（池畑慎之介）のお父さんになる。吉村流は世襲ではなく、代々を実力のある女性の内弟子が継いできた。子供時代の雄輝は新派の高田実に気にいられ、高田が三世吉村雄光の内弟子に強く推した。昭和十四年、雄輝は名取になった。

「私より二つ上の大正十二年のお生まれでんな」「そうでんねん」「まあ言うたら青春時代が戦争ですな。踊りのお師匠はんがなんでまた海軍に志願されたんですか」「《海軍》という映画を見たからですわ」「岩田豊雄さんの原作」「そう、それが十六、七の時でした。宗右衛門町を人力車で挨拶にまわって、大阪駅で化粧おとして、国民服と着替えました」。戦争体験は大きかったようだ。それにもまして敗戦で日本が一変したのがこたえた。「終戦からの私は付録みたいなもんです」「それでもここまで来やはったんや」「まあまあ」「子供時分からずっとお着物でっしゃろ」「着物で学校行ってたの、私だけでしょう。着物で黒足袋はいてました」「それで学校が怒らへんのは島之内の学校やったからでしょうな」。

「上方舞なんて言葉、昔はなかったでしょう」「私が昭和二七年に三越劇場で第一回の会をするとき、花柳のおじちゃん（花柳章太郎）と喜多村緑郎《きたむらろくろう》先生とがプログラムに書かはって、そのとき花柳のおじちゃんが京舞があるし、地唄舞もあるけど、おまえとこでも長唄も清元も常磐津もあるやないか。それやし、これは上方の舞なんやから上方舞にしたらどうかと言われたんです」「はあ、そういうことでっか」。

上方舞には本行物《ほんぎょうもの》、艶物《つやもの》、芝居物、作物《さくもの》などがあり、いまでは山村流・楳茂都《うめもと》流、井上流（京舞）、吉村流を上方四流という。その家元が昭和を惜しんでいろいろ嘆く。

「もう、言葉が通じなくなった、始末をせんようになった」「浪花《なにわ》の四季がわからんようになっている」。「振り」のことがおおざっぱになってしもうた、小さな会が少のうなった……。「おてしょ」が手塩皿で、「こなから」が二号さんのことだというのが、もう伝わらないというのだ。

京山幸枝若《きょうやまこうしわか》（一九二六〜一九九一）
お父さんが加茂川燕楽という浪曲師、お母さんが江戸川蘭子という曲師。昭和六年に広島で初舞台ののち、昭和十三年に京山幸枝に入門した。「入門しはった当時は浪曲の全盛でしたね」「私が全盛時代を知っている最後の浪曲師ですわ」「松島の八千代座が賑やかでした」「あそこには遊郭の連中が迎えにくる」「終戦後は？」「浪曲の盛りは昭和二七、八年くらいまでですな」。

占領日本のなか、浪曲も《伊達騒動》や《会津の小鉄》や《忠臣蔵》の一部がGHQによって禁止されたのである。加えて浪曲師はみんな短命だった。「マイクがない時代に大きな声で怒鳴りますやろ。早よう死んだんです」。それでも大阪には南、当麻、富岡といった浪曲専門の芸能社があったのだが、それもだんだんなくなっていった。「浪花節の寄席はだいぶん焼け残りましたね」「若春館、双葉館、天王寺館、天六の末広座」「それから堺の中村座、朝日座。なかで天満《てんま》の国光と千日前《せんにちまえ》の愛進館はよう入った」。

浪曲は三味線の曲師がないと演じられない。そのころ相三味線《あいじゃみせん》が自分でもてたのは吉田奈良丸、京山幸枝、日吉川秋水と、秋斎、梅中軒鶯童《おうどう》、冨士月子など十人くらいだったらしいが、それでもこの二人の呼吸、二人の声と手が嚙《か》み合っての「芸の力」は、他のどんな演芸にもなかったものだったのである。

藤山寛美《かんび》（一九二九〜一九九〇）

この対談の三ヵ月後に寛美は肝硬変で亡くなったので、これが最後の対話記録になった。「私、肝臓だんがな」「私もや」「酒を二日にいっぺんにした」「薬と思たらええんです」。寛美「薬、ちょっと一合と言うたらええ（笑）」、米朝「その薬が後引く薬や（笑）」、寛美「薬が効いてきたと思ったらええ」。水割り十杯を欠かさなかった寛美は、結局はこれでやられた。

曾我廼家《そがのや》五郎の他界をきっかけに、昭和二三年に松竹新喜劇が旗揚げした。渋谷天外、曾我廼家十吾、浪花千栄子、藤山寛美、曾我廼家明蝶、曾我廼家五郎八らが創立メンバーだ。天外と浪花千栄子が女性問題で別れて危機が生じたが、寛美の絶世の喜劇力で持ち直し、酒井光子らも育った。

父親が関西新派の成美団の俳優、母親が新町のお茶屋「中糸」の女将だった。戦時中は慰問隊で演じ、ソ連軍にも抑留され、敗戦後はキャバレー、靴磨き、ブローカー、芝居、なんでもやった。昭和二六年の天外《桂春団治》で酒屋の丁稚役をやったのが大評判となり、以降「アホ役」がはまり役になった。

「寛美という名前は?」「花柳章太郎先生ですわ。寛《ひろ》く美しくいけという意味らしい」「出《で》えは関西新派ですわな」「花柳先生のとこへ弟子入りして、しばらくして都築文男先生に預けられて子役をしてた。そしたら家庭劇で子役がおらんから、天外のとこへ行った」。

どうして花柳章太郎が面倒を見たのかというと、母親が営む「中糸」に川口松太郎、大平野紅、長谷川幸延《こうえん》、五世瀬川如皐《じょこう》らがのべつ来ていて、父親が死んだときに母親が川口松太郎に相談したら、川口が花柳のところに連れていったということらしい。「花柳先生は給金のことをお身上と言うてはりましたね」。以来、芸歴六十年。

「笑わす芝居というのは狂言や俄《にわか》がありましたな。喜劇はいつからですか」「曾我廼家五郎先生が尾崎紅葉の喜劇《夏小袖》をしやはった時からですわ。今でちょうど八五年目」「アドリブはいつごろからでっか」「アドリブ言うてもね、私が投げた球を向こうが拾うてこっちへ放り返してくれて、それを私が受けんと、アドリブになりまへん」「そうでんな、千葉蝶さん（千葉蝶三郎）さんとは長々とやりとりしてはりましたな」「十分のところを三十分くらいやりましたな。あの人は一人でやるとおもろいことおまへん」「よほどうまい人が受け答えをせなならん」「いや、うまいかどうかというより、一段、二段、三段目に上がるというところで、三段目をほっといて、四段目で待つんですわ。そうすると三段目できっちり遊んではるわけですわ」「なるほど、受けさせまんのやな」「そやから持っていきようだんね。一段目まで降りていって、そこから呼んでやる手もあります。慌てるんでおもろい（笑）」。

この対話は長いものになっている。それほど二人の話はノリノリで聞かせる。話も急に飛ぶ。寛美が「けどこんなこと言うたら冒瀆になるけど、ぼくは米朝師匠はやっぱり独裁者になってもらいたいと思いまんな」と切り込む。米朝が「いやあ」と躊躇《ちゅうちょ》していると、すかさず「独裁者やないと文化は残りまへんのや。ワンマンでないと文化は残らない」と突っつく。米朝は芸人は韜晦《とうかい》ではあきまへんかと言うのだが、寛美は「役者は今日雨が降ってるかなんかわからんでいいというけど、それではあきまへん」とはっきりしているのである。
さらに「枝雀さんが英語の落語をやらはったのはええけど、歌舞伎や落語が英語でわかるのでええのかと思う」と、そこまで言う。ぼくは次の言葉で降参した。「あんな、人間の弱さが芸だっせ」。

第一六九三夜　二〇一八年十二月三一日

参照千夜

一〇〇夜：澤田隆治『上方芸能列伝』　一七〇夜：桂文楽『芸談あばらかべっそん』　一六九二夜：小林信彦『名人』　七八七夜：小島政二郎『円朝』　五一〇夜：安藤鶴夫『文楽　芸と人』　一六二八夜：梅棹忠夫『行為と妄想』　四八一夜：林屋辰三郎『歌舞伎以前』　七七一夜：平岡正明『新内的』　六三八夜：樋口一葉『たけくらべ』　三二五夜：郡司正勝『おどりの美学』　七六一夜：武智鉄二『伝統演劇の発想』

モリシゲ節に酔ってきた
モリシゲの芸に泣いてきた

品格と色気と哀愁と

森繁久彌

朝日新聞社　一九九九

何に弱いといって森繁久彌にはめちゃくちゃ弱い。見れば泣かせられる。それも筋書きからすればまだ泣くほどの場面ではないのに、モリシゲの目がちょっと虚《うつ》ろになって泳ぎはじめると、もういけない。うるうる、くすんくすん、だ。

それが《雨情》や《恍惚の人》や《屋根の上のヴァイオリン弾き》なら、あの場面の哀しさ、あの演技なのだから、きっとうるうるは多くの観客にもおこっているだろうものの、そうではなくて、喜劇映画の《社長太平記》や《駅前旅館》でそうなってしまうのだった。あきらかにモリシゲに弱いのか、モリシゲ病だ。

なぜモリシゲに弱いのか、さきほどいろいろ思い出してやっと原因らしきものをつきとめた。ぼくはモリシゲの「歌」から入ったのである。当時、モリシゲはたいてい紅白歌合戦に出ていて、あのモリシゲ節で「船頭小唄」やのちに加藤登紀子がおハコとした自作の「知床《しれとこ》旅情」などを披露していた。紅組は越路吹雪、白組はモリシゲ。このオトナの二人が紅白歌合戦の絶品となっていた佳《よ》き時代で、北島三郎などはまだ流しを脱して新人になったばかり、美空ひばりすら江利チエミ、雪村いづみと並んでいた程度だった。ぼくは炬燵《こたつ》に入りながら、ひたすらモリシゲ節に酔っていた。

九段高校に山田勝利《まさとし》がいて出版委員会こと新聞部の一年先輩だった。生徒会長も水泳部のキャプテンもしていたが、ぼくはこの山田先輩に可愛がられ、よく亀戸の駅前近くの自宅に遊びに行った（のちに東京弁護士会の会長になった）。

映画館やパチンコ屋を経営している家だった。子供のころにイチジクを食べすぎて親戚の家に泊まったのをのぞいて、他人の家に泊まったのはこれが最初ではなかったかとおもう。他所《よそ》の家で夕ごはんをいただくのはなんとも楽しい。食器もメニューもすべてが新鮮だった。

食事も楽しいが、山田先輩がくりだす秘密はもっと胸ときめいた。そのひとつにレコードがあった。「なあ、松岡、これ知ってるか」と言ってはいろいろ聴かせてくれた。そのなかにドボルザークや藤沢嵐子《らんこ》のタンゴとともに、LP森繁久彌アルバムが入っていたのである。これにクラクラし参った。とくに《琵琶湖周航の歌》《銀座の雀》《ゴンドラの唄》など、どれほど先輩と物干し台に出て放歌放吟したことか。モリシゲ節がぼくの涙腺《るいせん》を手術してしまったのである。これが原因だ。それからはタイヘンである。森繁劇団の旗揚げ公演の《佐渡島他吉の生涯》など、何度泣いたことか。三木のり平にも、ね。

森繁久彌は多情多舌多彩だ。いわば多優な役者なのだ。今夜はその演技の絶妙やアドリブ癖についてはふれないことにするけれど、その妙味は「語り口」から派生しているのだろうとおもう。

モリシゲは菊人形が懐かしい枚方《ひらかた》パークの北河内で、けっこうな両親のもとに生まれた。大正二年だ。父君は日銀の大阪支店長や大阪市の助役を務め、母君は海産物問屋の娘だった。けっこうな「ええとこの出」で、大阪弁が体まるごとに染みている。久彌の名は、三菱の岩崎久彌から採った。

早稲田に入って演劇を始め、中退すると日劇（日本劇場）の演出助手につき、さらに東宝劇団に入ってセリフを学んだ。ついで古川緑波《ろっぱ》一座で鍛えられたあとは、NHKのアナウンサーになって満州に渡っていたし、喜劇軽演劇悲劇百般のすべてをこなして、どんな役の人間にもなってみせた。それをほとんど口調によって演じ分けた。

アドリブも早くに乱発したようだ。昭和二四年に入団した浅草のムーラン・ルージュや翌年のＮＨＫラジオの「愉快な仲間」（藤山一郎の相手役）などで片鱗《へんりん》を見せた。この軽妙な才能を見抜いたのは緑波と菊田一夫だったようだ。ここから先は映画である。すぐに抜擢された。マキノ雅弘の《次郎長三国志》の森の石松、豊田四郎の《夫婦善哉《めおとぜんざい》》の柳吉で名を馳《は》せた。

ともかく口舌《くぜつ》なのである。役柄になりきる前にモリシゲが変化する。なんと五十年も続いていた加藤道子とのラジオ「日曜名作座」の朗読パフォーマンスは日本の話芸の至宝といってよい。市原悦子と常田富士男《ときたふじお》の《日本昔ばなし》しか知らない世代は、これをぜひとも聞かなくてはいけない。

そして、歌はモリシゲ節なのだ。楽譜どおりに唄わない。こぶしを回しながら長短緩急を入れる。「生み字」を極端にのばす。さらに発音に感情を入れる。「知床の岬に」は「しィれィとこォの、みィさアきィにィ」なのだ。モリシゲの哀愁演技のルーツがここにすべてあらわれている。

仕事と趣味をまぜこぜにし、日常会話にモリシゲを演出もする。逆に仕事の現場にモリシゲを入れる。映画ではあまりにアドリブを入れるので、女優たちは吹き出すのをこらえるので精いっぱいだったらしい。

それからヨット、射撃、クルージング、「あゆみの箱」などの慈善事業、さらにはエッセイの達人でもあった。『森繁自伝』(中央公論新社)、『こじき袋』(読売新聞社)、『帰れよや我が家へ』(ネスコ)ほか、著書もすこぶる多い。女優たちのお尻をさっと撫《な》でまわす天才でもあった。誰もセクハラなどとは思わなかった。

しかし、これを落としてはモリシゲの画龍点睛《がりようてんせい》を欠くというのが、みごとな挨拶名人であって、弔辞仙人だということだ。スピーチが軽妙洒脱《しやだつ》であるのはむろんのこと、まさにその数分には「品格」と「色気」と「哀愁」が絶妙に醸し出されて、もうおしっこを漏らしたいほど格別なのである。

本書は、この、「弔辞仙人のモリシゲ節」がふんだんに奏でられている一冊である。すでにこの一冊を綴《つづ》ったとき、森繁久彌八五歳。自身が余命を延ばしていることに忸怩《じくじ》たるものを感じつつ、先に逝った者たちを淡々と偲《しの》ぶ随筆になっている。実際の弔辞はごく僅《わず》かしか入っていないが、その情感を予想させてあまりある。とくに一点だけあげれば、亡くなった莫逆《ばくぎやく》の友・勝新太郎をめぐる文章だ。

あるとき勝が言った。「シゲちゃん、何か欲しいものないか」「うん、そうだな、台杉が欲しいな」。台杉とは京都の名木の北山杉のことである。そんな会話をしたことをすっかり忘れたころに、勝が植木職人十人ほどとトラックに台杉二本を乗せて東海道をひた走って、森繁の家にドンと置いていった。それから会うたびに「俺の杉は元気か」と勝は不敵に笑う。

　ある日、勝が茫然《ぼうぜん》としている。「何か、あったんか？」「おふくろが逝っちゃったんだよ」。森繁もしばらく言葉を失っていると、「俺、兄貴（若山富三郎）と二人でおふくろのアスコを見たよ、通夜でさ」と、とんでもないことを言う。勝らしい。「俺たちが出てきたアスコを拝んでいたら、涙が無性に出てきてな」。変な奴だと思ったとたん、森繁も泣いていた。

　この勝新太郎と森繁久彌の関係は、日本の男と男が最高の「バサラ数寄」をしてかせる無類の組み合わせだろう。以心伝心しかない。たとえば勝が監督になって撮る映画に誘われた森繁は、何をやらされているのか、いつもまったくわからないらしい。蕎麦《そば》の屋台をもってきて、そこで好きなことを喋り続けてくれ、あの土手からゆっくり上がってきてくれ、そこでシゲちゃん唄えよ。さっぱり筋の説明をしないらしい。その勝が人生で一番好きな歌が次の歌である。

夕空　晴れて　秋風吹き
月影落ちて　鈴虫鳴く
思えば　遠し　故郷の空
ああ　わが父母《ちちはは》　いかにおわす

森繁は勝に、死ぬ前にこの歌を唄ってやりたかったようだ。あるいは三味線がうまかった勝に、しみじみこの歌を唄ってほしかったのか。しかしいまぼくもまた、かのモリシゲ爺《じい》さんに「ああ、わが父母、いかにおわす」と唄ってほしいのだ。けだし昭和史とは森繁久彌の歴史だったのである。

第五九〇夜　二〇〇二年七月二九日

参照千夜

一六九二夜：小林信彦『名人』　六九六夜：高野正雄『喜劇の殿様』　四〇三夜：織田作之助『夫婦善哉』　七六夜：三木のり平『のり平のパーッといきましょう』

黒澤明を驚かせた
伴淳《ばんじゅん》が見せた芸の厚み

田山力哉

伴淳三郎 道化の涙

現代教養文庫(社会思想社) 一九八八

水上勉原作、内田吐夢《とむ》演出、三國連太郎主演の《飢餓海峡》の伴淳《ばんじゅん》は渋かった。執念だけが取柄の弓坂刑事という役だったが、撮影中に左幸子は「この人の血は冷えている」と思ってぞくっとしたという。

伴淳三郎はぼくの父と同い歳である。明治四一年に米沢屋代町に生まれている。ここは呉服屋だった父がよく仕入れに行っていたところでもあった。父はどこで見たのか、伴淳の書は「えろううまいもんやった」と言っていた(本書によると伴淳の書は米沢の「登起波」というすき焼き屋にいまも飾ってあるという)。実際にも伴淳は貧乏絵描きの父親に似たのか、書や絵が得意だったようだ。

伴淳は青少年時代の多くを引っ越し先の山形小姓町で送った。ここは女郎町である。

伴淳はその女郎に憧《あこが》れた。学校の成績のほうは最低に近かった。本名は鈴木寛定というが、学校や近所ではおバカ呼ばわりされた。先生もそうよんだ。極度の近眼で、紐《ひも》をつけたメガネをかけていた。

喜劇役者に、ぼくは関心がある。理由ははっきりしないのだが、おそらく子供のころに心から笑えたからだとおもう。立派な人にも見えた（いま思えば「ミメーシス」の体現者だったからだろう）。二枚目はおおむね嫌いだった。いちばん嫌いなのがジョン・ウェインで、次がクラーク・ゲーブルと長谷川一夫、小学校のころに売り出してきた東千代之介や大川橋蔵は三番目に嫌いだった。主役が嫌いだというのではない。大河内伝次郎や嵐寛寿郎はすぐ真似をしたくなるほど大好きで、寝巻の袖に片腕を隠して丹下左膳、頭に風呂敷を巻いて鞍馬天狗だった。

しかし、喜劇役者にはこうした主役とは異なる変ちくりんなアピールがあった。何が異なるアピールだったのか。連想力だ。教室にはえらそうにしている連中とはべつに、ちょっとおもしろい子が必ずいるものだが、その子たちはたいてい連想の天才だったのである。アナロジー爆発なのだ。喜劇役者もそういう感覚をもっていた。その子がいないとみんなが寂しくなるような役割だ。

それで、子供のころからチャップリン、森繁久彌、バスター・キートン、三木のり平、伴淳三郎、浪花千栄子、藤山寛美が好きだった。けれども古川緑波・益田喜頓《ますだきいとん》の味はわからず、榎本健一・堺駿二・有島一郎・フランキー堺にはわざとらしくてなじめなかった。喜劇役者にはヘタクソも多いのだ。もっともこんな評定はただの子供のおもちゃ好み・お菓子好みのようなもので、その後は《私は貝になりたい》や《幕末太陽傳》のフランキー堺におそれいったりした。

実は伴淳も、花菱アチャコとの《二等兵物語》を見るまでは知らなかった。もともとアチャコにぞっこんだったので、すぐに伴淳のファンにもなったのである。古川凡作という東北弁まるだしの、哀愁のある熱血漢を好演した。この企画は梁取三義《やなとりみつよし》の原作を伴淳が松竹にもちこんだもので、十一作も連作された。さすがに五、六本しか見ていないが、たいてい泣かされた。

本書にもその当時のいきさつが紹介されている。それによると、伴淳はこのシリーズでそれまで世話になった俳優や見どころのある若手に次々に声をかけて世話したらしい。森川信・藤田まこともその一人だった。トニー谷も引っぱりあげられたが、撮影中に女と遊んでキスマークを首につけて出てきたというので、伴淳にもエノケンにも殴られている。

伴淳は役者になりたくて汽車に乗って上野に出た口である。東北出身者は、みんなそうした。けれども上野に来てもどうしたらいいかは、わからない。そこで大衆演劇の一座に入った。河津清三郎と曾我廼家明蝶《そがのやめいちょう》がいた。むろん馬の脚まがいの苦労をする。そのうち映画にも出るようになり、昭和二年に伴淳三郎という芸名にした。伊藤大輔の《丹下左膳》にも切られ役で出た。立ち回りがうまかったらしい。

昭和七年、自分で座長になって「喜劇爆笑隊」を結成した。そこで出会ったのが、のちに同棲《どうせい》もし別れもし、死に水も取ることになる清川虹子である。十八歳だった。彼女は川上貞奴主宰の児童楽劇団から市民座に入って清水将夫に指導をうけ、座員の中条金之助の子を生んだ。その清川と古川緑波・渡辺篤・花井蘭子・谷崎龍子・岡田静江が旗揚げ公演をしたというのだから、いまおもえばかなりの豪華メンバーだが、これはさっぱり当たらず、清川も緑波の「笑の王国」に移っていった。

しかたなく伴淳も大都映画というところに所属して、ここで主演級・準主演で五九本をこなしている。B級C級の映画とはいえ、ものすごい数である。このあたりの修業がハンパではない。

その後の伴淳は何でもやっている。芝居も映画も選ばない。マネージャー稼業も引き抜きもやった。永田雅一に頼まれて吉本興業のタレントを引き抜く役目である。いくつか店も出している。会社もつくったようだが、借金をかかえるだけだった。

　むろん女とも誰かまうことなく寝たし、ヤクザともかなり付きあった。いまはヤクザは芸能界のご法度になっているが、伴淳は最後まで公然と付きあっていたようだ。雑感だが、ぼくはヤクザや反社会勢力やアウトサイダーのからまない芸能界、つまりはテレビ局と代理店とプロダクションとメディアだけが動かしている芸能界などというものは、いろいろな意味で薄っぺらなものだと思っている。

　伴淳は世界救世教を信仰もしていたようだ。芸能人と宗教の関係はいまも多いようだが、これもよくわかる。世界救世教というのは大本《おおもと》教の幹部だった岡田茂吉がおこした教団で、ユートピア信仰が濃い。熱海にMOA美術館がある。このあたりのことは、『伴淳のアジャパアー人生』（徳間書店）のほうにいろいろ〝解説〟が載っている。アジャパーは山形でよくつかう「アジャジャー」という感嘆詞に、伴淳がいつしか「パー」を加えて連発したものらしい。

　伴淳は「アジャパー」で一財産を築いた。お笑い系の芸人にとって「アジャパー」「ガチョーン」「パーッといきましょう」「そんなの関係ねぇ」だけが大流行するのは、きっと本人たちがいちばん困っていることだろうが、それを避けられないところが喜劇役者のカルマのようなもので、そこにぼくはなんだか宿世《すくせ》から遁《のが》れられない役者の記号のようなものを見て、同情したくなる。

本書は数ある喜劇役者の評伝のひとつというだけで、とくに名著とか傑作というわけではない。著者の田山力哉はこうした映画関係に詳しく、片岡千恵蔵や市川雷蔵の評伝も書いているが、いずれもソツなく簡潔にまとまっているというだけで、それ以上ではない。

それなのにこれをとりあげたのは、喜劇役者の生涯というもの、その日々を覗《のぞ》いてみると感心することばかりなのだということ、それには田山力哉のような書きっぷりが案外適しているということを言いたかったからだ。そんな思いをもちながら、ぼくはいま黒澤明の《どですかでん》を思い出している。原作は山本周五郎である。

ぼくはもともと根っからの周五郎派なので、森繁の《青べか物語》、三船の《赤ひげ診療譚》はじめ、周五郎が映画化されるたびにこれを固唾《かたず》をのんで見てきたのだが、《季節のない街》を映画化するとは予想しなかった。そしてなにより、その数ある周五郎映画で伴淳三郎がいちばんぴったりの男を演じるとは想像だにできなかったのである。

それは脚の悪い島さんという初老の男の役だった。軽い顔面神経痛を患っている。黒澤はなんと思ったか、島さんの場面を長回しにした。伴淳はちょっと脚を曲げながらひきずるように歩くことにした。

顔面に痙攣《けいれん》がおこると、小さくカカカカ……と変な笑いのような声を出してみた。台本には書いてないことだった。黒澤は言ったそうである、「不器用だけどうまいねえ。人間の厚みが出ているよ」。

第一二六夜　二〇〇〇年九月八日

参照千夜

六九六夜：高野正雄『喜劇の殿様』　五二夜：淀川長治『淀川長治自伝』　七三四夜：林不忘『丹下左膳』　五九〇夜：森繁久彌『品格と色気と哀愁と』　七六夜：三木のり平『のり平のパーッといきましょう』　一六九三夜：桂米朝『一芸一談』　二八夜：山本周五郎『虚空遍歴』　一〇九五夜：西村雄一郎『黒澤明と早坂文雄』

「かがみ女」に「反り男」。それなのに
のり平はわざわざ「かがみ男」になってみせた

三木のり平

のり平のパーッといきましょう

小田豊二聞き書き

小学館　一九九九

この本のおもしろさは、聞き手であって文章のまとめ役である小田豊二《とよじ》の手腕によっている。聞き出し編集術のお手本のような手腕だ。誰にでもできる編集術ではない。

小田はぼくと同世代で、早稲田の政経から出版社やデザイン事務所をへて、井上ひさしの「こまつ座」立ち上げに参加し、自身で機関誌「the 座」を創刊して、聞き書きのプロになっていった。すでに『勘九郎芝居ばなし』(朝日新聞社)、植木屋名人の佐野藤右衛門に喋らせた『櫻よ』(集英社文庫)、太鼓持ち名人の悠玄亭玉介を追った『幇間《ほうかん》の遺言』(集英社文庫)といった場数を踏んでいる。芸人に何を聞けばよいのか、何を聞かなければかえって喋り出すのか、そのコツがわかっている。

この本でもまことに巧みにのり平の言葉を誘導した。その誘導の言葉は本になった活字からはことごとく削除されていて、すべてがのり平自身の語り口になっているが、われわれプロの編集屋から見ると、聞き手の苦労と苦心が見えて、なおおもしろい。少ない質問でも相手が長く答えてくれるときはいい。質問や促しの言葉と相手の応援の言葉の量があまり変わらないときの聞き書きは苦労する。ぼくのばあいは、林家正蔵が彦六になったときの聞き書き原稿で三日をつぶした。

とはいえ、やはりどういう相手を選ぶかなのである。本書も三木のり平の途方もないおかしみがあるからこそ、そのおかしみを編集することに徹することができたのだったろう。

のり平のおかしみは「かがみ男」にあるようにおもわれる。世の諺《ことわざ》に「かがみ女に反り男」という。女は少しかがんで俯向《うつむ》きかげんでなよやかにしている姿がよく、男は反対に少々胸を反らしているほうが男らしいというのだが、のり平はこれを逆手にとって「かがみ男」を芸にした。

それなら女形《おやま》の真似になりそうなのだが、そこをのり平はいくつもの、紋切り《クリシェ》を採りこんで独得にした。また諺《ことわざ》でいうなら、とっさに「知らぬ顔の半兵衛」「泣き面に蜂」「済《な》すときの閻魔《えんま》顔」「笑う顔に矢立たず」をしてみせるのである。これらが下目から上目づかいに持ち出されて独得の芸になる。

三木のり平が並じゃないということは、ぼくが高校生のころに父がしきりに言っていたことだった。あれはたいそうな奴やで、とほめていた。舞台を見て感心したらしい。ぼくの父はいつもそうなのだが、自分が見てきた舞台を家族を前に口跡のパンクチュエーションよろしく滔々《とうとう》としゃべる男で、それはぼくが小学生であろうと中学生であろうと、変わらなかった。家族が理解しているかどうか、そんなことはおかまいなしだ。そのとき父が何の舞台を見たのか忘れてしまったが、さっき手元の年譜を見て調べてみたら《金色夜叉》あたりではなかったかとおもう。

そのうち一九七〇年代の半ばくらいだったろうか、ぼくの周辺でものり平がちょっとした話題になっていた。一部の演出家、たとえば鈴木忠志や木村光一はしきりに「のり平を使いたいねえ」と言っていた。そのころ、アングラ演劇とよばれていた前衛派たちは、なんとか三國連太郎や山崎努や喜劇役者を使いたくなっていた。ただギャラが合わない。これを決行したのはたしか別役実である。のり平の最後の舞台も別役の《山猫理髪店》だったはずだ。この、別役実と三木のり平の結びつきこそ、今日の日本の演劇評論が忘れてしまっていることなのである。

三木のり平を最初に見たのは森繁の《社長太平記》シリーズだった。モリシゲ社長の会社の経理部長や営業部長といった役柄で、なんとか宴会や接待にもちこみたいという芝居に徹していた。この役で、モリシゲ社長に「パーッといきましょう、パーッと」と言って右手の五本指をパッと広げるのが当たった。モリシゲの映画なら何でも好きなぼくとしても、このシリーズで三木のり平がいつ出てくるかがいちばんの楽しみだった。画面が突然に、「泣き面に蜂」や「笑う顔に矢立たず」になってしまうのだ。つまりは烏《お》滸《こ》なるベケットになってしまうのだ。

だいたい三木のり平が桃屋のコマーシャルで「何はなくとも江戸むらさき」と言うだけでメッセージを万事成立させているというのが、尋常ではない。あんなことビートたけしにも明石家さんまにもできないし、市原悦子や桃井かおりにもできない芸当で、あの声の言いっぷりだけで顔が浮かぶ役者となると、ほぼ皆無だ。だからこそ「スターは三船、役者はのり平」とも言われた。いまさら古川緑破や榎本健一の日々に育った往時の役者たちの芸風の凄《すご》さが思い出される。

本書は芸談としてのまとまりは欠いている憾《うら》みはあるのだが、のり平が遊びによって何を吸収していったのか、そのあたりの生き方・遊び方・演じ方をめぐる三位一体ぶりが、なんともいえず嬉《うれ》しく、ついついノセられる。のり平は博打《ばくち》も玄人はだし、女も酒も本格派なのである。

もうひとつ本書の得がたいところは、戦後芸能史とりわけ喜劇の歴史を飾った連中のエピソードがふんだんにもりこまれているところだろう。そのうち、この千夜千冊ではもっと濃厚な芸人の話も紹介しようと思っている。森光子主演の《放浪記》があんなに続いたのは、菊田一夫の脚本・演出を引き継いだ三木のり平が絞り上げたからだった。古今亭志ん朝が師と仰いだのものり平だった。去年(一九九九)、一月二五日に七五歳で亡くなった。ぼくの誕生日だった。

第七六夜　二〇〇〇年六月二一日

参照千夜

九七五夜：井上ひさし『東京セブンローズ』　八九一夜：尾崎紅葉『金色夜叉』　五九〇夜：森繁久彌『品格と色気と哀愁と』　一〇六七夜：サミュエル・ベケット『ゴドーを待ちながら』　一六九二夜：小林信彦『名人』　一六九三夜：桂米朝『一芸一談』

劇は劇薬でなければならない、、
リア王の「狂」を演じた役者の壮絶な記録

山崎努

俳優のノート

メディアファクトリー　二〇〇〇　／　文春文庫　二〇〇三

リア王は老いた暴走王である。すでに狂っている。それが悲劇であるのか、愛の結末であるのか、それとも何かを捨てようとしているのかは、わからない。シェイクスピアは「世界は裂けている」と言って、罠《わな》と仮説をのこした。山崎努はこの複雑怪奇なリア王を演じるにあたって、都合二年半にわたる準備をした。そして、そのプロセスを克明な日録に綴った。六一歳のときだ。すばらしい俳優ノートとなった。

デザイナーであれ作家であれ、ラッパーであれ格闘家であれ、音楽家であれエディターであれ、こういう本を三年に二～三冊読んでいれば、身も心も引き締まる。修業とか稽古というものは、こういうふうに並大抵を超えて徹底するものだということが、筋張った背骨にも、ふつふつと滾《たぎ》る細胞群にも滲《し》みとおる。

ところが「こういう本」というのが、残念なことにそんなに多くない。とくにスポーツ関係の本が当事者たちの壮絶な努力にくらべてやたらに平たすぎて、おもしろくない。スポーツライターが怠慢なのだ。役者が綴った芸談も、凄い出来ばえのものにはなかなかお目にかかれない。たいていがまんべんない「聞き書き」だ。

そうしたなか、本書は稀有《けう》だった。山崎努の人格性、物語の読みの精度、体を出入りする微分と積分の感覚、自分が体験したことをあらわせる率直な言語力、事実を直視するひたむきさ、周囲の者たちに対する敬意、決して妥協しない好き嫌い、不屈への憧憬《どうけい》、自身のスキルアップを丹念に見抜こうとする冷静力……。こうしたことが奇蹟のように相俟《あいま》って本書が仕上がった。

そもそも山崎は「劇は劇薬でなければならない」という意志の持ち主だ。自己満足型のぬるぬる芝居を認めない。ぬくぬく、べたべた、めそめそとした、「まるで羊水の中にとどまっているような役者たちの感情芝居」が大嫌いなのだ。山崎は或《あ》る感情が別の感情に劇的に「飛躍」するところをこそ、ずっと演じたいと思ってきた。

芝居や役者だけではあるまい。ぬくぬく、べたべた、めそめそはぼくの仕事でもご法度だ。たとえ弱々しくたって、たとえ少数意見だって、われわれはつねに劇薬をあおるつもりがなくてはならない。

その山崎が満を持してリア王に挑んだのである。リア王は、世界文学史上で最も悲劇的に暴走してみせた老王だ。たんに挑んだだけではない。同じ役を二度はやらないと決めている山崎が、そのリア王を演じるにあたっての手の内をさらした。ぬくぬく、べたべた、めそめそから脱するには最高のテキストだ。

新国立劇場は、国の威信をかけて鳴り物入りで準備されてきた。ぼくも永年招待者に選ばれた。一九九七年十月十日の柿落《こけらお》としには、団伊玖磨作曲の《建・TAKERU》を当てた。天皇・皇后が観劇されたが、イマイチだった。

開場記念公演には、バイロイト組によるAキャストが揃ったワーグナーの《ローエングリン》(若杉弘指揮、ヨルゲ・ヤーラ衣裳)と、フランコ・ゼッフィレッリによるヴェルディの《アイーダ》という超弩級《ちょうどきゅう》をもってきた。ゼッフィレッリは圧巻だった。新国が力を入れているのはよくわかった。

演劇のほうは、井上ひさしの新作《紙屋町さくらホテル》、過去の新劇の傑作から選んだ《夜明け前》、シェイクスピアの《リア王》がオープニングに選ばれた。なかなかの三本だ。当時の芸術監督の渡辺浩子の判断だろう。《夜明け前》は木村光一の演出で、加藤剛が青山半蔵だったが、これはかつての滝沢修にはとうていかなわなかった。遅筆で有名な井上作品を開館時にもってきたのは冒険だったろうが、何度も再演されてのちのち名作となった。

で、《リア王》であるが、こちらは松岡和子の訳で、鵜山仁が演出にあたり、山崎努がリア王を演じることになった。グロスターは滝田裕介、長女ゴネリルが范文雀、次女リーガンが余貴美子。コーディリアには高校生の新人・真家瑠美子が起用された。エドガーは渡辺いっけい、道化は高橋長英だ。

本書は、こうした陣容のなか、山崎が一世一代のリア王を演じるにあたって、一九九七年七月十四日から翌年二月三日までの日々を書き綴った日録である。メディアファクトリーから刊行された。そうとうに克明で、たいへん興味深い体験と示唆とが綴られている。山崎努六一歳のときの闘いだ。

日録は新国立劇場での初めてのミーティングの日から始まる。冒頭、いよいよリア王かと思うと、さすがの山崎も気が逸《はや》って三〇分も前に着いてしまったこと、松岡和子と人の匂いがまだしない舞台に立ってみたこと、リア王のセリフを一つずつどのように感じていけばいいのかということなどをめぐらしつつこの日に臨んだことなどが、淡々と綴られる。

稽古は十二月一日からと決まった。初日は年を越えた一九九八年一月十七日である。だから稽古は実数三四日間。むろんこれだけでは役はつくれない。本書は「準備」「稽古」「公演」の三部仕立てになっているのだが、山崎は周到な「準備」に意を注ぎ、そのうえで「稽古」ではどのような変容にも決断にもひるまず向かえるようにしていった。なるほど、芝居の稽古とはそういうものなのか。

準備期間にやることはそうとうに深い。実際に山崎が出演を決めたのは一九九五年十月のことで、それからの二年というもの、どんな仕事をしているときも、いつもリア王のことをアタマの隅で動かしていたという。準備期間が二年、決断のための稽古が三四日間なのだ。そうか、なるほど、準備に二年か。

準備中、山崎はまず松岡訳の戯曲を徹底して読みこんでいく。なんといっても今回の台本は福田恆存《つねあり》や小田島雄志の日本語ではないのだ。それ以上に難問なのは、山崎がリア王をどのような人物として理解しきるかということだった。それはセリフの一つひとつの解釈との格闘になる。

たとえば一幕一場。ケントがリアに「どういうつもりだ、ご老体?」と言う。これは臣下が王に畏《かしこ》まっているのではない。あきらかに直言だ。だとすれば、リアはこの「どういうつもりだ、ご老体?」を受けてむっとくるのか、ハッとするのか、受け流すのか、何かをぐっと呑み下すのか。山崎はそれを決めなければならなかった。

たとえば二幕四場。リアが「ああ、はらわたが煮えくり返る。胸に突き上げてくる」

と言う。何が胸に突き上げてくるのか。ただの感情であるはずがない。怒りだとすれば、何に対するものなのか。これは母親のヒステリーがリアの胸に突き上げてきたのだ。だからこそ、その直後の「怒りよ、沈め」のセリフが意味をもつ。

山崎はこうした点検をへて、リア王にひそむ女性嫌悪《ミソジニー》をどのように表現するかという課題を、自身の内なるハンガーにぶらさげていく。また、リア王が「捨てていく男」であるとみなして、この男を演じるには「捨てていく旅」を全身であらわす必要があると心に決める。このあたり、そうとうに深い。

では、《リア王》全体の流れのなかの、どこに「捨てていく旅」のターニングポイントがあるのか。すぐに三幕二場の有名な嵐の場面が想定できるけれど、これはクライマックスであって、まさに劇的頂点ではあるが、それでは演技のターニングポイントを見せるには遅すぎる。

全体の折り返しということからいえば、二幕四場の「どんな貧しい乞食でも、貧しさのどん底に何か余分なものをもっている」で始まる二一行にわたる長口舌《ちょうこうぜつ》のところだろう。「ああ、必要を言うな」のセリフで知られている場面だ。リア王はこの時点で、王冠と領土と末娘コーディリアを捨てたのだ。

そうだとすると、幕開きからこの長口舌まで、山崎のリア王は感情の爆発をずうっと抑え続けるべきなのである。しかし、たんに抑制していたのでは、平坦《へいたん》になる。観客に何も伝わらない。山崎はどこかでその予兆を演じなければならないと見た。こうして一幕四場でゴネリルが騎士を五〇人に減らす場面に、山崎は赤い印をつけた。

《リア王》はリアとグロスターという二つの家族の物語が並行し、三幕四場で初めてその二つが遭遇するというふうになっている。それが嵐の場面だ。この正娘のコーディリアを勘当したリアと、父のグロスターに勘当されたエドガー。この正反対の立場の二人が嵐の中で出会って、クライマックスになる。眼目は二人とも狂っていることにある。けれども二人の狂いは異なっている。そこをどうするか。七月二三日、水曜日、山崎は《リア王》の中には三つの狂気があることに注目する。

リアは本当に狂っている。きっとそうだろう。が、エドガーは佯狂である。どこかで狂ったフリをしている。けれどもハムレット的ではない。リアの狂気に応じての佯狂《ようきょう》なのだ。二人の狂気は虚実皮膜において連動する。そしてもう一人、道化という狂人がここに加わっている。こちらは役割としての狂人だ。人格が狂っているのではなく、舞台の進行を道化的に狂わせる。

つまりは、ここには三者三様の狂人がいる。シェイクスピアはこの「三狂」を自在に弄《もてあそ》び、そのあいだにただ一人の正気である忠臣ケントをおいた。

山崎にとって大事なことは、当たり前のことだが、それらの狂気のすべてを演じ分けるのではないということだ。これは組織やチームや音楽バンドにおける活動においてもヒントになるところだ。山崎はそのうちのリアの狂いっぷりのみを演じなければならない。山崎はしだいに覚悟を決めていく。

ところで、こんなところにこんな話を挟むのも恐縮だが、ぼくは中学生のときリア王をやれと言われたことがある。すでに六〇〇夜に書いたことだが、学芸会の演出担当の先生が「松岡、リア王をやってみいひんか」と言ったのだ。「リア王が嵐の中で狂うところがあるやろ、あそこをやってみい」。日ノ下先生は「おまえにはそういうところがあるしなあ」と言うのだ。

なんだかさっぱりわからなかった。さいわいこの無謀な舞台企画は流れたのだが、それ以来、ぼくのどこかにリア王が引っ掛かってきた。

長じて、『リア王』を読み、舞台を見るようになって、リア王の狂気が尋常のものではないことがだんだん知れてきた。狂い方が尋常でないのではない。そこに蓄積された「人間の宿命」や「世界の裂け目」が尋常ではないのだ。

リア王は老いた王である。八十歳だ。けれども、いまや狂っている。すでに耄碌《もうろく》し、何か決定的な自信を失っている。そのリア王が営々と築いてきた王国を娘の誰かに譲渡しようとする。リア王は狂いながらも、最期に向かって何かを捨てていこうとしているのだ。このようなリア王のセリフが深くないわけがない。重くないわけがない。

七月三十日、山崎は台本を最初からじっくり読み直した。あらためてこの物語の〝出だし〟が重要だということに気が付いた。

リア王はそもそもの一幕一場で「これまで胸の奥深く秘めてきた計画を披露する」と切り出して、王国分割の決断を明かす。このときリアはすでに「鬱《うつ》」に見舞われている。けれどもリアは「王国を三つに分けた」といきなり宣言する。ケントやグロスターは止めようとするだろう。しかしリアは「堅く心に決めたのだ」と言い、口を挟もうとするケントの気配を退ける。そしてかぶせて断言する、「煩わしい国務はすべてこの老体から振り落とし、若い世代に委ね、身軽になって死への道を辿っていくつもりだ」と。

これだけなら賢明な老王の判断のように見えるのに、シェイクスピアはここに「鬱」を発端させている。山崎はこの「鬱」を体に巣くわせて、稽古に臨《のぞ》まなければならないと見通した。だが、見通しは立ったとして、そこをどう演ずるか。

九月二二日。帝国ホテルで伊丹十三の一一本目の新作《マルタイの女》披露パーティがあった。伊丹はこれまで山崎の舞台を必ず観にきていた。伊丹はまた多くの伊丹映画に山崎を使ってきた。二人は気心が知れている。

パーティは盛会だったが、伊丹の発案で最後にみんなで「般若心経」を唱えた。全員の読経には迫力があったけれど、何か得体の知れないものも感じた（ぼくはパーティで「般若心経」をみんなに強いる伊丹の心境と、それまでの構想力と制作力にほとほと驚嘆する。いったい誰が賑やかなパーティに「色即是空」を持ち込めるだろうか。伊丹も凄い男だった）。会場で道化役の高橋長英と話した。共演者と話すのはこれが初めてだった。高橋は「男でも女でもなく、すべてを真ん中でやりたい」と言った。

九月二四日、初めて声を出して台本を読んでみた。ここでは言い回しは考えない。声の作曲（強弱、音色、テンポ、間など）も、しない。ともかく登場人物たちの吐く言葉をひたすら理解する。それでも、リアの女性嫌悪や女性恐怖がどんどん入ってきた。二日後、通しで読んでみて、今度は「時間の流れ」を実感できるようにした。その時間は「秩序が崩壊していく」という時間だった。

もうひとつ、気がついた。「狂気」は「学習」と同義語なのではないかということだ。ぼくはこの山崎の発見に感心した。まさにそうなのだ。すでに白川静さんが指摘していたことだが、人間がめざすべきものとして「聖」はもちろんベストであろう。けれどもこれにはそうそう容易には近づけない。そこで次に選択すべきなのが「狂」なのだ。「狂者は進みて取る」なのだ。そもそも「狂」という文字は、王がいよいよ出立するにあたって鉞《まさかり》を自身の足に加えて、これからの幾多の遭遇を覚悟するという意味なのである。白川さんは「孔子もそうした」と考えた。

まさに狂気は新たな学習の覚悟の様態を示すのだ。このことはきっとリア王にもあてはまる。孔子としてのリア王だ。


十月二九日。銀座セゾン劇場で高橋昌也演出による《ライオンのあとで》を観た。山崎は高橋と岸田今日子の舞台は必ず観るようだ（高橋昌也はいい役者だった。別役実を手がけた演出力も秀れていた）。終わってパーティに顔を出したら、宮下展夫がやってきて井上ひさしの《紙屋町さくらホテル》（渡辺浩子演出）のセリフがひどく聞き取りにくかったと言った。江守徹も寄ってきて「やばいよ山さん、あの小屋は声が全然通らない」と言う。

新国立劇場の構造の何かに欠陥があるらしい。翌日、劇場スタッフはパニック状態になっていた。

十一月一日、朝日新聞に朝倉摂さんが新国の《紙屋町》は声が通っていないとコメントしていた。三日、山崎もあわててマチネーを観に行った。正面以外のセリフは全部だめだった。ちょっと役者が横に振ると、極端に声が不鮮明になる。ワイヤレスマイクを使っているのに、どうしてこんなことになるのか。しかし、それにもかかわらず芝居は感動的だった。

と、まあ、いろいろなことがありながらも、十二月一日の稽古が始まった。山崎はメモをまとめる。そのなかに「リアは唯我独尊」「気が狂うまでのその過剰」「リアの愚かな過ち」「リアの女性嫌悪」「脱ぎ続けて裸になるリア」などの言葉がある。ちなみに稽古開始までの数ヵ月、山崎は初孫に恵まれたり、体調を壊したりしている。そんなときはぼくと同様、葛根湯《かっこんとう》を愛用しているようだ。

稽古は顔合わせから始まる。次の十日間は本読みである。山崎は自分の声を入れたテープをイヤホンで聞きながら稽古通いをする。すでにセリフは完全に入っている。そうでなければ、次がない。

山崎は当時六一歳を迎えていた。けれども稽古に入ってからは、つまり相手役が絡むようになってからは、なんとか八十歳の老いたる者としての体軀《たいく》と心情と愚かさに浸れるようにしていった。そんなこと、どういうふうにするのかぼくには見当もつかないが、山崎にはこの業界独特の「老ける」ための充分のキャリアがあるのだろう。

演出の鵜山仁のダメ出しも始まった。最悪なのはわざとらしい新劇節である。これはなぜか若い俳優に多いのだ。

十二月十二日からはブロッキングである。立ち稽古のスタートだ。ブロッキングは「ミザンス」とか「粗立ち」とも言うが、ラフな動きをスケッチしていくことをいう。役者たちによる編集が始まったのだ。ブロッキングをしていくと、またまた台本の流れに対する「読み」が変更されてくる。よくぞここまで「読み」の変容に取り組んでいると思うばかりだが、やはり体が動いてセリフを言い、そこに相手が絡んでくれば、そういうふうになっていくのだろう。

ぼくの例をいちいち挟んで申し訳ないが、ぼくの場合はこれはソロ講演ではなくて、対談やインタビューの時の「具合」の作り方にあたる。一時間なら一時間の、二時間なら二時間の話のブロッキングを、ぼくはぼくなりに読みながらつくっていく。ちなみに日本のシンポジウムでは、このブロッキングはあまり効果が出ない。ナビ役のぼくが暴走してみせるしかないことが多い。

山崎の「読み」はしだいに本質的なものに向かっている。とくにリア王が長い旅の末にどこに辿《たど》り着いたのか、そこが把握しにくくなっていたため、そのゴールの問題を考えこむようになっている。山崎は大いに煩悶《はんもん》しつつも、リアがコーディリアに謝罪するところに終着点をおこうと決めた。ということは、「こらえてほしい。頼む、忘れてくれ。赦《ゆる》してくれ。わしは老いぼれで阿呆なのだ」のセリフがきわめて重大になるということだ。

ところが、さらに続けて次々にブロッキングをしていると、この結論がいささかあやしくなってきた。リアはひょっとしたら最初の起点に戻っているかのようにも思えるのだ。壮大な循環がおこったようにも見えるのだ。これじゃニーチェになりすぎる。けれども山崎は、それでも新たなリア王の到達点を設計することにした。コーディリアの屍《しかばね》を抱いたリアを〝逆ピエタ〟の逆マリアと捉《とら》え（ミケランジェロの《ピエタ》像の逆）、ここに長い旅の末に他者を見いだしたリア王を結像させたのだ。十二月十七日のメモには、「リアは変わったのだ、ともかくこれで行く」とある。

十二月二一日の真夜中の午前三時、伊丹十三が飛び降り自殺したことを知らされた。茫然《ぼうぜん》とした。二二日、山崎はこの『俳優のノート』では初めて「俺」という言葉を使っている。「伊丹さん、ちょっと待ってくれ。俺はいま演《や》らなくてはならないんだ」というふうに。実は本書では、山崎は第一人称を使わないで綴ってきたのだが、それが伊丹十三の自殺のところで、初めて「俺」になった。このこと、とても考えさせる。

四日後には三船敏郎の訃報がとどいた。三船とはお互いに演技を真似しながら切磋琢《せっさたく》磨《ま》させてもらったようだ。黒澤の《天国と地獄》が想われる。クリスマス前後、山崎は自分の稽古の演技にノッキングが出てきたことを警戒するようになっていた。完全におぼえたはずのセリフが出なくなることもおこっていた。それでも十二月二九日には初めての通し稽古が始まると、そんなことを言っていられない。「骨の髄までさらけ出すことだ」とメモにある。
年が明けて元旦。「伊丹さんのことが頭を離れない」と綴っている。「彼は自ら決着をつけたが、リアは生ききる。最後の一呼吸までリアは生ききる。その最後の一呼吸を見せるつもり」とも綴った。

山崎努のような名優でも、緊張やパニックや茫然自失はおこるようだ。パルコ劇場の一人芝居で話題になった一九九二年初演の《ダミアン神父》の初日のことである。開演の一分前に、突然に猛烈な恐怖に襲われた。これから二時間、自分一人で芝居を背負うのかと思うと、足ががくがくしてきた。重症だった。いや発作のようなものだ。なんと最初のセリフが思い出せない。

幕開き三〇秒前、演出補と握手し、暗闇のなかの袖幕の奥にスタンバイしたのだが、もうだめだった。「公演は中止だ」と心で叫んだ。その直後、何かが急展開した。これは一〇〇年前に死んだダミアン神父の話なんだ、そのダミアンがいま自分の体を借りて喋るだけなのだ、よし、ダミアンに体を貸そう、そう思った瞬間、パニックがぴたりとおさまった。

さすがの山崎にも、こういうことはよくあるようだ。ぼくの体験などくらべものにならないが、ぼくにも実は三回ほど愕然《がくぜん》とするほど動悸《どうき》がはやまって、立ち往生したことがある。そのうちの一回は紀伊國屋ホールでのソロレクチャーだったのだが、やむなく一礼をして「ちょっとトイレに」と言って深呼吸して戻り、別の一回は演壇から舞台袖のスタッフに「すみません、ホワイトボードを出してください」と言って、ごまかした。以来、ぼくの講演にはまさかのときの助け舟として、しばしば黒板やホワイトボードが用意されている。

一方、山崎は、このように「登場人物に自分の身体を貸し出す」というイリュージョンこそが重要であると確信していくようになったらしい。このこと、ぼくも学びたいけれど、ちょっと真似ようがない。もっとも、こんなことはあった。田中泯が踊って、ぼくが万葉集を舞台上で読んだとき、ぼくはふいに人麻呂や家持に体を貸していた。

一月八日。初日まであと九日間である。ところが、通し稽古を撮ったビデオを自宅で見て、愕然とした。まったく芝居が成立していない。いったい何だ、こんなはずはない。何がおかしいのか。

鵜山に電話したが、まだ帰っていない。やがて電話がきてビデオのことを話すと「ビデオには芝居は写りませんよ」と言う。「ビデオなんて撮るからいけないんです」とも言われた。そうだよな、ビデオに芝居が写るはずがないんだと言い聞かせた。それでも不安だったので、翌日女房にビデオを見せたところ「何が何だかさっぱりわかりません」

と言う。そうか、ビデオではビデオ用の芝居が必要なんだ。けれどもここにきて、そんなことにこだわっている暇はない。ほったらかしにして、舞台に専念するしかない。むろん動揺もあるのだろう。

山崎は正直に次のようなことを記録している。グロスターとの再会の場の狂気の長セリフ、あれは結局は何を言っているんだっけと、鵜山に聞く始末だったのだ。鵜山は「あのセリフには誕生から死まで全部入っているんです、それを演ればいいんです」とあっさり答えてくれた。山崎はノートに「どうも脳と神経のジョイントがどこかで外れている」と書いた。

このような山崎のメモは、なんだか胸を衝《つ》く。ぼくの場合は講演などで喋るとき、誰もヒントをくれたことがない。「連塾」などでは五時間ほどを〝演じる〟のだが、こんな服装のほうがいいですよ、もう少し声を張ったほうがいいですよという程度のヒントをもらうだけなのだ。そこで思うのは、そろそろ日本の「知」や「トーク」にも秀れた演出家や補助演出や、あるいは〝仕掛け〟が必要ではないのかということだ。

一九九八年一月十七日。初日がやってきた。十二時に楽屋入り。一幕だけメイクも衣裳もつけずに通しをする。すこぶる好調だ。赤飯の弁当を食い、メイクにとりかかり、衣裳をつける。ここで守りに入ったら死んだも同然だ。開演十五分前。ユンケル黄帝液を飲み(へえ、やっぱりこういうものを飲むんだ)、煙草を喫った(これが一番)。そのうえで歌をうたった。「荒城の月」だ。これは意外だ。ふーん、そうなのか、ここで好きな調子の歌をうたうのか。

開演五分前。いよいよ板付きである。今度は「埴生の宿」をハミングした(そうか、ここでも幼いときの歌なのか)。これで完全にリラックスしたらしい。さあ、ここからは、この身体をリアに貸し出すのだ。

公演が始まってからの山崎の日録はたのしそうである。ちょっとした失敗さえたのしんでいる。ただ、観客の笑いが意外に多いのを訝《いぶか》っている。とくに四幕六場のグロスター自殺の前後で、観客の笑いがエスカレートしているのには驚いた。むしょうに腹がたってきた。テレビのコントじゃねえんだぞ。范文雀も怒っていたようだ。ぼくは范文雀とは長い付き合いなのだが、このときの范さんの演技は絶好調だった。

こうして千秋楽が近づいてくる。そうすると、役者というもの、淋しくなる。そしてまたすぐに新たな芝居をしたくなるらしい。ほんとに、役者というのは嬉しくなるほど、性懲《しようこ》りもない奴たちなのである。

これで本書の案内はおわりだが、ついつい「暴走する老王」のさまざまな綻《ほころ》びを俳優山崎がどのように〝生きた人格〟として修復させたのかというところを強調することに

新国立劇場開場記念として上演された《リア王》の山崎努
（演劇「リア王」1998年1月公演　撮影：谷古宇正彦　写真提供：新国立劇場）

1月17日の幕開けから2月3日の千秋楽まで全20回公演。山崎リアは、毎日「女房運転」で会場入りし、ときに癇癪を爆発させ、観客や若い俳優の身勝手に文句を言いつつも、全共演者からスタッフまで目配りと配慮を怠らず、芝居のテンションを維持しつづけたようだ。

なった。

これは、ぼくが八歳年上の名優から何かを学び取りたかったからだ。俳優と編集が似ていると言いたいわけではない。似ているところはけっこうあるけれど、そういうことよりも、一人の人物にどっぷり入れこんで、その世界観を浴び続け、そこから脱魂していく方法力に関心があるのだ。そこに独特の魂振《たまふ》りと魂鎮《たましず》めがあるからだ。

そういえばかつて岩井寛さんが、「山崎努さんという役者は、本気でその役になりきっていくようですね」「それも映画というより、芝居のときに徹底されているようだ」と言っていた。また、そのために「準備」「稽古」「公演」の連続に徹底して付き合ううちに、心身の変形さえおこしても辞さないような勇気をもっておられるようですねとも、言っていた。

きっと、そうなのだろうと思う。けれどもその一方で、山崎にはたいへん知的なバランス力があるのだろうと思う。『柔らかな犀の角』（文藝春秋）という読書日記があるのだが、これを読むと理解の幅がとても柔らかく、動きをもっている。鶴見俊輔、佐野洋子、武田百合子、池澤夏樹などを読んだ感想を綴ったものなのだが、片寄っていない。週刊文春に連載されていた。とくに熊谷守一への傾倒には（熊谷の役を演じることになったからだが）、何か俳優山崎努を解明するヒントが隠れていたように感じた。クマガイ・モリカズ翁は日本の陽気なリア王なのである。

第一五三五夜　二〇一四年二月二十日

参照千夜

六〇〇夜：シェイクスピア『リア王』　一六〇〇夜：ワーグナー『ニーベルングの指輪』　一八六夜：ゼッフィレッリ『ゼッフィレッリ自伝』　九七五夜：井上ひさし『東京セブンローズ』　一九六夜：島崎藤村『夜明け前』　五一四夜：福田恆存『私の國語教室』　六八二夜：伊丹十三『女たちよ！』　九八七夜：白川静『漢字の世界』　一〇二三夜：ニーチェ『ツァラトストラかく語りき』　九一九夜：ローレンス・オルソン『アンビヴァレント・モダーンズ』　一四六五夜：池澤夏樹『春を恨んだりはしない』

追伸
父が教えた芸人

志ん生、文楽、三木助、アチャコ、森繁、のり平、水谷、溝口健二、春日八郎、フランク永井、ひばり、八千草薫、ダイマル・ラケット、寛美、浪花千栄子で育った。寄席とラジオと映画とラグビーが夢の別世界だった。

そこに舞台が加わった。南座に連れられて吉右衛門や歌右衛門や時蔵や仁左衛門を観たあと、父が「今日の播磨屋《はりまや》はちょっとおかしかったわ」(《安達原》だったと憶《おも》う)と母に言った。まもなく吉右衛門丈が倒れたというニュースが流れた。ふーんと思った。播磨屋はときどきわが家にも来ていたのである。

ぼくは戦争真っ只中の昭和十九年一月に京都で生まれたのだが、父は呉服(悉皆《しっかい》屋《や》)ではやっていけなくて、戦中戦後しばらくは東京の日本橋で冬物のオーバーや夏物の重たい扇風機などを卸すようなことをしていた。それで小学校二年まで日本橋芳町にいた。当時の芳町はまだ芸者町である。路地からは三味線が流れ、歩いて三分のところには下足番がいる寄席の末広があった。父に促されて最前列にちょこんと坐り、志ん生のポーズフィラー、文楽の《愛宕山《あたごやま》》、アダチ竜光のビロード手品、紙切り正楽のハサミ、柳家三亀松《みきまつ》の妖しい都々逸《どどいつ》を見上げた。

京都に戻った父は中京の町屋を手に入れると、隣の帯屋と裏庭をつなげて二つの蔵を組み合わせた大ぶりの茶室をつくり、仕事半分付き合い半分で遊んでいた。自分では遊ばない。芸人や役者や相撲取りや板前や芸妓を贔屓《ひいき》にする遊びだ。ただやたらにぼくを引き連れた。句会に付き合わせ、先斗町《ぽんとちょう》で白粉《おしろい》の匂いに紛れさせ、三味線の姐《ねえ》さんと遊ばせ、わが家で催す宴を覗かせた。そこには仕出し料理が並び、南座帰りの吉右衛門、花柳章太郎、武智鉄二、水谷八重子、悠玄亭玉介、京都の俳人たちの笑いや声色が渦巻いていた。

名うての芸達者と遊ぶのである。本人は芸事に励まない。そのかわりぼくには六歳のときに俳句と謡いを習わせたが、謡いのほうは観世流の高弟が「うおぉぉ」と言いだすたびに吹き出してばかりいてモノにならなかった。お能がおもしろくなったのはずっとのちに松濤の観世能楽堂の近くに越してからのことだ。

こういう父だったから呉服屋は早々に潰《つぶ》れた。そこで元町に着物屋を出すため、高校一年のときに横浜に越した。父はあいかわらずぼくを引っ張りまわし、「ホテルの食事ではコースを頼んだらあかん。一品を選びなさい」「ええか、越路吹雪と武原はんのリサイタルは必ず行かんとあかん」「女形の芸を見なさい。あれは男の引き算や」と教えた。毎年、雛祭《ひなまつ》りの頃になると、赤坂「花千代」でお茶屋遊びを仕込まれた。六本木に仮泊用のアパートを借りたときは（父はなかなか横浜の家に帰らなかった）、学生のぼくを連れて俳優座と北京飯店と香妃園とキャンティの夜を愉《たの》しんでいた。あけっぴろげで一流が好きで、名人や達人に唸《うな》っては散財ばかりしていた父だった。おかげでぼくの「芸事」の耳目が育ったのである。

日本の芸能は今様や田楽、白拍子や平家琵琶、能楽や説経節に始まって、三味線の導入とともに大坂・江戸の音曲が巷間《こうかん》に充《み》ちていった。そのコア・コンピタンスになったのは浄瑠璃《じょうるり》と豊後節である。そこに俳諧・川柳・落語・狂歌・浮世絵・色物などがまじっていった。なかで能や歌舞伎や上方舞に絶妙な磨きがかかっていったこと、父は「やっぱり腰の力やなあ」と言っていた。

松岡正剛

千夜千冊
EDITION

「千夜千冊エディション」は、2000年からスタートした
松岡正剛のブックナビゲーションサイト「千夜千冊」を大幅に加筆修正のうえ、
テーマ別の「見方」と「読み方」で独自に構成・設計する文庫オリジナルのシリーズです。

執筆構成：松岡正剛
編集制作：太田香保、寺平賢司、大音美弥子
造本設計：町口覚
意匠作図：浅田農
口絵撮影：熊谷聖司
編集協力：国立劇場、宮城道雄記念館、鋏仙会、
編集工学研究所、イシス編集学校
制作設営：和泉佳奈子

松岡正剛の千夜千冊 https://1000ya.isis.ne.jp/

千《せん》夜《や》千《せん》冊《さつ》エディション

芸《げい》と道《みち》

松《まつ》岡《おか》正《せい》剛《ごう》

平成31年 4月25日　初版発行
令和7年 2月20日　4版発行

発行者●山下直久

発行●株式会社KADOKAWA
〒102-8177　東京都千代田区富士見2-13-3
電話　0570-002-301（ナビダイヤル）

角川文庫 21580

印刷所●株式会社KADOKAWA
製本所●株式会社KADOKAWA

表紙画●和田三造

●お問い合わせ
https://www.kadokawa.co.jp/（「お問い合わせ」へお進みください）
※内容によっては、お答えできない場合があります。
※サポートは日本国内のみとさせていただきます。
※Japanese text only

ISBN 978-4-04-400359-3　C0195

◆◇◇

角川文庫発刊に際して

角川源義

第二次世界大戦の敗北は、軍事力の敗北であった以上に、私たちの若い文化力の敗退であった。私たちの文化が戦争に対して如何に無力であり、単なるあだ花に過ぎなかったかを、私たちは身を以て体験し痛感した。西洋近代文化の摂取にとって、明治以後八十年の歳月は決して短かすぎたとは言えない。にもかかわらず、近代文化の伝統を確立し、自由な批判と柔軟な良識に富む文化層として自らを形成することに私たちは失敗して来た。そしてこれは、各層への文化の普及滲透を任務とする出版人の責任でもあった。

一九四五年以来、私たちは再び振出しに戻り、第一歩から踏み出すことを余儀なくされた。これは大きな不幸ではあるが、反面、これまでの混沌・未熟・歪曲の中にあった我が国の文化に秩序と確たる基礎を齎らすためには絶好の機会でもある。角川書店は、このような祖国の文化的危機にあたり、微力をも顧みず再建の礎石たるべき抱負と決意とをもって出発したが、ここに創立以来の念願を果すべく角川文庫を発刊する。これまで刊行されたあらゆる全集叢書文庫類の長所と短所とを検討し、古今東西の不朽の典籍を、良心的編集のもとに、廉価に、そして書架にふさわしい美本として、多くのひとびとに提供しようとする。しかし私たちは徒らに百科全書的な知識のジレッタントを作ることを目的とせず、あくまで祖国の文化に秩序と再建への道を示し、この文庫を角川書店の栄ある事業として、今後永久に継続発展せしめ、学芸と教養との殿堂として大成せんことを期したい。多くの読書子の愛情ある忠言と支持とによって、この希望と抱負とを完遂せしめられんことを願う。

一九四九年五月三日